WIZARD

WIZARD
BOOK
SERIES
Vol.51

バーンスタインのデイトレード入門

Jake Bernstein
ジェイク・バーンスタイン [著]
長尾慎太郎 [監訳]　岡村桂 [訳]

The Compleat Day Trader

Trading Systems,
Strategies,
Timing Indicators,
and
Analytical Methods

Pan Rolling

監修者まえがき

　デイトレードという言葉が日本でも人口に膾炙し始めてから数年になるが、それは近年の手数料の自由化と情報通信技術の発達、安価で高性能なPCの出現によって成立した素晴らしい売買手法である。幸いなことに私には周囲に何人ものデイトレーダーがおり、皆それぞれのやり方で成功を収めている。ここで彼らの例を引くことで、デイトレーダーの実際を少々紹介したい。断っておくが、以下に挙げる3人は私が毎日のように話をする実在の人物であり、皆日本のマーケットでデイトレードを行っている。

　デイトレーダーを志して会社勤めをやめたA氏は、わずか数カ月でトレードだけで生活していけるようになった。しかもそれをほとんど独学で成し遂げたのである。彼は現在も着実な成果を上げ続けているとともに、デイトレードへの果敢な挑戦とデイトレーダーであることの自由を楽しんでいる。

　本書で著者のバーンスタインはデイトレードにおける人工知能の可能性について指摘しているが、優秀なビジネスマンでもあるB氏はデイトレードにニューラルネットワークを使っている。そしてPCが計算した「明日のトレード」を毎日私に電子メールで送ってくれており、そのとおりに翌日トレードして利益を上げるという驚くべき世界を実現している。

　優秀なエンジニアでもあるC氏はデイトレードを売買の中心に据えてから一気に運用利益が増えるようになった。彼は現在高級マンションの最上階に住み、毎日わずか数分をデイトレードのために使うだけで、一般的なサラリーマンの何倍もの収入を得るという夢のような生活を送っている。

　さて、デイトレードとはけっして私たちに手の届かないものでもな

ければ、一過性のブームで終わるような現象でもない。それはマーケットでの成功を志す個人投資家にとって、最も大きな可能性を秘めている分野であると言える。なぜなら高いパフォーマンスの可能性があるばかりではなく、リスクを極めて小さく抑えることができるからである。この点に関しては本文中でも何度も指摘されており、デイトレードの最大の魅力となっている。

　ところで、最後に引き合いに出したＣ氏には翻訳して世に出してほしくない書籍が２冊あったという。１冊はリンダ・ブラッドフォード・ラシュキ女史による"Street Smart"（邦題　『魔術師リンダ・ラリーの短期売買入門』パンローリング刊）であり、もう１冊は本書の"The Compleat Day Trader"である。

　今回、優れたデイトレードの教科書として知られていた本書をこうして出版できるにあたって、以下の方々に心から感謝の意を表したい。岡村桂氏は特異な分野に特化した本書に対し、丁寧で分かりやすい翻訳をしてくださった。阿部達郎氏は本書の版権獲得に根気強く取り組んでそれを実現するとともに、丁寧な編集・校正を行っていただいた。またパンローリング社社長の後藤康徳氏はいち早く本書の価値を見抜き、われわれに翻訳のチャンスをもたらしてくれた。なお、本書の翻訳・出版は私個人にとっても足掛け５年に及ぶ仕事であり、今回こうして具現化できたことは喜びに堪えない。

2003年２月

長尾慎太郎

The Compleat Day Trader : Trading Systems, Strategies, Timing Indicators, and Analytical Methods
Copyright C 1995 by Jake Bernstein

Japanese traslation rights arranged with The McGraw-Hill Companies, Inc.
through UNI Agency, Inc., Tokyo

CONTENTS

- 監修者まえがき ― 1
- まえがき ― 11
- 謝辞 ― 13

序文 ― 15
- ボラティリティ以外の要因 ― 16
- コンピューター革命とトレーディング ― 17
- 情報端末の進歩 ― 17
- 国内外の政治的背景 ― 18
- デイトレーダーの責務と目標 ― 19
- 本書について ― 19
- 「大風呂敷」に用心すること ― 20
- 勝者と敗者を分けるもの――成功の資質 ― 21
- 本書でできないこと、したくないこと ― 26
- 大げさに主張はしない ― 27
- 過去の結果 ― 28
- 各自で調査すること ― 28
- 実践 ― 29
- トレーディングを始めるにあたって ― 29
- トレードのリスクと損失 ― 30

第1章 基本原則 ― 33
- 用語の定義 ― 33

第2章 デイトレーダーとは何か ― 41
- デイトレーダーは何をトレードするのか? ― 42
- なぜデイトレードするのか? ― 43

第3章　システム検証の錯覚 ———————————— 49
　システム開発 ———————————————————— 50
　トレーディングシステムとは何か？ ———————————— 51
　何を伝えようとしているのか？ —————————————— 52
　マーケットの変化——マーケット参加者の変化 ——————— 53
　問題解決の努力 ———————————————————— 54
　人工知能の役割 ———————————————————— 55
　将来への影響 ————————————————————— 57

第4章　移動平均でデイトレードを行う ——————— 59
　移動平均について ——————————————————— 59
　従来型の移動平均システム——利点と欠点 ————————— 61
　移動平均のクロスオーバー——価格と移動平均 ——————— 64
　支持線と抵抗線 ———————————————————— 70

第5章　ストキャスティックスを適用する ——————— 77
　ストキャスティックスについて —————————————— 77
　基本的なストキャスティック指標 ————————————— 78
　ストキャスティック指標タイミングの基本的アプローチ ——— 80
　日中のストキャスティック・ポップの定義 ————————— 84
　ストキャスティック・ポップのパラメータ ————————— 85
　ストキャスティック・ポップがうまくいくマーケット ———— 89
　ヒットエンドランのトレード —————————————— 89
　ストキャスティック・ポップのバリエーション ——————— 90
　何が期待できるか？ —————————————————— 93
　ストキャスティック・ポップに適したマーケット —————— 93

CONTENTS

第6章　ギャップ、ギャップ、ギャップ────────95
　ギャップのトレーディングルールと定義────────97
　ギャップのテクニックについて────────109
　経験を積もう────────111
　ギャップのサイズと突き抜けのサイズ────────114
　現実的に期待できること────────115
　ストップオーダー（逆指値注文）について────────116

第7章　支持線と抵抗線──移動平均チャネル（MAC）──119
　移動平均チャネル────────121
　支持線と抵抗線の展開────────124
　トレンド、支持線、抵抗線を判断する────────124
　確立されたトレンドでのトレード────────128
　ポジションの手仕舞い────────129
　保ち合いでのトレード──チャネル内でのトレード────131
　警告と提案────────133
　チャネルテクニックとほかの手法との併用────────134
　移動平均チャネルの評価────────137

第8章　ワイルダーのRSIを使用したデイトレーディング-139
　一番目の派生指標（一次導関数）の定義────────140
　RSIを使用したデイトレーディングのルール────────142

第9章　日中のモメンタム────────149

第10章　日中のROC────────157

第11章　日中のチャネルブレイクアウト ——————— 165
　チャネルブレイクアウト・システムについて ——————— 167

第12章　従来型のテクニカル分析とデイトレーディング —— 171
　トレンドラインの分析 ——————————————— 172
　トレンドラインの適用例——チャートフォーメーション —— 174

第13章　デイトレーディング固有のオシレーター ————— 183
　始値と終値 —————————————————————— 185
　日中トレードにおけるO／Cの構成 —————————— 186
　シグナルの検証 ——————————————————— 190

第14章　スキャルピング ————————————————— 195
　スキャルピングとは何か？ —————————————— 196
　スキャルピングのルール ——————————————— 197
　スキャルピングの方法 ———————————————— 199
　大幅下落で買い、大幅上昇で売る ——————————— 207

第15章　注文の重要性 ————————————————— 209
　成行注文 —————————————————————— 210
　条件付き成行（MIT）注文 —————————————— 211
　フィル・オア・キル（FOK）注文（即時執行注文） ———— 212
　ストップオーダー（逆指値注文） ——————————— 213
　ストップリミット・オーダー（指値条件付逆指値注文） —— 213
　グッド・ティル・キャンセル（GTC）注文（オープン注文） — 213
　ワン・キャンセル・アザー（OCO）注文 ———————— 214
　注文をうまく利用する ———————————————— 214

CONTENTS

第16章 季節性がマーケットに及ぼす影響 ─── 221
主な季節要因日の定義 ─── 221
主な季節要因日の活用方法 ─── 224
日々の季節傾向 ─── 228

第17章 日中のスプレッド取引 ─── 239
事前選択──スプレッド・デイトレーディングで利益を上げる秘訣 ─── 240
スプレッド・デイトレーディングの手法 ─── 240
現実的な期待 ─── 247

第18章 CCシステム ─── 249
定義とシグナル ─── 249
CCシステムの効果 ─── 253

第19章 センチメントの支配 ─── 255
センチメントの定義 ─── 256
デイリーセンチメント指数──短期トレーディングに最適 ─── 257
これまでの経緯 ─── 258
デイリーセンチメント指数のデイトレード適用例 ─── 259
マーケットセンチメントの関係を図示する ─── 259
マーケットセンチメントの重要性 ─── 262
デイリーセンチメント指数の過去のデータ ─── 268

第20章 CTOD(決定的瞬間) ─── 271
基本的なCTODのシグナルとパラメータ ─── 271
CTODを使用するときのコツと提案 ─── 275

第21章　いろいろ組み合わせてトレードする ―― 277

第22章　デイトレーディングの心理学 ―― 285
　成功に必要な自己規律 ―― 286

第23章　24時間トレーディングの影響 ―― 299

第24章　デイトレーダーとして成功する20のヒント ―― 305

付録 ―― 317
　公式 ―― 317

まえがき

　トレーダーたちがデイトレーディングに魅せられてから、ずいぶん長い年月がたっている。マーケットのボラティリティが高くなると1日の値幅も大きくなり、デイトレーダーに対して多大な機会を提供することになった。

　機会が増えただけでなく、低価格のコンピューターやソフトウエアが利用できるようになると、プロのデイトレーダーと初心者の差があまりなくなってきた。

　本書では、さまざまなデイトレーディング手法を紹介している。ぜひとも時間をかけて、その手法を学習し、研究し、追求してほしい。そして使用してみたいテクニックが見つかったら、トレードを始めてみよう。ただし、十分に学習しないうちに飛び込んではならない。

　本書を読む前に、大切なポイントをひとつ伝えておこう。一瞬でも、デイトレーディングが簡単だなどとは思わないでほしい。それどころか、デイトレーディングは、ポジショントレーディングより難しいかもしれないのだ。デイトレーディングは、多くのトレーダーが求めている「朝飯前」のようなトレードではない。たいした努力をしなくてもデイトレーディングで金持ちになれるなどと言う人がいたら、それは間違っている。デイトレーディングは、一にも二にも努力なのである。努力をすれば、利益を得ることができる。非常にシンプルであると同時に、非常に難しいのだ。

　皆さんの健闘を祈る。私にできることがあれば、いつでも遠慮なく質問してもらいたい。

ジェイク・バーンスタイン

謝辞

　まず、彼らの素晴らしい情報端末であるSYSTEM ONEからチャートを転載させてくれたコロラド州グレンウッド・スプリングスのコモディティ・クオート・グラフィックス（CQG）に感謝の意を表したい。私はCQGを長年愛用しているが、そのサービスは非常に優れている。とりわけデイトレーディングに役立つものである。

　また、フロリダ州マイアミのオメガ・リサーチのビル・クルーズ氏にも感謝したい。同氏は、優れた分析および検証用ソフトウエア・プログラム、TradeStationとSystemWriterで作成したレポートの使用を許可してくれた。この２つのプログラムのおかげで、過去データの検証やシステム開発を楽しくかつ効率的に進めることができた。

　もちろん、長年の知り合いである多くのデイトレーダーたちは、私がマーケットを理解するうえで大きな役割を果たしてくれた。彼らは皆自分のことをよく理解していて、私にいろいろなことを教えてくれた。ここに書ききれないが、意見、提案、システム、手法、タイミング指標のヒントを与えてくれた人たちにも感謝したい。

　本書作成のために一生懸命働いてくれたスタッフたちにも感謝する。私と一緒に働くことは楽ではなかったはずだ。意見を変えることもよくある。リンダ、デニース、ロブには特に感謝したい。パトリックは、手書きの原稿を整理・編集してくれた。プログラム作業をしてくれたクリスにも感謝している。

　オフィスマネジャーであるマリリンが私の右腕として活躍してくれたおかげで、私は気持ちよく働き、この仕事をやり抜くことができた。

　私のパートナー、バーンスタイン／シルバー・フューチャーズのマーク・シルバーは、私が新しいアイデアを思いつくといつも相談にのってくれた。ありがたいことに、マークはほとんどのアイデアを却下

し、最も期待が持てそうなものだけを認めてくれた。

　家族のリンダ、エリオット、ギットル、そしてサラは、チャート、システム、コンピューター、原稿に埋もれて生活することを寛容に受け入れてくれた。

　最後になってしまったが、親愛なる犬たち、バディ、パグリー、ヘラクレス、キャシー、ロクシー、インキーと一緒に遊ぶ時間を奪ってしまったことを謝りたい。

序文
Introduction

　トレードの世界では、短期の投機が幅を利かせるようになってきた。古き良き時代には、マーケットはゆっくりとそして堅実に目標に向かっていたか、あるいは長期にわたって横ばいを続けていたものだった。しかし、今では状況が変わってしまった。1970年代初めごろから、ほぼすべてのマーケットが変動的になり、値動きの時間は確実に短くなってしまった。

　「大きな利益はポジションを長く維持することによってのみ得られる（the big money is made in the big pull）」という格言がもはや当てはまらなくなった、と言っているのではない。もちろん今でも言えることである。そして今後も、大きく長期的な値動きは生じるだろう。何が変わったかというと、短期的なボラティリティが非常に高くなり、ストップロスを大きく定める必要が生じ、そのためにトレーダーはこれまでにないほど多額の資金をリスクにさらすことになった、という点である。ポジションを長く保有すると確かに大きな収益機会に結びつくが、これまでにないほどのリスクを伴うことにもなる。

　ボラティリティは天使にも悪魔にもなる。ボラティリティが高いと、リスクを限定しようとして利益のほうはあまり期待できなくなるが、一方で、膨大な短期トレーディングの機会をもたらしてくれる。現在、ほぼすべてのマーケットには大きな利益を上げる可能性が潜んでいる。

ボラティリティが高くなる前は、短期トレーディングやデイトレーディングで利益を得られるのはフロアトレーダーだけだった。今では、すべてのトレーダーにその機会が開かれている。しかし、機会があるということはリスクがあるということでもある。リスクをとらなければ利益を得ることもできない。ボラティリティがないマーケットにはデイトレーディングの機会もないのだ。

ボラティリティ以外の要因

　ボラティリティの上昇のほかにも、1970年以前にはほとんど見られなかったいくつかのファンダメンタル要因が価格変動の原動力となった。なかでも、手数料の低下とテクノロジーの発展の影響は大きい。
　ブローカーと手数料が交渉できるようになったり、ディスカウントブローカーが出現したことで、すべてのトレーダーとオプショントレーダーに巨大な新しい分野が開放された。ブローカーのアドバイスや情報や「フルサービス」を必要としないトレーダーは、手数料を大幅に節約することができるようになった。そのため、小さな値動きで頻繁にトレードできるようになった。トレードにおいて、手数料は最大の出費である。つまり、手数料はトレーダーの収益を左右する要因なのだ。残念なことに、極めて重要なこの事実に気づいているトレーダーは少ない。システムの限界、トレーダーのミス、スリッページ、手数料コストによる損失は、すぐに大きな金額に膨れ上がってしまう。そして年度末には、手数料などに支払った金額を目の当たりにしてトレーダーは面食らってしまう。
　しかし、手数料を大幅に削減することができるようになったため、短期トレーダーやデイトレーダーはよりアクティブに、より有利に、そしてよりアグレッシブにトレードすることができる。このように、1980年以降に短期トレーディングやデイトレーディングが伸びてきた

背景には、手数料の割引が最も重要な役割を果たしているといえよう。

コンピューター革命とトレーディング

　個人トレーダー（つまり、プロでないトレーダー）に対する手数料コストの根本的な改革に加え、コンピューターのテクノロジーに革命が起こった。1980年代半ば以降、家庭用コンピューターは機能が向上し、効率的になり、値段も手ごろになった。最先端のPCシステムの値段が着実に低下する一方で、そのクオリティーと処理能力は大幅に向上した。1983年時点では10万ドル（さすがにそれ以上ということはないが）もした高性能コンピューターも、今では数千ドルもあれば購入することができる。

　しかし、コンピューターというのはソフトウエアに忠実に作動するだけである。つまり、ソフトウエアのプログラムに限界があるとコンピューターの機能も制限されてしまうのだ。1980年後半以降、PC向けに設計されたソフトウエアが著しく増大した。高性能コンピューターの画期的な発展は、科学、文学、数学、投資などほぼすべての分野に影響を及ぼした。高性能コンピューターのハードウエア、ハイレベルのソフトウエア、低コストのコンピューター・メモリーといった要因が組み合わさり、トレードの世界に新しい時代が到来したことを告げた。J・ピーター・ステイドルマイヤーのコンセプトを拝借し、私はこれを「インスタンティズムの時代」と呼ぶ。

情報端末の進歩

　インスタンティズムの世界を冒険しようとしている人は、ティック単位のデータからディレイドデータや大引け後のデータに至るまで、あらゆる情報を提供するさまざまなクオートサービスを自由に活用し

ている。コンピューターにアクセスすれば、正確な情報サービスを手ごろな価格でいつでも受けることができる。ティック単位のデータがリアルタイムで入手できるようになると、フロアのピットブローカーやオフ・ザ・フロアのプロのトレーダーが長年独占していた分野に一般人も多数参加できるようになった。さらに、短期トレーディングやデイトレーディングの参加者の裾野も広がった。それと同時に流動性も高まり、短期トレーディングやデイトレーディングが促進された。

国内外の政治的背景

　前述のテクニカル要因とファンダメンタル要因のおかげで、1980年代初め以降、マーケットにおいて短期トレーディングやデイトレーディングが促進されたが、国内外の政治や経済が不安定だったことも相乗効果となった。OPEC（石油輸出国機構）の石油禁輸措置によって世界情勢は不安定になり、この20年の間に、ほぼすべてのマーケットに影響を及ぼした。つまり、ほぼすべてのマーケットが、国際的な政治不安や策謀の影響を受けたのだった。

　アメリカでは、1975年から1981年にかけて景気がピークに達していたため、かつては尊ばれていた国内機関投資家の安定性は脅かされ、トレーダーや投資家のマーケットに対する信用も当然低くなってしまった。その不安定性は、比較的限定的な期間ではあったが、非常に感情的なマーケットや短期間の激しい値動きを引き起こした。

　1987年と1989年に株式市場が暴落（1992年にも、これより規模は小さいがやはり暴落した）すると激しい価格変動が生じ、トレーダーたちはパニックになり不安に陥ってしまった。このパニックは、既存の機関投資家の信用が低下したこと、そして政府が経済問題を調整できなくなってしまった結果として生じたものであった。

デイトレーダーの責務と目標

　私の役割は、短期トレーディングやデイトレーディングの発展を促進してきたさまざまな要因について分析したり説明したりすることではなく、事実を認めること、そしてそれをどのようにしてデイトレーディングに生かすかを皆さんに教えることである。値動きのいわく因縁を理解することがデイトレーダーの仕事なのではない。デイトレーダーの責務とは、次の３点に絞られる。
　１．毎日を「マル」で締めくくること、つまり毎日ポジションを手仕舞いすること
　２．多少を問わず、利益を上げること
　３．損失を最小限に抑えること

　このような責務を持ちながらも、原因を問わずあらゆるマーケットのボラティリティを収益機会としてとらえなければならない。私たちは、マーケットで何が正しいかということを証明する者でもなければ、物事のあり方を判断する教師でもない。私たちは、この３つの信条に忠実であること、そして本書の核心となる３つの目標を達成することに関心があるのだ。その目標とは以下のとおりである。
　１．デイトレーディングによって堅実かつ大きな利益を上げること
　２．経験豊富で優秀なデイトレーダーになること
　３．デイトレーディングの目的を達成するために、規律がありビジネスを優先としたアプローチをとること

本書について

　本書の目的は、すべてのデイトレーダー、デイトレーダー志望者、その他の関係者に対して、デイトレーディングで成功する原則を伝え

ることである。そして私の目的は、簡単な手法、指標、ガイドラインを提供して、デイトレーディングの基礎を説明することである。本書が皆さんの利益に結び付くことを切に願う。本書はデイトレーディングの手引書や「楽勝」本ではない、ということを覚えておいてもらいたい。トレーダーとしての長年の経験から、私は、効果的なトレーディングは学習によって獲得できるものであり、多くのトレーダーが効果的なトレーディングを学習できる、と確信している。ただし、仕事をきちんとこなし、経験豊富で、頭脳明晰で、そして何よりも専門の教師から学ぶ、ということが必須要件である。

トレーダーとしての経験から、デイトレーディングで成功するには芸術と科学をうまく組み合わせなければならない、という結論にたどり着いた。両方の要因の配分を見積もると、デイトレーディングの成功の70%は科学(テクニック)、30%は芸術(スキル)で構成されているといえよう。しかし、両者は共生するものであり、一方だけでは効果を発揮しない。その相乗効果によって、利益と一貫性と継続性が生じ、デイトレーダーとして成功するのである。

「大風呂敷」に用心すること

もしあなたがトレードの世界で新人であったとしても、初心者による大成功や最新のシステムを開発した人の自慢話を何度も聞かされたことだろう。しかし、それはすべてくだらないたわごとである。マーケットで初めてトレードする人にとっては、わくわくするような話かもしれない。マーケットがあるかぎり、そしてそこでトレードする人がいるかぎり、この手のほら話は存在し続けるだろう。しかし、それに惑わされてはいけない。また他人と比較してもいけない。他人と比較するとフラストレーションがたまり、損失につながりかねないからだ。

私のアドバイスは、「自分とだけ比較する」ということだ。他人の

ルールで他人と競っても、負けることは目に見えている。デイトレーディングで成功する究極の要素は、自分が得意なことを見つけ、それを継続して実施することである。ただし、これは覚えておいてほしい。デイトレーディングはけっして楽な仕事ではないし、おいしそうなレシピを見つけてそのとおりに作ればよいといった簡単な作業でもない。

勝者と敗者を分けるもの──成功の資質

当然ながら、デイトレーディングはどの人にも適しているというわけではない。デイトレーダーとして成功するか失敗するかを左右する資質があるのだ。長年の経験から得たデイトレーディングのテクニック、システム、手法について説明する前に、デイトレーダーとしての成功を促進したり、それを妨げたりする資質について説明しよう。これから紹介する事柄は、マーケットだけでなく生活のあらゆる場面に当てはまることである。

本当に成功するためには多くのスキルを必要とするが、それは簡単に習得できないものである。厳しい試練が待ち受けているかもしれないが、長期的に見ても短期的に見ても、その努力は価値のあるものとなる。なぜならば、職業が違うとスキルも変わるからだ。しかし、必ずしも優秀なエンジニアが優秀なトレーダーになれるというわけではない。同様に、エンジニアとして不適当な人はトレーダーとしても不適当だというわけでもない。私がこれまで見てきたかぎりでは、職業の選択とトレードで成功する可能性との相関性はそれほど高くない。では、トレーダーに必要と思われる資質について説明しよう。

フレキシビリティ

柔軟性に欠けるということはルール以外のことを考える能力を身に

つけていないということであるため、トレーダーとしてうまくいかないことが多い。仕掛けは非常に明確であり、説明もそれほど必要としない。しかし、手仕舞いは限定的で実務的な手順が必要であるのに、直観的に行動していることが多い。したがって、本書で規律、根気、秩序、遂行能力（フォロースルー）などの資質について言及するときは、融通が利かないという意味で表現しようとしているのではない。

　デイトレーダーが持つべき最大の資質は、フレキシビリティ、つまり順応性である。ただし、本書の解釈、トレーディングシグナル、ガイドラインの範囲内にフレキシビリティをとどめておかなければならない。トレーダーは、マーケットに関する新しいアイデアに対してフレキシブルであるだけでなく、１日のマーケットで展開される状況にもフレキシブルでなければならない。このように、フレキシビリティは重要な資質であるが、残念ながら、教わるというタイプのものではない。フレキシビリティについていくつかのアイデアを提供するので、必要に応じて皆さんのトレーディングスタイルに合わせて調整してもらいたい。

　デイトレーダーとして成功するには「フレキシブルでありつつ堅実」でなければならない、といえよう。言い換えると、ルール、シグナル、タイミング指標を理解しなければならないが、一方で、自分自身やマーケットについての解釈との折り合いをつけながら、これらを適用しなければならない。このことについては、以降の章で明らかにしていくことにする。

一貫性

　デイトレーダーが成功するのに持つべきもうひとつの資質は、一貫性である。一貫性とは、望ましい結果を得るために、テクニックを使用し続けるかぎり特定のプログラムやトレーディング法に従うことが

できるということと、それに進んで取り組むということである。言い換えると、本を読んで役立つ事柄を学んだら、それがうまくいかなくなるまで、あるいはゆっくりではあるが確実に効果が薄れてきたと感じるまで続ける、ということである。手法を改善しようとして多くの時間を費やしているトレーダーがあまりにも多い。実際のところ、マーケットで一貫してうまくいく方法は少なく、うまくいったとしても一定の水準以上に改善させることは困難である。「壊れていないのなら、それを直してはならない」のだ。一貫性は非常に重要な資質であり、デイトレーディングで成功したいと考えるならば、この資質の啓発に努めなければならない。

忍耐

忍耐も重要な資質である。運命の転機を忍耐強く待つためには、損失の連続にも耐えられなければならない。しかし、忍耐強すぎるのは考えものである。忍耐強すぎることは致命的な欠点にもなりかねない。損失を抱えているポジションに執着しすぎると、デイトレーディングの基本的ルール、つまり、損失を翌日に持ち越さないというルール（さらに言えば、ポジションを持ち越さないというルール）に違反するのだ。いかなる場合でも、できるだけ素早く効率的に損切りしなければならない。当然のことながら、損失を迅速に除去して最低限の金額に抑える一方で利益を最大限に伸ばす、という考えが根底にある。

自制心

自制心を持つこと、あるいは自制心を培うことも、デイトレーダーとして成功するのに重要な資質である。1日のうちに、文字どおり何百という取引機会があるだろう。利益を上げられる機会かどうかとい

うことは、前もって分かるものではない。見掛け倒しの機会も多い。

さらに、デイトレーダーが利用できる機会は限られている。そのため、デイトレーダーは、その日のイベントを判断して適切な行動をとるための行動計画を立てることから1日を始めなければならない。ただし、予期しないイベントを見過ごしてしまうような限定的な計画を立ててはならない。価値のない機会や損失につながるような機会をあらかじめ排除し、最大の可能性を秘めていると思われる機会に注目するのだ。

このような判断をするのに、本書で説明する事柄が役に立つことを切に願う。デイトレーダーの仕事は猟師の仕事に似ている。デイトレーダーも猟師も、攻撃手段が限られている。猟師の手段は、弾薬、矢、武器である。デイトレーダーの手段は「資金」である。役に立たない獲物を追い求めると、資金も武器もすぐに使い果たしてしまう。また、トレーダーも猟師も、無益な活動にかかわっていると、もっと大きい獲物が現れたときに攻撃手段がなくなってしまう。デイトレーダーは、忍耐強く規律正しく、究極の目的を待たなければならない。そして機会が現れたとき、計画に従ってやり遂げなければならないのだ。

1日の終わりに手仕舞い

大引けで手仕舞いができる、ということも重要な資質である。ベテランのトレーダーは、長期のポジションのことをジョークで「損をして1日を終えるデイトレード」と定義している。この言葉には、最初はデイトレーダーとしてポジションを建てるのだが、大引けで損を出していることが分かると、それを翌日に持ち越して損失を拒否しようとするトレーダーが多すぎる、という教訓が込められている。1日単位でトレードするより利益が大きい、と言い訳する人もいるかもしれない。ポジション（特に損失を抱えたポジション）を持ち越すという

ことは、デイトレーダーにとって最大かつ唯一の防御となるかもしれない。しかし、最も手痛いルール違反になることも多いのである。

損失の容認

　デイトレーダーとして成功するには、損失をどのように受け入れるか、そしてこのルールに違反していることをいつ認識するかということを学ばなければならない。これについては非常に明確で簡単な方法があるが、のちほど説明する。デイトレーダーは、フラストレーションをためることもなく、無謀な望みを持つこともなく、1日の取引終了時の結果（勝ちでも負けでも、トントンでも）を潔く受け入れなければならない。人間というのは常に過去を振り返る生き物であり、別なやり方ですればよかったなどと後悔するものだ。「別なやり方ですればよかった」ということは当てはまる場合も多いのだが、それは建設的な考えではない。損失を経験すると、適切に対処するということを学習できる。適切なタイミングで損切りできれば、どの損失もレッスンに結びつき、大切な「何か」を教えてくれるだろう。システムや手法の公式を当てはめて損失金額を見積もったとしたら、システムに従うということを学習しているだろう。しかし、ルールどおりのタイミングで損切りをしなかったために損失が大きくなったとしたら、システムに逆らうとその失敗は高くつく、ということを学ぶだろう。

毎日の結果分析

　デイトレーダーは、毎日の結果について分析する正式な手順を定めなければならない。分析することで、利益を上げていても損を出していても、それぞれのトレードから最大限の学習効果を得ることができる。もちろん、ある程度の秩序と一貫性が必要である。「トレーディ

ング日誌」をつけることについては、あとで詳しく説明する。今の段階では、日誌をつけていない人はとりあえずつけてみることを勧める。大引け後（取引時間中でも構わない）に簡単なコメントを書き記してみると、どれほど大きな効果があるかが分かるはずである。ほんの数分の手間で、文字どおり数百倍もの代価を得ることができるのだ。

本書でできないこと、したくないこと

　ほかの本では、読者のために何ができるかということを熱心に説明していることがある。しかし私は、皆さんのために何ができるかということだけでなく、何ができないか、何をしたくないか、ということについても説明したい。皆さんが非現実的な期待を持ったり、とりとめもない空想にふけらないように、あえて本書の初めに断っておく。本書は、秘密の財宝の地図でもなければ、トレーディングで成功する秘訣の指南書でもない。私が知っている秘訣や貴重な情報についてはお教えするが、行動を伴わない秘訣、あるいは方向性や一貫性のない情報は、博物館の動かない展示品でしかない。
　「本書を読めばデイトレーダーとして巨万の富を築くことができる」などと主張したりはしない。本書はそのようなことを保証するものではない。保証を求める方は、ほかの本をあたっていただきたい。私が保証できることは、本書のアイデア、システム、手法、指標、提案を理解すれば成功する可能性がある、ということだけである。潜在的なエネルギーを実際のエネルギーに変えるのは、皆さん自身なのだ。
　私は、先物トレーダーならびに株式トレーダーとして25年間の経験を積んできた。私がそこで得た知識を皆さんも身につけたいと考えるなら、本書を読むことをお勧めする。本書は、皆さんを教育し、指導し、支援し、物事を解説し、成功への道を照らすだろう。しかし、皆さんに代わってトレーディングしたり、皆さんの懐や銀行口座を豊か

にしたり、誤った保証をしたりするものではない。自転車のこぎ方について教えることはできるが、皆さんに代わって乗ることはできないのだから。

　トレーダーとしての経験を多少なりともお持ちの方は、マーケットで一貫して成功を収めるのは至難の技であるということを認識しているだろう。成功を収められるのはほんの一握りしかいないのである。その理由については、あとの章で明らかにしていく。トレーダーとして成功するということはトレーダーにとって最も難しいことである、ということを皆さんにはっきりと説明する。自己を改善するテクニックや手法を教えて皆さんの成功を促進し、最終的にはデイトレーダーの成功者に名を連ねさせることが、私の目標なのである。

大げさに主張はしない

　デイトレーダーが何を達成できるのかということについて、誇張した言い方はしない。価格変動は「天井知らず」であるとは言うものの、利益を最大限に伸ばすのはトレーダー次第である。私は、長年の経験で得たテクニックを教えるガイドでしかない。本書では非現実的な主張はしない。そのようなものを望む方は、くだらない考えを載せた雑誌を読まれるか、ジャンクメールに目を通されるとよいだろう。むしろ、皆さんが成功したときに気分良く驚くことができるように、私はトーンダウンして伝えてきたつもりだ。期待を小さく持って、結果に満足するほうがよいではないか。長年にわたって、多くの無節操な投機家たちが一般大衆を食い物にし、気まぐれな主張を繰り広げ、人間の欲望という弱みに付け入ってきた。本書では、けっしてそのようなことを主張したりはしない。

過去の結果

　本書では、過去の結果や統計概要をたくさん載せている。特に明らかにしていないかぎり、できるだけ最新の情報を提供するようにしている。ただ、統計数値は時とともに変わっていくということを皆さんに警告しておく。そのため、皆さんが独自に調査をしたり、私の事務所に問い合わせたりして、適宜更新する必要がある。どの数値を適用したらよいかという質問がある方は、いつでも質問していただきたい。
　また、例として挙げている内容は主にそのときの市場動向に基づいている、ということを覚えておいていただきたい。過去の例については簡単に探すことができたため、私の論点を完璧に説明することができる。しかし、あくまでも典型的な例であって、誤解を招くこともある。デイトレーディング（デイトレーディングだけでなくどのトレーディングに関してもそうだが）の現実は、紙上の現実とは異なる。このことを心に留め、そして何よりも現実主義者として本書から飛び出してもらいたい。

各自で調査すること

　私は常々、トレーダーが各自で調査することを奨励している。現在のマーケットに適用できるアイデアはたくさんあるため、だれ一人として調査を一人占めすることはない。マーケットに対する見解はトレーダーによって非常に異なり、トレーダーごとにまったく異なる方法論や応用法を展開させることになる。本書で紹介するアイデアのなかには、皆さんの心にフィットするようなコンセプトや手法もあるかもしれない。私の言葉にとらわれたり私の言葉を負担に感じたりしないでほしい。私の言葉を起点として各自の調査に取り組んでほしい。もちろん、私が説明するテクニックが役に立つと思ったら、それを利用

したり、それぞれの目的に合わせて取り入れても構わない。

　皆さんからの意見をいつでも歓迎している。私が紹介したテクニックについてフィードバックしてくださったり、私の提案を改善して新しい方法論を導き出してくださることは、なおさら歓迎である。自分でトレーディング手法を編み出して、それをほかの人と分かち合いたいと思われる方は、ぜひご連絡いただきたい。

実践

　実践は極めて重要なことである。本書で説明する指標、コンセプト、トピックを実行に移そうと考えているなら、実践は必要不可欠である。できるだけ早くそしてできるだけ多く、リアルタイムでの実践をするべきだ。本でデイトレードを学ぶということは、自転車の乗り方の本を読むようなものである。実際に自転車に乗ってこぎ始めなければ、私が伝えようとしていることは具体的な利益につながらない。私の言葉にのっとった行動を皆さんが理解するまでに、何度も自転車から転げ落ちないことを願うばかりだ。

トレーディングを始めるにあたって

　どのような投機でもモチベーションと持続性を持つことは不可欠であるが、スタートを切るうえでそれ以外に特に必要なものはない。ただし、必ず役に立つ事柄をいくつか提案しておこう。

　1．ゆっくり読むこと。主題は単刀直入で簡単に思えるかもしれないが、ゆっくりと読むことを心掛けてほしい。まずは一般的なアイデアを理解し、そして2回目3回目で詳細に目を配るのが望ましい。

　2．各自の知識を例に当てはめること。私が例を示した個所では、皆さんがこれまでに学んできた事柄を当てはめてみて、確実に理解し

てもらいたい。

　３．メモをとること。ページの余白でも別のノートでも構わないので、メモをとることを勧める。メモをとると、データを理解して覚えておくのに役立つからだ。

　４．学習した事柄をマーケットで利用すること。コンセプトを理解したら、それを実際のマーケット環境で観察して、どのように機能するか、そしてトレーダーとしてのニーズに一致しているかどうかを判断してもらいたい。

トレードのリスクと損失

　CFTC（商品先物取引委員会）やNFA（全米先物協会）など、マーケットを監督する規制当局は、会員に対して特定の要件を課してきた。当局の規制に従わないと、除名されたり懲戒されたり、あるいは罰金を払わなければならない場合もある。皆さんはこの事実を認識されていることとは思うが、（知らない方のために）トレードには損失のリスクを伴うということを警告しておく。

　法によって定められているため、次のただし書きを添えておく。

　　CFTCでは、次のように供述することを定めている。警告――仮説上の実績またはシミュレーションの実績には一定の限界がある。実際の記録とは異なり、シミュレーションの実績は実際のトレーディングを表すものではない。また、トレーディングを実際に行ったわけではないため、非流動性などの市場要因の影響を補正している場合がある。一般的に、シミュレーションのトレーディングプログラムも、あとになって判断してみれば計画どおりの事実に従っているものである。どの口座に関しても、利益を上げたり

損失を出したりする可能性について説明はしない。マーケットにおいて損失リスクはつきものである。各自の財務状況に照らして、そのトレーディングが適しているかどうかを慎重に判断しなければならない。過去の実績は将来の結果を暗示するものではない。トレードでは損失リスクを伴うのだ。

　さらに、本書で利益の可能性について言及するときは、リスクの可能性についても繰り返し言及する。皆さんはリスクについてすでに認識されていることと思うので、それを繰り返し説明するのはいささか心苦しい。スペースと時間の無駄であり、皆さんの理解力と私の理解力を侮辱するものである。ただ、私がしつこく警告した場合は、好んでそうしているのではなく、規制に従ってそうしているのだということをご理解いただきたい。

第1章
基本原則
The Basics

　デイトレーディングのテクニカルな面を深く掘り下げる前に、実務的な細かい点を説明する必要がある。まず、重要な用語を簡単に定義しておこう。マーケットでは独特の用語が使われていて、これらなくして市場は機能しないし、トレードすることもできない。では、本書で使われる主な専門用語を見てみよう。これらの用語は、ほぼ頻出度の高い順に並べてある。

用語の定義

デイトレーディングとデイトレーダー
　時間とページの無駄だと思われる方もいるかもしれないが、混乱や誤解を避けるため、最初に「デイトレーディング」と「デイトレーダー」を定義する。驚いたことに、デイトレーディングとは何であるか、そしてどのような目的を達成するものなのかということについて、一般的な知識に欠けている個人投資家が非常に多い。
　デイトレードとは、**1日の時間枠で仕掛けて手仕舞いされるトレード**である。（利益が生じたとしても）ポジションを翌日まで持ち越すことを意味するものではない。また、常に寄り付きで仕掛けて大引けで手仕舞いするとは限らないし、リスクを伴わないというわけでもな

い。デイトレードは、大引けまでにはその日の取引が終わっている。次の取引日までポジションを持ち越すのなら、当然それはデイトレードではない。日中どのようにトレードするかにかかわらず、真のデイトレーダーは、次の取引日までポジションを持ち越したりはしない。簡単に言うと、損失は損失、利益は利益なのであり、すべてのスコア（勝ちか、負けか、あるいはトントンか）がその日の終わりまでには確定していることを意味している。デイトレードでは、日中いつでも仕掛けることができるが、１日の終わりまでに手仕舞いしなければならない。

ポジショントレーダーとポジショントレーディング

　デイトレーダーとはデイトレードをする人である。デイトレーダーが翌日までポジションを持ち越したならば、そのトレードをデイトレードと呼ぶことはできないし、その人をデイトレーダーと呼ぶこともできない。一方、ポジショントレーダーはある程度の期間にわたってポジションを保持する。先物取引におけるポジショントレーダーは、株式取引における投資家に似ている。短期的な観点から相場を見ている場合でも、その期間は限月の一代の長さに限られているわけではない。

　ポジショントレーダーであることに何ら問題はないし、もちろんデイトレーダーであっても何ら問題や面倒なことはない。しかし、自分に言い聞かせることについて、つまり自分の位置づけについては慎重でなければならない。そうでないと、それが有効だと思うようになってしまうからだ。デイトレーダーとは、一定の明確な行動計画に忠実に従う人のことである。この行動計画からはずれるということは、計画をくつがえすということである。計画から逸脱するということは、その原則を放棄するということであり、新たな期待を持つということなのである。たとえそれが最初の目標に矛盾するかもしれなくても、

である。したがって、いったん行動計画を決定したならば、それに忠実に従わなければならない。

　ポジショントレーダーになりたいと考えるなら、ポジショントレーダーとして行動し、デイトレーダーと名乗ってはならない。そうでなければ目的に混乱をきたすことになる。簡単に言うと、ポジショントレーダーに当てはまることは必ずしもデイトレーダーに当てはまるとは限らず、そして逆もまた同様である。例えば、ポジショントレーダーは、損失を出しているポジションでも最終的には利益に転ずるだろうと期待して、かなりの期間にわたってそのポジションを保持することがある。しかし、デイトレーダーにとって、これは非常に重大なルール違反である。

　トレーダーは、時と場合に応じて異なった役割を演じたり、あるいは同時に多くの役割を果たしたりすることはできないのだろうか？　もちろん可能だ。あとで説明するが、特定の体系と特定のルールに従っていれば、さまざまな時間枠で同時にトレードすることも何ら問題はない。しかし忘れないでほしい。本書は「デイトレーダー」のための本である。

短期トレーディングと短期トレーダー

　デイトレーダーやポジショントレーダーに対して、短期トレーダーとは、2～10日間という比較的短期間の値動きを利用してトレードする人のことである。短期トレーダーがポジションを保持する期間については、明確な定義はない。短期トレーダーとポジショントレーダーの違いはそれほど明確ではない。デイトレーダーが厳格なルールに基づいて1日の時間枠でトレードするのに対して、ポジショントレーダーと短期トレーダーの時間枠は特に定義されていない。本書で説明しているテクニックの多くは、デイトレードだけでなく短期トレードにも応用できるだろう。短期トレードの売買システムや手法に興味があ

る方には、私の著書『ショート・ターム・トレーディング・イン・フューチャーズ（Short Term Trading in Futures）』を読むことをお勧めする（ご希望の方は、私のオフィスに問い合わせていただきたい）。

中期トレーディング

中期トレーディングとは、通常数カ月にわたってポジションを保持するトレードのことである。このタイプのトレードを好むトレーダーやマネーマネジャー、投資家は多い。中期トレーダーは、比較的大きな値動きを取ろうとするものである。

長期トレーディング

先物取引では、長期トレーダーは非常に少ない。ポジションを建てている限月が納会に近づくと、長期トレーダーは限月を乗り換えて何年にもわたってポジションを保持することもある。デイトレーダーの行動は長期トレーダーの行動と正反対である。長期トレーディングに興味がある方には、私の著書『ロング・ターム・トレーディング・イン・フューチャーズ（Long Term Trading in Futures）』を読むことをお勧めする（ご希望の方は、私のオフィスに問い合わせていただきたい）。

スリッページ

スリッページは、売りや買いのストップオーダー（逆指値注文）を素早くこなしながら、急激に上昇したり下落したりするマーケットで生じる傾向がある。「スリッページとして100ドル差し引く」という場合、起こったであろうことをより正確に示すために、仮説上のバックテストにおけるすべてのトレードから100ドル差し引くことを意味している。したがって、スリッページが多発するマーケットでは、予想

に反した価格や、注文価格から不当にかけ離れた価格で、注文が突然執行される傾向がある。

トレーディングシステム

　トレーディング手法、タイミング指標、トレーディングテクニック、マーケットパターンなどと違い、トレーディングシステムは整然とまとめあげられた方法論である。明確な仕掛けと手仕舞いの指標、ならびにさまざまなリスク管理（フォローアップのストップロス）の方法や手順などの実務手順（「ルール」と呼ばれる）もこれに含まれる。トレーディングシステムを実行する場合は、仕掛けと手仕舞いを示す明確なタイミングシグナルに従う。具体的でないマーケットテクニックや事前に決められた手順に従わないマーケットテクニックと区別するため、トレーディングシステムという用語をここで明確に定義する。

　具体的な手順を示すため、トレーディングシステムの構成は厳格でなければならない。意図されたとおり、あるいは検証されたとおりにシステムが機能しているかぎり、理論的には、利益をもたらすトレーディングを導き出すはずである。しかし実際には、**トレーディングシステムに従うトレーダーは少ない。システムに従ってトレードしているものと勘違いしているだけなのだ。自分のトレーディングシステムのルールに違反していることが多く、その行動はとてもシステマティックとは呼べない。**この定義については、あとの章で詳しく解説する。

　トレーディングシステムについての定義を締めくくるにあたって繰り返して言っておくが、「システム」で売買していると称する人がどのように考えるかにかかわらず、**トレーディングシステムはシステマティックでなければならない。そうでなければ、それはトレーディングシステムではない。実際のところ、トレーディングシステムに従っているトレーダーはごくわずかしかいない。**ほとんどのトレーダーはシステムでトレーディングを始めるのだが、マーケットに対して持っ

ている自分の感情に合うようにシステムを変えてしまう。しかも、自分の心に頼った主観というシステム以外にはまったく従わない、ということもあるのだ。

タイミング指標とタイミングシグナル

タイミング指標とは、ファンダメンタルかテクニカルかにかかわらず、仕掛けと手仕舞いのタイミング、あるいはマーケットの基調を成す状況（つまり、強気、弱気、ニュートラル）を客観的に示す明確なテクニックと定義できる。タイミング指標は、タイミングシグナルとも呼ばれる。本書ではどちらの表現も使用する。

タイミング指標については、意図的に概括的に定義している。あとの章を読めばお分かりいただけるが、文字どおり何千というタイミング指標がさまざまな方法で使われる。タイミング指標は客観的でなければならない。つまり、解釈によって左右されるものではないのだ。解釈の仕方によって左右される指標は本当の指標ではない。それはむしろテクニックであるため、トレーダーごとに解釈が異なり、さらには同じトレーダーでも状況によって異なった解釈をする。本書では、タイミング指標、トレーディングテクニック、トレーディング手法を区別して言及する。

トレーディングテクニック

タイミング指標、タイミングシグナル、トレーディングシステムと比べ、トレーディングテクニックはそれほど厳密ではなく、仕掛けや手仕舞いについてトレーダーが意思決定をするのに役立つ手順である。トレーディングテクニックは、一般的な仕掛けと手仕舞いのルールやリスク管理手順と組み合わせたタイミング指標から成り立っていることが多い。したがって、トレーディングテクニックはトレーディングシステムではない。むしろ、一般的には客観的であるがトレーディン

グシステムほど明確でも厳格でもないトレーディングのアプローチ、と言える。

　実際には、ほとんどのトレーダーはシステムではなくテクニックに従っている。本書では、基本的にトレーディングテクニックについて説明するが、私のお気に入りのトレーディングシステムについてもいくつか紹介する。場合によっては、トレーディングシステムをトレーディングテクニックとして使用しても構わない。前に指摘しているように、実際にそうしているデイトレーダーやポジショントレーダーも多い。

仕掛け（参入）と手仕舞い（撤退）

　どのトレーダーもこの用語にはなじみがあるだろう。この用語についてすでに詳しく理解している方はこの定義を読む必要はない。仕掛けとは、ロング、ショート、スプレッドのポジションを新規にとることである。手仕舞いとは、保有しているロング、ショート、スプレッドのポジションを清算することである。仕掛けや手仕舞いの注文には多くの種類がある。これについてはあとで説明する。

最適化とカーブフィッティング

　最適化とは、過去のデータにトレーディングシステムをフィット（こじつけ）させる行為のことである。トレーディングシステム開発者は、過去のデータでうまくいったシステムのルールを編み出すためにシステムを最適化する。そのシステムは、過去にはうまく機能したように見えるが、実際にはそのデータに「フィットさせられた」のである。そのため、そのシステムは、将来はうまく機能しないことが多い。システムを検証する場合には、ある程度の最適化、つまりカーブフィッティングを伴うものである。カーブフィッティングについての見解はマーケット専門家の間で大きく異なっているが、そのようなシ

ステムを使用しないように皆さんに警告しておく。

　ここで定義した用語は、本書で使用する一般的な用語である。ここで定義していない用語については、本書で出てきたときに定義する。皆さんがすでにご存じの用語を定義し直そうとしているのは、けっして皆さんの知性を侮辱するつもりなのではなく、確実にコミュニケーションできるようにするためだということをご理解いただきたい。なぜなら、トレーディングシステム、トレーディングテクニック、トレーディング手法について明確に伝えるときにはこのことが非常に重要になるからである。さらに付け加えると、個人投資家は、最近広く使われている多くの用語を明確に理解していないことがある。

第2章
デイトレーダーとは何か
What a Day Trader Is ; What a Day Trader Does

　最初に、「デイトレーダー」と「デイトレーディング」という用語を使用するときに何を意味しているのかを正確に定義しておかなければならない。デイトレードには大変な労力を要する。そこで、成功するのに必要なスキルを皆さんが学べるようにするため、デイトレーダーとは何かを定義しておく。

　デイトレーダーは、1日の時間枠でのみトレードする。したがって、デイトレーダーは日中のあるタイミングでポジションをとり、その日の大引けまでには手仕舞いする。1日の大引けまでに手仕舞いできないと、デイトレードの最も重要なルールに違反したことになる。大引けまでに手仕舞いしないデイトレーダーはデイトレーダーとは呼べない。特にこの点を強調しておく。というのも、デイトレードしたいけれども、規律に欠けていることから、有効にあるいは堅実にルールを守ることができない個人投資家が多いのである。

　翌日にポジションを持ち越すというのは、**デイトレーディングの基本ルールに違反するだけでなく、デイトレーディングの強みを台無しにすることになる**。1日の時間枠でのみトレードするという点を強調しすぎると、うるさく感じる方もいるかもしれない。しかし、あえてこの点を強調する。デイトレーダーとしての基本的な目標を持続することの重要性を皆さんに認識してもらいたいからだ。

それでもルールを破りたいと言ってきかない人たちに対しては、実用的な代替案と手順をいくつか紹介しよう。しかし、デイトレードとして仕掛けたポジションは、デイトレードとして手仕舞いするべきだ、と私は強く主張したい。デイトレーダーとは１日の時間枠でトレードする人のことであり、デイトレーダーの仕事はデイトレーディングなのだから。

デイトレーダーは何をトレードするのか？

　デイトレーディングに適しているマーケットは限られている、と主張する人もいるかもしれないが、私はそう思わない。**一定の条件が満たされていれば、どのマーケットでもデイトレードすることができる。**どのマーケットでいつデイトレードするべきかを見極める方法を皆さんに紹介する。どのマーケットでトレードするにしても、デイトレーダーは、１日の時間枠で仕掛けて手仕舞いするという方針に厳格に従う。

　特定のトレーディングシステム、手法、テクニックがすぐに功を奏するマーケットがある。それを皆さんに明らかにしていく。デイトレーダーのなかには、利益の可能性が低いとかリスクが高すぎると感じて、特定のマーケットを避ける人もいるだろう。しかしそれは必ずしも正しくない。デイトレーダーが特定のマーケットでトレーディングしたがらない唯一の原因は、流動性の欠如である。これについてはあとで詳しく説明する。さしあたり、適度にアクティブな先物市場であればいつかはデイトレードができる、と言うにとどめておく。ほぼ毎日デイトレードできるマーケットもある。また、特定の時期にしかデイトレードできないマーケットもある。特定のマーケットでデイトレードするタイミングと、デイトレードしてはならないタイミングについても紹介していく。

なぜデイトレードするのか？

　デイトレーディングをすべての人に薦めるわけではないが、前にも述べたように、ボラティリティの高い市場環境では、デイトレーディングのほうがポジショントレーディングに勝る点が多い。特定の制約（これについてはあとで説明する）内でデイトレーディングをやっていけることを裏づける理由をいくつか挙げてみよう。

1．資本の最大化

　デイトレーディングでは、ポジションを翌日に持ち越した場合の証拠金を支払わずに済むため、トレーダーは資金を最大に生かすことができる。トレーダーに十分な資金源と責任能力と分別があるかぎり、ブローカーは、1日の時間枠で個人が活発かつ積極的にトレードすることを認める。多額の赤字を重ねることはないだろう、とブローカーが皆さんのことを信頼してくれたら、翌日に持ち越した場合に必要となる証拠金を支払わずに、1日にさまざまなマーケットで複数のポジションを建ててトレードすることができる。

　そのため、デイトレーディング以外のトレードと比べ、口座の現金残高が少なくてすむし、トレードの枚数も多くすることができるのだ。

2．リスクの緩和

　この点についてはさまざまな意見もあるだろうが、私の主張は、デイトレーディングはポジショントレーディングと比べて損失リスクが低い、ということである。ポジショントレーダーは、取引終了後のニュースやファンダメンタルの変化に起因する値動きの影響を受けることが多い。前日の大引けに相当の利益を上げていても、夜間のニュー

スやマーケットの展開によって翌日の寄り付きでは損を出している、というのはポジショントレーダーにとって珍しいことではない。

　もちろん、これは両刃の剣である（つまり、有利に働くこともあれば不利に働くこともある）。しかし、夜間のニュースに賭けるよりもリスクを避けるほうがはるかに賢明である。ニュースは取引時間中に発生することもあるが、デイトレーダーは取引時間内にこれに対応することができる。なぜならば、マーケットが開いているかぎりポジションを手仕舞いすることができるからだ。言い換えると、ニュースをうまく利用したり、デイトレーディングのポジションを手仕舞いする指標にしたりすることができる。

　ポジショントレーダーにとってはマイナスとなる寄り付きの「ギャップ」（窓）も、デイトレーダーであればうまく利用することができる。ギャップはポジショントレーダーにとって不利に働くことが多いが、デイトレーダーにとっては多くの収益機会をもたらす（寄り付きのギャップ手法についてはあとで説明する）。ポジショントレーダーは、このような収益機会を得ることができないばかりか、利益を失うことにもなる。

3．強制手仕舞いの利点

　デイトレーディングのルールに従うトレーダーは、勝っても負けてもあるいはトントンでも、その日の大引けまでに手仕舞いしなければならない。ポジションを持ち越すためにどのような言い訳をしようとも、結局は、トレーダーは損切りをしなければならない。したがって、デイトレーダーは、翌日までポジション持ち越すということは重大なデイトレーディングのルール違反であること、そしてその結果が実りのない可能性もあることを認識している。

　私は、大引けで損を出しているポジションを持ち越すと翌日も損失

のままである、と主張しているのではない。その確率は半々である。

しかし、損失額のほうが利益額より大きい場合が多く、さらには、ポジションを翌日に持ち越すと次の日に何をするべきなのかはっきりしなくなってしまう。このような理由から、ルールに従うデイトレーダーは損失の痛みを経験せず、心配や不確実性から逃れることができるのだ。

デイトレーディングを行い、そのルールに従う人は、損失のポジションを翌日まで持ち越すようなことはしない。そうすると、投機で遭遇する最も重大な問題を避けることができる。損が出ていても、ポジションを手仕舞いしたほうがはるかに賢明である。なぜならば、翌日に損失が大きくなるのを阻止することができるからだ。

4．タイミングシグナルの信頼性

多くのシグナルやトレーディングシステムは長い時間枠よりも短い時間枠のほうが信頼性が高いように見えるという点も、デイトレーディングを考慮する理由である。1日の時間枠でより正確に機能するトレーディングシステム、手法、タイミング指標を開発するほうが、中期の値動きを利用してトレードする指標を開発するよりも簡単である、と私は考える。参考のために言っておくと、私が知っているトレーディングシステムやタイミング手法は、中期の時間枠でうまくいくものよりも超長期の時間枠でうまくいくもののほうが多い。

5．即時のフィードバック

利益か損失かというフィードバックがポジショントレードよりもずっと早い、ということもデイトレーダーの強みである。これは、自分のエラー（つまり損失）から学習したいと考えるトレーダーにとって

重要なことである。ポジショントレーダーは、悲惨なトレードを行った場合に（損失という結果の）フィードバックを受け取るまでには数週間、場合によっては数カ月も待たなければならない。これに対し、デイトレーダーは、1日の終わりまでに、数分ないしは数秒の時間があれば、そのトレードが損を出しているかどうか知ることができる。トレードの方法を学ぶ場合には、そのような（スキナー理論でいうところの）「肯定的または否定的な強化」が重要である。ポジショントレーダーは、ずいぶん時間がたってから損切りの手仕舞いをすることが多い。そのときには、仕掛けたときの理由を忘れてしまっている。あるいは、それを心の中で鎮めてしまっている。そのため、損失から学べることは（たとえあったにしても）ほんのわずかしかないのである。

6．迅速な開発

デイトレーディングのシステムでは、ポジショントレーディング・システムと比べ、リアルタイムでの検証と開発をより迅速に実施することができる。連続したティック単位のデータを入手できるため、より速くそしてより簡単に、コンピューターを使用してシステムテストを実施できる。文字どおり何千という事例を検証することが可能なのだ。これは、検証結果の統計上の信頼性を向上させることにもなる。

7．トレーダーのパーソナリティー

テクニカルな要因ではないが、トレーダーのパーソナリティーも大きく影響している。ポジションを翌日に持ち越す場合と比べ、デイトレーディングは楽しくストレスが少ない、と私は感じている。デイトレーディングの手法のなかには、ポジショントレーディングと比べ、

時間や注意を相当集中させなければならないものもある。しかし、寄り付きの段階ではポジションを持っていないため、国内外の予期しないマーケット展開の影響を受けない、という安心感も生まれる。デイトレーディングは、皆さんのような個人投資家の関心を集めている。ポジショントレーディングや短期トレーディングと比べ、そのニーズを十分に満たすことができるだろう。だからこそ、皆さんも本書を読まれているのではないだろうか。

まとめ

　デイトレーダーは、1日の時間枠で生じる値動きをフルに利用しようとしている。多くのテクニックを使用することができるが、残念ながらその多くは見込みがないことが分かる。このあと、本書では、私が何年間もかけて開発したトレーディング手法について解説する。非常に具体的で客観的なテクニックもあれば、主観的で、トレーディングシステムというよりはトレーディング手法やトレーディングテクニックに分類されるものもある。これから説明するデイトレーディングの手法とシステムは、先物トレーダーとしての20年以上の経験のなかで私が開発したものである。それらを学習し、使用し、改良すれば、相当の利益に結び付くことを心から信じている。

第3章
システム検証の錯覚
The Illusion of System Testing

　トレードの分野において、トレーディングシステムの開発ほど、誤用されたり間違って述べられたりしているものはないだろう。トレーダーは、一般的に、客観的で分析的で論理的な集団であることを誇りとしている。トレーディングの方法論の科学的な妥当性検証にあたっては、懐疑主義と頑固なまでのこだわりを持って臨んでいると自負している。可能なかぎり、システムのパフォーマンスに関して確固たる事実を強く主張しているのだ。トレーディングシステムと手法の妥当性検証は、値ごろなコンピューターのハードウエアとソフトウエアの出現によって一般に広まった。

　多くの著者のなかでも特に有名なのがペリー・カウフマンであり、システム検証とシステム開発に関して広範囲にわたって言及している。特に強調しているのは、トレーディングシステムのリアルタイムでの有効性を確かめるには十分に検証することが大切だ、ということである。さらに、システム最適化の分野もかなりの注目を集めた。真剣に取り組んでいるトレーダーは、どちらの分野も徹底的かつ慎重に研究しなければならない。なぜならば、その分野に関する問題で、皆さんのパフォーマンスがシステムや手法から大きな影響を受ける可能性が高いからだ。この意見はきっと皆さんの役に立つことだろう。私の意見に賛同できない方もいるかもしれないが、私の発言は、マーケット

での四半世紀に及ぶ経験から生じているのである。では最初に、システム開発の問題について説明しよう。

システム開発

　数千ドルのソフトウエアとハードウエアがあれば、ある程度コンピューターが使える人なら表面上利益のあるトレーディングシステムを開発することが可能である。「表面上利益のある」という表現を使ったのは、私の経験上、バックテストで利益が出るという結果を示したトレーディングシステムを開発しても、リアルタイムのマーケット環境でその結果が将来も再現されるという保証にはけっしてならないからである。**システム検証はマーケットにこじつけられた特定モデルの分析にすぎない**、ということに注意していただきたい。モデルが複雑であるほど、より正確に過去のデータを反映することになるが、必ずしも将来のマーケット環境に適用できるわけではない。

　表面上利益のあるトレーディングシステムの開発手順によって素晴らしい結果を生み出すことができるが（「**カーブフィッティング**」と呼ばれる）、それは仮定にすぎず、将来を保証するものではない。そのため、検証結果を真剣に受けとめて実際のトレーディングに使用する場合には、システム検証を注意深く、また詳しく調べる必要がある。

　システム検証に基づいたトレーディングの「わな」を避けるためには、いくつかの重要な問題を理解しておかなければならない。システム自体、システム検証、システム最適化に関する私の意見は、すべての読者やトレーダーやマーケットアナリストの賛同を得られるものではないということを認識している。それでも私は、自分の考えを示す必要があると考える。なぜならば、マーケットに対する、そしてトレードに対する私の姿勢を、皆さんによく理解してもらいたいと願うからだ。システム開発に関する私の意見は、私の同僚たちの考え方ほど

厳格なものではない。**私はシステム検証に反対するつもりはないが、システム検証の結果をそのまま受け取るのは危険であると考えている。**私が何を言おうとしているのか、分かりやすく説明しよう。

トレーディングシステムとは何か？

　トレーディングシステムとは、マーケットについての事実と解釈との関係を整然とまとめるアプローチにすぎない。トレーディングシステムの根底にある考えを一般的に解釈すると、「AならばすなわちBである」というシナリオに基づく予測に帰する段階に達すること、と言えるだろう。効果的にバックテストしたトレーディングシステムの手続きとルールに従うことによって、（ルールを厳守すると仮定すると）トレーダーは利益を上げることができるものと推定される。少なくとも、トレーディングシステムを使用しないよりは使用したほうが利益を上げる見込みが高いと思われる。

　私は、この両方の仮定には大きな疑問を抱いている。その理由を説明しよう。トレーディングシステムは、ランダムな動きをする膨大なデータに、仮説上の人為的な枠組みをこじつけて開発されているのだ。マーケット指標の効果的な組み合わせを突きとめるまで、トレーディングシステムを開発するための試行錯誤が続く。これらの指標はリスク管理の原則と結び付けられることが多く、（その称するところでは）特定のマーケットに適用していたら何が起きていただろうかということを示す。トレーディングシステムは、**マーケットに関する根元的な真実や現実を明らかにしないことが多い。**それどころか、トレーディングに関する2つの必須要素（「損失を限定すること」と「利益を最大にすること」）がシステムに含まれていることを条件として、表面的に押しつけられたルールが好ましい結果をもたらすことができる、ということを明らかにするだけなのだ。

言い換えると、大規模なシステム検証では、トレーディングシステムの大半が勝率50％以下にしかならないことを明らかにしている。勝率60〜75％のトレーディングシステムでも珍しく、70％以上となるとほとんど存在しない。古くまでさかのぼって過去の検証を実施すると、その勝率は低くなる。統計学的には、これを「平均への回帰」と呼ぶ。分かりやすく言うと、ほとんどのトレーディングシステムは役に立たないということだ。もっと分かりやすく言うと、トレーディングシステムにリスク管理の原則を織り込めば、うまくいく可能性は大幅に上昇する。

　マルキールの名著『ウォール街のランダム・ウォーカー』（日本経済新聞社刊）で提唱している「ランダムウォーク」という仮説では、システム開発に対抗する極めて説得力のある論拠を示している。マルキールの論点は、**マーケットの動きのほとんどはランダムであるため、価格を予測することは基本的に役に立たないばかりか無駄なことである**、というものである。マルキールのすべての主張に同意するわけではないが、彼は良いポイントをいくつか指摘している。私が常々思っているのは、理にかなっていて最適化されていないトレーディング手法に一貫して従うことができ、厳格なリスク管理の原則を採用できるトレーダーは、一貫性のあるトレーディングシステム信奉者と同等かそれ以上の利益を上げることができる、ということである。どのようなトレーディングシステムでも、最も重要なのはシステム自体ではない。そうではなく、リスク管理のアプローチとシステムを実行するトレーダーのスキルが重要なのだ。

何を伝えようとしているのか？

　私は、システムに従ってトレードしてはならないと言っているのだろうか？　トレードする価値のあるトレーディングシステムなど存在

しないと言っているのだろうか？　トレーディングシステムを検証したり開発したりするべきではないと言っているのだろうか？　あるいは、皆さんをまったく違った方向へ導こうとしているのだろうか？　正直に言うと、トレーディングシステムを最適化することよりも、皆さんのリスク管理手法とトレーディングスタイルを確立することのほうが、時間の使い方としては効率的である。本書ではトレーディングシステムの結果についてほとんど例示していないし、並外れた結果を主張してもいない。また、トレーディングシステムの限界についての警告も繰り返していない。本書では、最適化され、完成され、そしてカーブフィッティングされたトレーディングシステムは紹介しない。そのようなシステムは、机上では素晴らしく見えるが将来は役に立たないからである。システム開発とシステム検証は人々に錯覚を起こさせるものである。それに頼りすぎてはいけない。なぜならば、皆さんを正しくない方向に導くことになるからである。

したがって、真剣に取り組むデイトレーダーは（実際には、デイトレーダーに限らないが）、使用する時間枠にかかわらず、次のことにエネルギーを費やすべきである。

１．トレーディングシステムそのものではなく、比較的勝率の高いタイミングツールを研究し、開発すること。

２．損失の限定、利益の最大化、トレイリング・ストップロスの利用など、リスク管理の手法を重視すること。

３．マーケットとの関係を改善させることに集中し、（使用しているトレーディングシステムが十分にバックテストされているかどうかにかかわらず）トレーダーとして役立つスキルを伸ばすこと。

マーケットの変化──マーケット参加者の変化

トレーディングシステムの使用、そしてトレーディングシステムの

開発に関するもうひとつの重要な問題は、マーケットの特性が変化したということである。現在のマーケットは、1950年代、1960年代、1970年代、1980年代のマーケットとは明らかに異なっている。それぞれの時代のマーケットの値動きには固有の特徴があった。そしてそれぞれのマーケットは、大きなファンダメンタルの変化を経て、その風潮と基本的な反応スタイルを変えてきた。

さらに、マーケット参加者の性質も変化した。1980年代初めまでは、機関投資家は先物トレードとはほとんど関係がなかったのに対し、今や彼らは先物市場の大きな勢力となっている。機関投資家がまとまった売買をすると、大きな値動きに結び付くことがある。そのため、1970年代にうまく機能していたトレーディングシステムでも、1990年代にはうまく機能しないこともあるだろう。つまり、トレーディングシステムのバックテストをさかのぼるほど平均への回帰を示すのは、このような理由からなのである。皆さんも自分で試してみたいと思うだろう。その場合、過去5年間の価格データに基づいてトレーディングシステムを開発し、次に過去10年間の価格データで同じトレーディングシステムを検証してもらいたい。おそらく、パフォーマンスが低下していることが分かるだろう。そして今度は、過去15年間のデータを検証してみる。その結果は？　システムがあまり効果的ではなかったことが分かるだろう。これが、平均への回帰の典型的な例なのだ。つまり、マーケットの特性が変化したこと、そしてマーケットの参加者も変化したことを示している。そしてこのことは、時間がたってもトレーディングシステムが一貫したパフォーマンスを維持できるかどうか、ということに影響を及ぼしている。

問題解決の努力

トレーディングシステムの開発とバックテストに関して私が提示し

た疑問と制約に対して、有効と思われる答えがいくつかある。第一に、トレーディングシステムの研究についてもっと無関心になるべきである。型どおりの研究手法で究極のトレーディングシステムを発見できる、などということを私は信じない。重要なのは、システム自体ではなく、単純ではあるが反復性と信頼性のある関係をマーケットと構築することだ。第二に、デイトレーダーは、効果的なリスク管理の下で堅実にデイトレーディングできるように、具体的な手法を開発しなければならない。そして第三に、デイトレーダーは（実際にはどのトレーダーも）、マーケットの変化に敏感でなければならない。いつ状況が変化したか、そしていつトレーディングスタイルとトレーディング手法を変えてそれに対応するべきか、ということを判断するために、各自のパフォーマンスを注意深く監視することが重要である。本書では、まさにこれらの解決法について説明しているのだ。

人工知能の役割

　私がこれまで説明してきた内容には、もしかすると重大な例外があるかもしれない。現在、コンピューターのソフトウエアとハードウエアの技術は急速に向上していて、私が感じるところでは、近い将来、人工知能に基づいたトレーディングシステムがマーケットの大きな勢力になるかもしれないのだ。ここで、ニューラルネットワーク（生物の神経ネットワークをモデルにしたもの）に基づいたシステムについて説明しよう。最近まで、人間の脳の機能を模倣するように設計されたハードウエアやソフトウエアは非常に高価であり、政府や大企業の関係者以外はほとんど利用できなかった。しかし、安価なメモリーと高速度の集積回路の出現で、複数のレベルで同時に膨大な量のデータを分析することができるようになり、人工知能の分野において新たな可能性の扉を開くことになった。人工知能とは、機械ベースの知能あ

るいはコンピューターでシミュレートされた知能を表す専門用語であり、人間の問題解決プロセスを模倣する知能のことである。この技術は、科学、ビジネス、産業（特に産業用ロボットの分野）ですでに利用されている。

　人工知能のうち、ある高度な分野をニューラルネットワークと呼んでいる。これは、実際に人間の学習プロセスを模倣し、さらには間違いから学習して経験を積めば積むほど能力を発揮するコンピュータープログラムを生成しようとして、人間の思考の理論をモデル化しているのだ。もちろんその目標は非常に高いレベルにあるが、現在そして近い将来の技術を考慮すれば非現実的な目標ではない。ニューラルネットワークは人間の脳の知的プロセスを模倣しようとしているため、コンピューターの学習モデルに基づくトレーディング手法の大きな新分野を生み出す可能性がある。株式と先物のトレードの分野におけるニューラルネットワークの前途が私の予測どおりになるならば、この新技術は、システム開発の環境を大きく変えることになるだろう。

　入力されるマーケットのデータと採用する学習モデルはニューラル分析プログラムごと異なるため、同時に同じ結論に達するニューラルプログラムはほとんどないだろう。そのため、ニューラル分析のアプローチは多様化する可能性が高く、最終的にはマーケットにとって非常に好材料になると考えられる。なぜならば、マーケットの全参加者が同時にあるいは同様の時間枠で同じ方向のトレーディングをすることはまずないからである。ニューラル分析が結論に達する方法を考慮すると、何よりも、マーケットを動かす原因と思われるパターンの認識と関係の評価に焦点を当てる必要がある。基本的なマーケットトレンドの勢いは日によっても週によっても変化するため、変化に敏感なニューラル分析プログラムも変化するだろう。ニューラルシステムはダイナミックであり、従来のトレーディングシステムの静的な制限の影響を受けることはない。このことから、従来型のトレーディングシ

ステムは時間とともに劇的に変化するマーケットに素早く反応できない、という異議を無視することができそうだ。

結局は、ニューラル分析プログラムも、従来型のトレーディングシステムと同じようにマーケットの情報を評価している。しかし、ニューラル分析プログラムでは、所定の時間に市場価格を動かしている指標の組み合わせを分析して、膨大な量の情報（ここでいう「情報」とは「指標」のことである）を評価することができる。また、ファンダメンタルの情報とテクニカルの情報を両立して評価し、組み合わせることができる。このように、ニューラル分析プログラムは従来型のトレーディングシステムから大躍進するきっかけになるだろう。今後数年で、新しいシステムはさらに発展していることだろう。

将来への影響

今後数年でニューラル分析プログラムが従来型のトレーディング手法に取って代わるとしたら、当然、次のような疑問が生じるだろう。「なぜこの本を読む必要があるのか？　もっと言えば、システムや指標に関する本を読む必要があるのか？」。その答えは実に単純である。すでにお分かりのように、私が強調したいのはシステムやテクニックそのものではなく、トレーダーのスキルの開発なのである。スキルによって、最終的に勝者と敗者が分かれるのだ。最も効果的なトレーディングシステムが未熟で規律のない衝動的なトレーダーの手に渡ると、それは破滅の道具になってしまう。

これに対し、聡明で経験豊かで規律正しく、そして資金のあるトレーダーがかじを取ると、平凡なトレーディングシステムでも莫大な富を生み出す手段となるだろう。したがって（集中力があり自発的なトレーダーであるならば）、皆さんがどのトレーディング手法を使用するかにかかわらず、本書で学ぶスキルは将来きっと役に立つだろう。

さらに、本書で学ぶスキルは、知的な情報としてニューラルコンピューターにも使用することができ、ほかの情報と結び付くと素晴らしい結果をもたらすことにもなる。そのため、どんなに新しいシステムが開発されたとしても、皆さんが費やす時間とお金はプラスの結果につながるだろう。さて、理屈はもう十分なので実践に移ってみよう。

第4章
移動平均でデイトレードを行う
Day Trading with Moving Averages

　本書では、皆さんの専門知識に関して一定の前提を設けている。（楽天的すぎるかもしれないが）皆さんがデイトレーディングの本を購入したということは、マーケットについてある程度の素養と知識を習得済みであると考られる。したがって、トレードの基本的な専門用語に精通しているものとみなして、基本的な定義については省略する。それでも、簡単なコンセプトについて説明して、皆さんの知性を侮辱することがあるかもしれない。なぜそのようなことをするかというと、そのコンセプトについての誤った認識を訂正するためである。このほかにも、いくつかの用語を再定義することもあるかもしれない。

移動平均について

　先物市場と株式市場のトレーダーが利用できるシステムのほとんどは、移動平均または移動平均のバリエーションに基づいたものである。移動平均は簡単に理解することができ、適用も計算もシンプルである。移動平均にはさまざまなタイプがある。そこで、私が利用してきた移動平均について簡単に説明する。

1．単純移動平均（MA）

　これは、データ系列の各価格に等しいウエートか、値をかける移動平均である。10個の数値を合計してそれを10で割り、10期間の移動平均線を算出する。2番目の移動平均値は、合計から最初の数値を引いて11番目の数値を加えて算出する。つまり、10個のデータポイントの時間枠を作り、それを合計して10で割る。その結果は、移動平均データの2番目の値となる。次の数値についても同様に算出する。x時間枠の移動平均は、常にx個のデータを持っていることになる。「10期間の移動平均」という場合は、10日、10時間、10年、10ヵ月、あるいは5分足の10本分を意味している。単位の長さは「期間」と呼ぶ。

　通常、日中の移動平均を調査する場合は1分から1時間までの期間の移動平均を扱う。したがって、「1分足データの10期間の単純移動平均」という場合は、直近の10個分の1分足データを合計してそれを10で割って算出した移動平均のことを指している。「10時間の移動平均」という場合は、直近の10時間分の数値（1時間当たり1つ）を合計してそれを10で割って算出した移動平均のことを指している。

2．指数平滑移動平均（EMA）

　指数平滑移動平均は、それぞれの値に指数関数のウエートをかけて計算するため、単純移動平均とは計算方法が少し異なる。指数平滑移動平均を使う目的は、理論的には、基本データにより敏感な平均値を算出することである。指数平滑移動平均の計算の詳細については、いろいろな本が出版されている。

3．加重移動平均（WMA）

　これは私のお気に入りの移動平均のひとつである。データ系列のすべての数値に等しく加重するわけではない。加重移動平均には2つのタイプがある。直前に加重したものと逆向きに加重したものである。

データの直前の部分を重要視する場合、加重移動平均では、現在のデータの影響を考慮するため直近のデータにより大きなウエートを掛ける。一方、逆加重移動平均では、数値系列の最初のデータにウエートを掛けている。

4．平滑移動平均（SMA）

平滑移動平均は、また別のタイプの加重移動平均である。平均値が大きく変動することがないように、データは数学的に「平滑」にされる。こうすることで、より安定した移動平均になると予想される。

5．三角移動平均（TMA）

三角移動平均は、正規分布を強調して加重したものである。言い換えると、三角移動平均の両端は中央のデータよりも加重が低くなる。その結果、三角移動平均はバランスが良く、データ系列の正規分布の特性に敏感になる。例えば、7日間の三角移動平均は次のように算出する。

数値データ：A,B,C,D,E,F,G（7日間）

《ステップ1》　x＝（1×A）＋（2×B）＋（3×C）＋（4×D）＋（3×E）＋（2×F）＋（1×G）

《ステップ2》　TMA＝x/16（16＝すべての乗数の合計）

従来型の移動平均システム――利点と欠点

株式トレーダーや先物トレーダーは長年にわたって移動平均を利用し、多くの成功を収めてきた。移動平均には文字どおり何百というバ

リエーションがあるが、その真相は、移動平均に基づくトレーディングシステムは、どのタイプでも、明確な制約と利点がある、ということである。

移動平均システムはトレンドフォローのシステムである。平均値に基づいた値動きが発生すると、トレーダーはそれに飛び乗り、その動きが終わったときや反転したときに手仕舞いする（すなわち「フラットにする」「マルにする」）。マーケットにトレンドがあるとき、移動平均はうまく機能する。しかし、トレンドがないときや保ち合いのマーケットでは、移動平均は失敗してしまう。マーケットに強いトレンドがあるのは30％程度であるため、移動平均に基づくシステムのほとんどは20～50％の勝率しかないのだ。しかし、勝率が低いということは、移動平均に基づくシステムでは利益を上げることができないという意味ではない。リスク管理と良好なトレードの基本ルールに慎重に従えば、利益を上げることも可能だ。これについて説明する前に、移動平均の利点と欠点を紹介しておこう。

前にも説明したように、移動平均に基づくシステムの問題点は、あまり正確でないということである。移動平均は遅行指標である。「遅行指標」とは、その名のとおり、マーケットのあとを追う指標であり、マーケットの方向が変わってから指標の方向が変わる。このような指標のプラス面は、新しいトレンドが進行するまでは方向を変えない、という点である。

マイナス面は、新しいトレンドが始まったことを移動平均で認めても実際には非常に短いトレンドの場合もあるし、現在のトレンド内の単なるランダムな変動（つまり「一時的な下落や上昇」）の場合もある、ということだ。しかし移動平均は、真のトレンドと現在のトレンド内の変動とを区別できないことが多い。そのため、多くのだましのシグナルを生み出すことになる。移動平均は自発的な指標ではない。マーケットに対して「リードしてください、私はあとからついていき

ます」と言うだけなのだ。マーケットが有意義なトレンドを確立するならば、移動平均はうまく機能するだろう。しかし、有意義なトレンドがなかったり、ウイップソータイプ（ちゃぶつきタイプ）のマーケットでは、移動平均は損失に損失を重ねて悲惨な結果になるだろう。

　もうひとつの移動平均の限界は、だましから免れるために感応度を弱くしなければならない、ということである。したがって、現在のポジションを手仕舞いするために移動平均シグナルを待っていると、相当の利益を失なってしまうことがよくある。同様に、トレンドが発生してから新規ポジションを持つことになるため、この場合もせっかくの大きな利益のチャンスを逃してしまう。この問題を最小限に抑える方法はあるのだが、それでも問題は深刻である。

　前述の２つの限界から、さらなる問題が生じる。それは、システムが間違っていることが多い、ということである。移動平均システムの勝率は20〜40％程度であり、40％以上になることはほとんどない。しかし、このような限界があるにもかかわらず、移動平均に基づくシステムは、テクニカルトレーダー、特に、ファンドマネジャーの間では人気を博している。なぜだろうか？　これにはいくつかの理由がある。第一に、移動平均を使用するのに高度な数学の知識を必要としないからだ。基本的な移動平均は、デイリーでも日中でもコンピューターなど使わずに簡単に計算し、そしてすぐに判断できる。第二に、移動平均に基づくシステムでは、移動平均線と価格がクロスするといった明確なトレーディングシグナルを示す。これは、メカニカルなトレーダーにとっては理想的である。第三に、移動平均のシステムは、常にマーケットに参加するタイプのシステムである。このことは、システムが買いから売りへ、そして売りから買いへとシグナルを変え、ニュートラルのポジションをほとんどとらない、ということを意味している。ポジションを持っていないときに限って華々しい値動きが起こるものだ。そのため、常にポジションを持っているということはトレーダー

にとって魅力的なのだ。第四に、ポジションを持っていないと、大きな値動きが起こったときに妥当な価格で新規に仕掛けることができない、というリスクをトレーダーたちは恐れている（もちろん、ファンドの手数料収入を受け取るファンドマネジャーは、頻繁にトレードを行う移動平均システムを好む。やはり、売買手数料を手に入れる利権を失いたくないのだろう）。移動平均に人気がある第五の理由は、その単純性にある。移動平均は、マーケットについてそれほど詳しく理解していなくても使用することができる。しかしそれでも、世間体を維持したいマネーマネジャーの心をくすぐる「数学モデル」なのである。

移動平均はすぐに計算することができ、そのシグナルは規則どおりである（規則どおりということと正しいということを混同しないようにしてほしい）ため、短期トレーディングやデイトレーディングに適用しやすい。

この章では、デイトレーダーが使用できる移動平均の例について重点的に説明する。基本的な適用ルールに従っていれば、かなりの成功をもたらすことになるだろう。従来型の手法についても説明するが、面白いアイデアを新たに見つけることもできるだろう。

移動平均のクロスオーバー ── 価格と移動平均

時の検証を経た最も一般的な移動平均の適用例の１つに、移動平均と価格のクロスオーバー（交差）を使用する手法がある。その関係は実に単純である。

価格が移動平均の上にあるかぎり、トレンドは上昇していると定義される

価格が移動平均の下にあるかぎり、トレンドは下降していると定義

される

　移動平均の下にあった価格が移動平均をクロスして上に抜けると、トレンドは「下降」から「上昇」に変わったとされる。移動平均の上にあった価格が移動平均をクロスして下に抜けると、トレンドは「上昇」から「下降」に変わったとされる。図表4.1は、Tボンド先物30分足チャートで、9期間の単純移動平均を使用した基本的な関係を示している。私のコメントに注目してもらいたい（BUY＝買い、SELL＝売り）。

　デイトレーダーは、価格／移動平均の関係とクロスオーバーを使用して、売買シグナルを発生させることができる。余談であるが、私のコメントは移動平均を使用するという制約の範囲内で記載している、ということを覚えておいてもらいたい。ルールは単純である。

　価格が移動平均の上に抜けたら**買う**
　価格が移動平均の下に抜けたら**売る**

　このルールに従うと、多くのだましのシグナルが発生し、かなりの手数料を支払うことになる。そして長期的には（この例では短期間だが）、トレーダーの憤りを引き起こすことになってしまう。

　この問題を解決するには2つの方法がある。1つ目は、移動平均の期間をマーケットに合わせること。2つ目は、どの時間枠が最適なのかを判断すること。私の提案をいくつか紹介しよう。

1．移動平均の期間

　一般的に、移動平均の期間は、マーケットの特性に合わせて調節しなければならない。遅い移動平均のほうが速い移動平均よりも目的に

図表4.1 移動平均と価格の基本的関係。Tボンド先物30分足チャートで、9期間の単純移動平均を使用

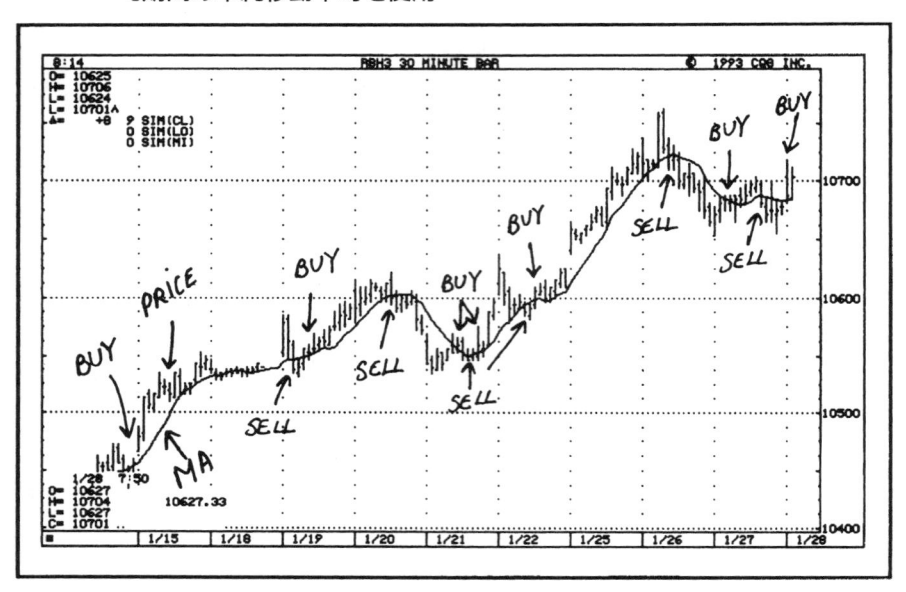

かなう場合もある。図表4.2は、図表4.1と同じマーケットであるが18期間の移動平均を示している（BUY＝買い、SELL＝売り）。

　図を見て分かるように、結果ははるかに良好である。図表4.3は、スイス・フラン先物の同じ30分足チャートの18期間の移動平均を示している。それぞれのチャートのコメントに注目してほしい（BUY＝買い、SELL＝売り）。バーの終値が移動平均線（実線で示している）を上に抜けてクロスしたとき、買いシグナルが発生する。これに対し、バーの終値が移動平均線の下に抜けるとき、売りシグナルが発生する。この関係は非常に単純であり、機械的に適用される。

図表4.2　移動平均と価格の基本的関係。Tボンド先物30分足チャートで、18期間の単純移動平均を使用

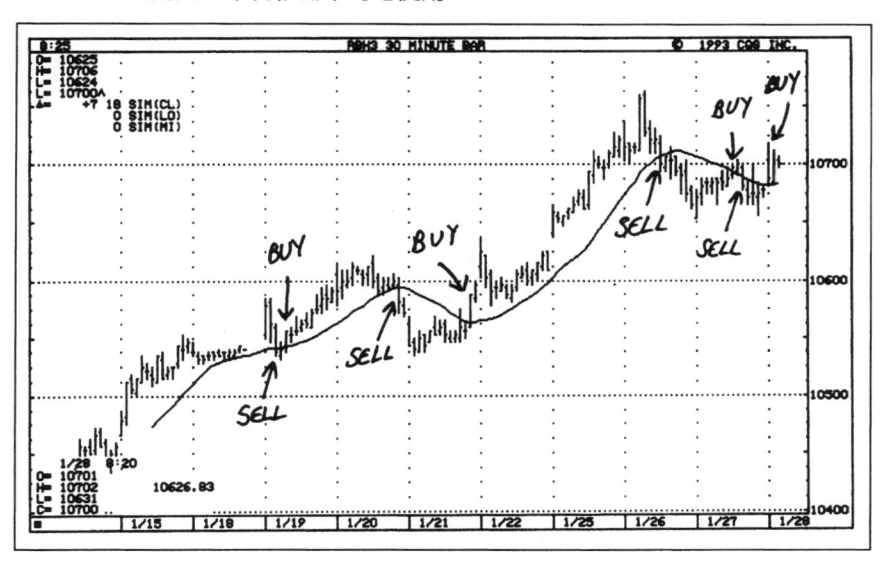

図表4.3　移動平均と価格の基本的関係。スイス・フラン先物30分足チャートで、18期間の単純移動平均を使用

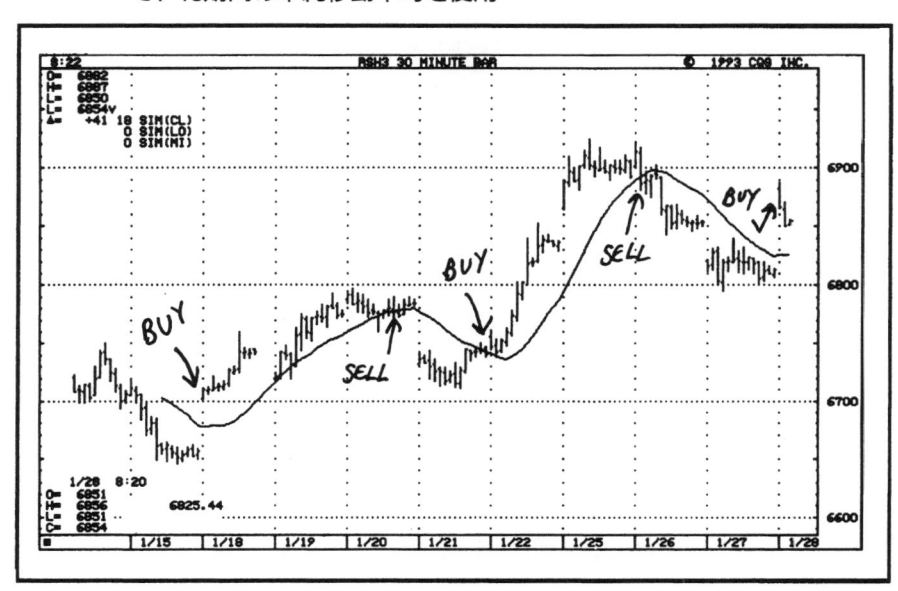

2．時間枠

　デイトレーダーに最適の時間枠は１分から30分である。個人的な経験からいうと、普通でない状態をお望みなら１分の時間枠でトレードすることを勧める。しかし、ある程度の健全性と秩序を維持したいなら、最短でも５分の時間枠を勧める。スタンダード・アンド・プアーズ（S&P）では、３分足のチャートを使用しているトレーダーが多い。これもまた利点があるだろう。しかし、皆さんはその時間枠で何をしたいのかを決める必要がある。３分足のトレードでは（５分足のチャートであっても）気配値に「釘付け」になってしまうだろう。本書で説明する手法とテクニックのほとんどは、５分から30分の時間枠に適用できるものである。

移動平均のクロスオーバーの評価──システムとしての価格と移動平均

　このアプローチはシンプルであり、ほぼすべてのマーケットに適用できるが、トレンドを形成しないマーケットで使用するにはあまり良いシステムとは言えない。この手法を使用すると、スリッページと手数料で資金を失っていくことになる。仕掛けと手仕舞いのルールは明確で客観的だが、この手法で利益を上げることは「科学」というより「芸術」である。このテクニックの勝率はせいぜい25％～35％である。30分足から60分足のデータでこの手法を使用し、前に説明したルールに厳密に従うとしたら、移動平均の期間は10～14期間が最適である。しかし、スリッページと手数料を考慮すると、ほとんどのマーケットでその結果は１トレード当たり100ドル以下となってしまうだろう。そのようなわけで、この手法を使用することは勧めない。時間とお金を犠牲にするだけだからだ。

2つの移動平均のクロスオーバー

　移動平均のシステムでだましのシグナルを少なくする方法の1つに、移動平均を2つ使用する方法がある。この場合の適用ルールも非常に簡単である。一般的な2つの移動平均はだいたい1対8の割合である。言い換えると、1つ目の移動平均に5分足終値の3期間の移動平均を使用しているとしたら、2つ目の移動平均には24期間の移動平均を使う。ただし、あとで説明する移動平均の例のなかにはこの比率を適用していないものもある。図表4.4は、Tボンド先物30分足チャートでの基本的な買いと売りのシグナルを示している（BUY＝買い、SELL＝売り）。

　2つの移動平均を使用する目的は、クロスオーバーに必要な応答時間を遅らせることである。この遅れは、だましのシグナルが少なくなるという点では有益であるが、移動平均の応答時間が遅くなる結果、仕掛けと手仕舞いのシグナルが鈍感になるという点で好ましくない。したがって、移動平均の期間の正しい組み合わせ、つまり「応答時間」と「だましのクロスオーバーの最小化」が適切なバランスに達する組み合わせを選択することが非常に重要である。

　2つの移動平均を適用すると、価格と移動平均のクロスオーバーと比べて、利益を得られる可能性が高く、だましのシグナルが少なくなるように思えるが、遅行指標の限界を免れられないため、このアプローチを優れた手法と言うことはできない。参考として、S&P先物における2つの移動平均クロスオーバーシステムについて図表4.5に示した実績結果に注目してもらいたい。

　この検証結果から分かるように、2つの移動平均クロスオーバーシステムは強い印象を与えるものではない。この結果は、翌日に持ち越した未決済ポジションを反映している、ということに注目してほしい。1日の大引けで手仕舞いすると、この手法のパフォーマンスは低下し、

図表4.4 基本的な2つの移動平均を利用した売買シグナル。Tボンド先物30分足チャートで、3期間と24期間の移動平均を使用

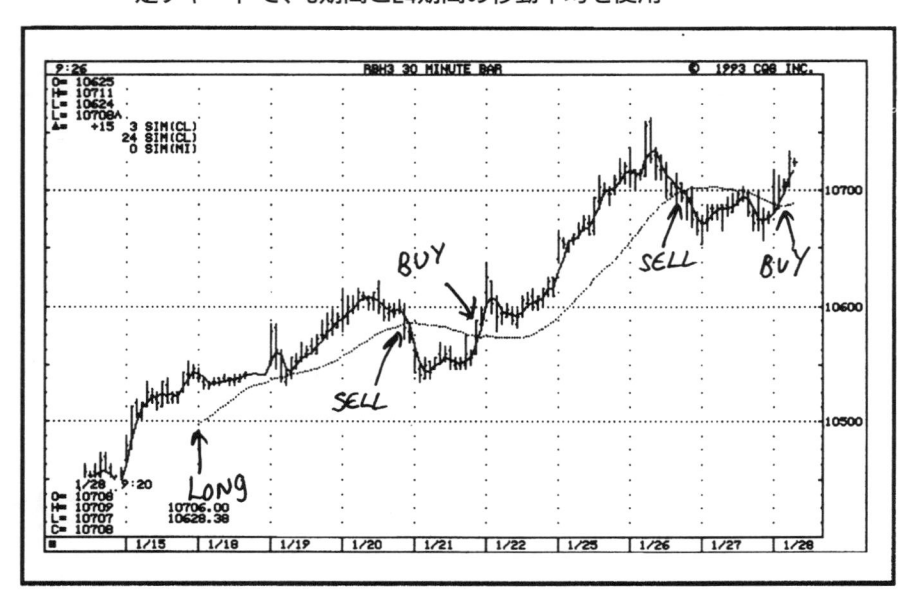

全体として損失になる。そのため、デイトレーディングではこの手法を使用しないよう提案する。S&P先物では、この手法を使用すると敗けることが多い。

支持線と抵抗線

　移動平均を使用するもうひとつのアプローチは、支持線と抵抗線を目安とすることである。一般的に定義すると、マーケットが上昇したあとに下落した場合に、「支持線」はそこから値が回復すると予想される価格水準である。下降トレンドのなかで上昇したあと、「抵抗線」はそこから値が下落すると考えられる価格水準である。支持線は上げ

**図表4.5　S&P先物における2つの移動平均クロスオーバー・システムの結果
（オメガリサーチ社の許可を得て転載）**

S&P先物の二重移動平均クロスオーバー——92年30分足（92/1/2～92/12/31）

全トレードのパフォーマンス

総損益	$20325.00	未決済ポジションの損益	$0.00
総利益	$49025.00	総損失	$-28700.00
総トレード数	137	勝率	55
勝ちトレード数	76	負けトレード数	61
最大の勝ちトレード	$2550.00	最大の負けトレード	$-800.00
勝ちトレードの平均利益	$645.07	負けトレードの平均損失	$-470.49
平均利益/平均損失レシオ	1.37	1トレードの平均損益	$148.36
最大連続勝ちトレード	9	最大連続負けトレード	4
勝ちトレード平均バー数	6	負けトレードの平均バー数	5
日中の最大ドローダウン	$-3400.00		
総利益/損失比	1.71	最大建玉枚数	1
必要資金	$6400.00	運用成績	318

ここに示したパフォーマンスは次のことを前提にしている

3期間と54期間の移動平均
30分足のS&P先物
92年1月2日～92年12月31日
800ドルのストップロス
スリッページと手数料を未控除
大引けで手仕舞いする

相場での押しで、買いポジションを建てるのに使用される。これに対し、抵抗線は下げ相場での戻りで、売りポジションを建てるのに使用される。

　株式市場と先物市場の歴史のなかで、支持線と抵抗線のレベルや範囲を定義しようと多くの努力がなされてきた。マーケット分析の各流派は、独自の方法論を展開させた。チャーチストは、テクニカルな支

持線と抵抗線のレベルを確立する手法として、特定のフォーメーション、トレンドライン、価格と出来高のパターンを示している。

ポイント・アンド・フィギュアのチャーチストも独自の方法論を支持している。ギャンとエリオットの教義を支持する人たちは、支持線と抵抗線を確立する方法として、リトレースメント（押し・戻り）率やギャンアングルを使用する。これらの手法の妥当性や可能性を過小評価するつもりはないが、あまりにも複雑である。長年の経験から、私は役に立つ独自のアプローチを開発した。次の項目では、そのアイデアとテクニックを紹介する。

支持線と抵抗線としての2つの移動平均クロスオーバー

このアプローチはデイトレーダーに適したものであり、これを使用することを強く推奨する。長所は、売りでも買いでも明確な仕掛けポイントが分かること、そして比較的単純だということである。一方、短所は、完全には客観的でないこと、そして厳密にメカニカルな手法ではないことである。

支持線と抵抗線を使ったトレードに日中の移動平均を適用する

このアプローチの適用は非常に簡単である。基本的に、次の3つのステップを踏む。

- ●2つの移動平均クロスオーバー手法を使用すること。前に説明したように、1対8の比率の移動平均を使用すること。
- ●マーケットトレンドを判断すること。直近のクロスオーバーシグナルについて価格チャートを調べるとよい。シグナルが強気であったら、トレンドは上昇していると考えられる。直近のクロスオ

第4章●移動平均でデイトレードを行う

図表4.6 抵抗線と支持線を利用した2つの移動平均クロスオーバーシグナル

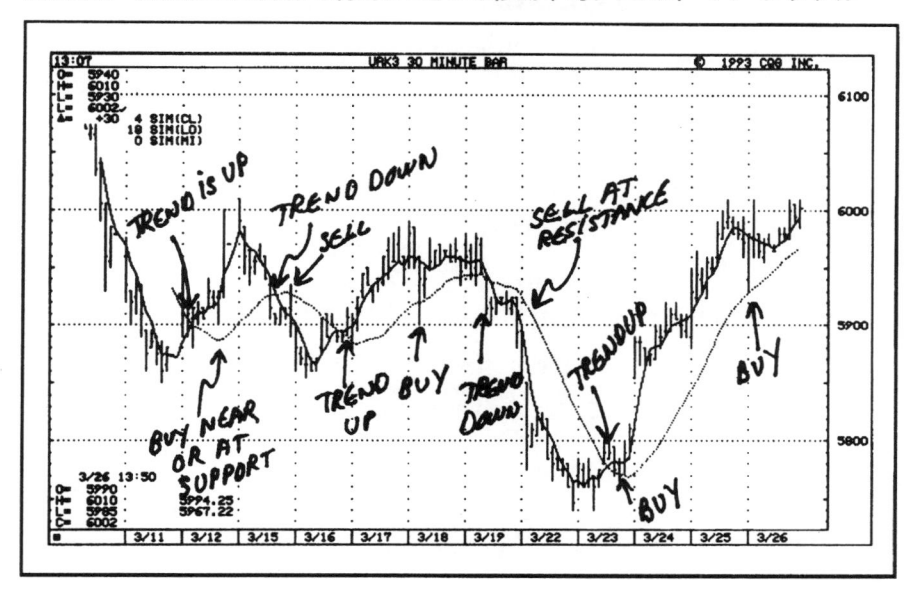

図表4.7 抵抗線と支持線を利用した2つの移動平均クロスオーバーシグナル

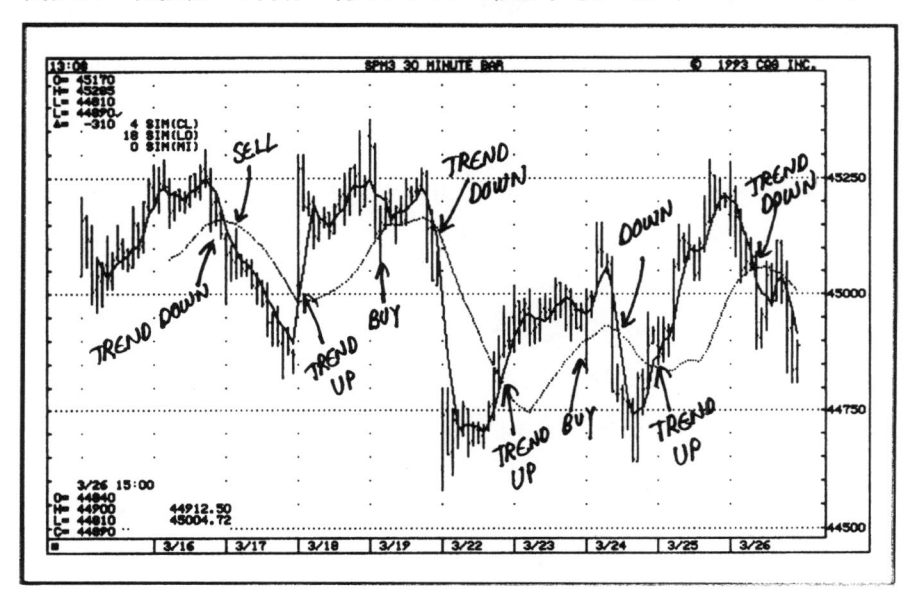

ーバーシグナルが弱気であったら、トレンドは下降していると考えられる。図表4.6（TREND UP＝トレンド上昇、TREND DOWN＝トレンド下降、SELL＝売り、BUY NEAR OR AT SUPPORT＝支持線付近で買い、BUY＝買い、SELL AT RESISTANCE＝抵抗線で売り）と図表4.7（TREND UP＝トレンド上昇、TREND DOWN＝トレンド下降、SELL＝売り、BUY＝買い）にその詳細を示している。

● 2つの移動平均のうち支持線となる期間の長いラインを価格が下回ったら買い、トレンドが下降していて期間の長いラインを価格が上回ったら売ること。この詳細についても図表4.6と図表4.7を参照してもらいたい。ただし、勝っても負けてもトントンでも、大引けまでには手仕舞いすること。

強気相場で移動平均線へ向かって下落することが、新しい下降トレンドの始まりなのか、あるいはそこで買うべき押しのシグナルなのかを判断する方法がないため、各自のポジションをストップロスで保護する必要がある。前に説明したように、ストップロスを決定するにはいくつかの方法がある。

ストップロスの代わりに、厳格なマネーマネジメント・ストップを使用する。つまり、それぞれのトレードで一定の金額リスクを定めることもできるし、別のテクニックを使用することもできる。マネーマネジメント、つまり金額ベースのリスクストップについては改めて説明するまでもないだろう。しかし、値動きのノイズをさばく余地が必要であるため、ストップロスは大きいほうが望ましい、ということを覚えておいてもらいたい。

時間枠に関しては、5分足、10分足、30分足のデータを使用することを勧める。5分に満たないのはあまりにも短すぎるし、30分を超えると大引けまでに十分な時間がなくなってしまう。

まとめ

　最終的には、デイトレーディングで移動平均システムを使用することには反対である。移動平均にはさまざまなバリエーションがあるが、そのほとんどは、損失と手数料を相殺できるほどの利益をもたらすことはできない。このシステムが役に立つ可能性は低いため、使用しないほうが賢明である。トレンド指標として支持線と抵抗線を示す移動平均システムを使用することもできるが、厳しい検証にかけるのは難しい。

第5章
ストキャスティックスを適用する
Intraday Application of Stochastics

　ジョージ・レインが開発したストキャスティック指標（SI）は、ポジショントレーダーだけでなくデイトレーダーに対しても大きな可能性を提供している。マーク・シルバーと私の共著『ストキャスティック・ファンタスティック（Stochastic Fantastic）』で紹介した即時行動シグナルをよくご存じの方は、ポジショントレーディングでも短期トレーディングでも、ストキャスティック指標がいかに価値のあるものかということを認識していることだろう。即時行動シグナルは、デイトレーディングの時間枠にも適用できる可能性が高いが、完全には検証されていない。

　この章では、デイトレーディングにおけるストキャスティックスの基本的な適用について説明し、ストキャスティック指標の適用例、限界、長所、予想される事柄についてガイドラインを紹介する。

ストキャスティックスについて

　すでにご存じの方も多いと思うが、ストキャスティック指標には、2つの値、％Kと％Dがある。％Dは、％Kから派生した値である。％Kはファスト・ストキャスティック指標（先行指標）であり、簡単な数式で算出することができる。スロー・ストキャスティック指標

（遅行指標）はファスト・ストキャスティック指標の移動平均であるため、遅れて変動する。ストキャスティクスがさまざまな方法で使用されることはよく知られている。私は、トレーダーの人数だけストキャスティック指標の適用例があるのではないか、と考えている。ストキャスティック指標は、現在、マーケットで最もポピュラーな指標のひとつである。**だからといって、ストキャスティック指標がベストの指標であるというわけではない。**それどころか、一般的に使用されているがゆえに、最悪の指標であるかもしれないのだ。これが真実だとは思わないが、私は元来コントラリアンである。簡潔なトレーディングルールに従って一貫して適用されると、ストキャスティック指標はデイトレーダーにとって（もちろん、ほかのトレーダーにとっても）利益をもたらす指標になる。まずは、基本的なストキャスティック指標について簡単に説明し、そしてデイトレーディングでの一般的な適用例について、さらに、私がデイトレーディングの最も効果的な手法だと考えているストキャスティック・ポップ（SP）手法について説明する。

基本的なストキャスティック指標

トレーダーたちは、試行錯誤を繰り返して（失敗のほうが多いのだが）、効果的なタイミング指標をさまざまな方法で、そしてさまざまな指標と組み合わせて適用できることを発見した。ジョージ・レインはストキャスティック指標の適用例を多数提案しているが、私は十分な調査を根気強く実施し、実地での経験を積み、ジョージ・レインの研究をさらに広げた。実際に、ジョージ・レインは、私が使用しているストキャスティクス、つまりストキャスティック・ポップ指標を取り入れている。

簡単に説明すると、ストキャスティック指標とは価格のオシレータ

ーであり、現在の価格動向とx期間の価格動向とを比較する。例えば、14日ストキャスティック指標は、現在の価格と14日間の価格とを比較して求められる。生のストキャスティックは％表示に変換され、平滑化され、そして移動平均と比較される。したがって、ストキャスティック指標は％で表した２つの数字で構成されることになる。どちらのラインも平滑化されていて、％Ｄは％Ｋの派生指標（通常、％Ｋの３期間移動平均）であるため、高値・安値と相関性のあるストキャスティック指標で高低を図示することができる。

　ストキャスティック指標には、ファストとスローの２つの種類がある。ファスト・ストキャスティック指標は、激しく動く２つの線で構成されている。スロー・ストキャスティック指標はファスト指標を平滑化したもので、その動きは緩やかである。ストキャスティック指標の底／天井と安値／高値には密接な相関性がある。そのためストキャスティック指標は効果的な指標であり、短期トレーダー、ポジショントレーダー、デイトレーダーのいずれのトレーダーも使用することができる。

　ストキャスティック指標で重要なことは、ファストかスローか、そして９期間か25期間かにかかわらず、その適用方法である。あとで説明するが、ストキャスティック指標はさまざまな方法で使用することができる。この章の目的は、デイトレーダーにとって最も効果的だと思われる方法を紹介することである。これから説明する原則を理解し、一貫して適用する人は、そのテクニックが簡単で効果的であることを認識するだろう。

　ストキャスティック指標タイミングの基本的なアプローチを紹介する前に、ストキャスティックスの重要な点についていくつか説明しておこう。

1．多くのトレーダーが、ストキャスティック指標が75％以上になると天井に近いと考え、25％以下になると底が近いと考える。

2．ストキャスティック指標が「買われ過ぎ」（75％以上）または「売られ過ぎ」（25％以下）に達しても、すぐに行動を起こさなければいけないというわけではない。これは、従来型のストキャスティック手法の最大の欠点である。

3．多くのトレーダーがストキャスティック指標を独立型システムとして使用する。このアプローチは特に悪いというわけではないが、どのストキャスティック指標テクニックを使用するかにかかわらず、（多少の例外はあるものの）タイミング指標を追加して結果を改善することができる。

ストキャスティック指標タイミングの基本的アプローチ

1．％Kと％Dのクロスオーバーシグナル

ストキャスティック指標は、ファストでもスローでも使用することができる。スロー・ストキャスティック指標は、ファスト・ストキャスティック指標の移動平均である。ファストは乱高下するため、スローのほうを使用することを勧める。ストキャスティック指標のタイミングの手法の1つに、％Kと％Dのストキャスティック指標ラインのクロスオーバーで出現する買いシグナルと売りシグナルとしてスロー・ストキャスティック指標を使用する、というものがある。このアプローチについては図表5.1で示している（B＝買い、S＝売り）。この適用例では、（ストキャスティック指標の長さによって異なるが）相当量のトレーディングを必要とする。期間が短いと、トレーディングが多くなる。このテクニックには、移動平均やオシレーターと同様の

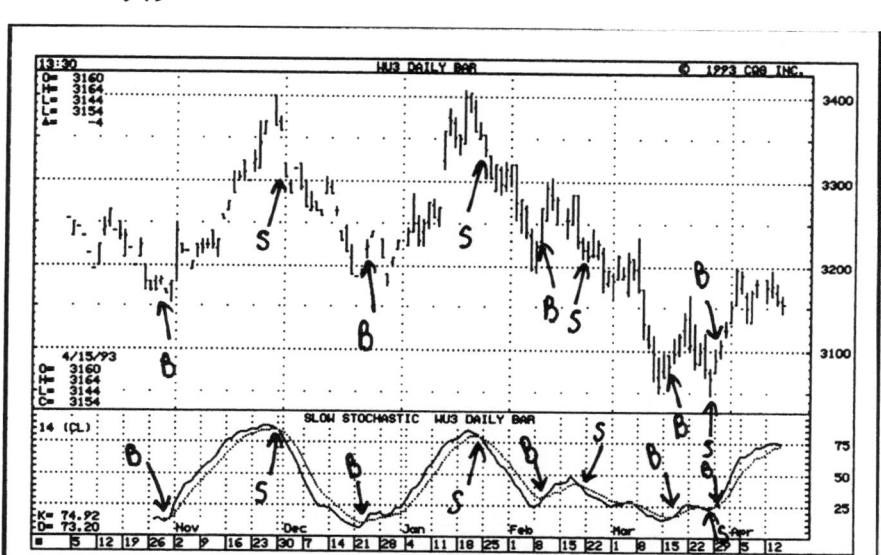

図表5.1　％Kと％Dのクロスオーバーによるストキャスティックスの売買シグナル

限界がある。つまり、多数のだましのシグナルを生み出し、相当の利益を失うことがあるのだ。

2．25％と75％のストキャスティック指標クロスオーバー

一般的に、75％以上のストキャスティック指標は買われ過ぎ、25％以下のストキャスティック指標は売られ過ぎとみなされる。ストキャスティック指標は長期にわたって買われ過ぎ（OB）、または売られ過ぎ（OS）の範囲内にいることがあるため、単に買われ過ぎだけを基準にして売りの判断をしないように、あるいは単に売られ過ぎだけを基準にして買いの判断をしないように忠告する。ストキャスティック

指標を使用して極端な売買をする場合は、買われ過ぎから75％以下に戻るクロス、あるいは売られ過ぎから25％を超えるクロスを待たなければならない。このアプローチでストキャスティック指標を使用する場合は、ストキャスティック指標が75％を超えて、その後、終値ベースで75％を下回るのを待たなければならない。そのときに、売り注文を出すか、ロングのポジションをショートに変える。あるいは、ストキャスティック指標が25％を下回ってその後、終値ベースで25％を上回るのを待ち、買い注文を出すか、ショートのポジションをロングに変える。このアプローチは、実質的にどの時間枠のトレードにも適用することができる。

しかし、ストキャスティック指標だけではストップを置くタイミングや利益を確定するタイミングは分からない。その他の手法を使用するか、あるいは各自の判断でストップロスを定めなければならない。その他の手法やシステムと同じように、場合によっては損失を出す覚悟も必要となる。

ストキャスティック指標が一定の方向を示しているからといって、損切りを避ける口実にしたり、損失ポジションを増やしたりしないでほしい。ストキャスティック指標は絶対確実なものではない。しかし、ほかのタイミングシグナルと一緒に使用すると、だましのシグナルとリスクをある程度に抑えて、勝率を高くできることに私は気づいた。

75％／25％アプローチは、クロスオーバー手法よりも実りが多いと思われる。そのテクニックは非常に簡単である。図表5.2（B＝買い、S＝売り）と図表5.3（B＝買い、S＝売り）では、5分足と10分足のデータを使用してこのアプローチを示している。75％／25％の手法は、実質的にどの時間枠でも使用することができ、特に5分足、10分足、15分足のチャートでその効果を発揮する。30分足にも適用できるが、20分以上のデータを使用するとデイトレーダーの目的にあまりそぐわなくなってしまう。

第5章●ストキャスティックスを適用する

図表5.2　5分足による75％/25％のストキャスティック手法

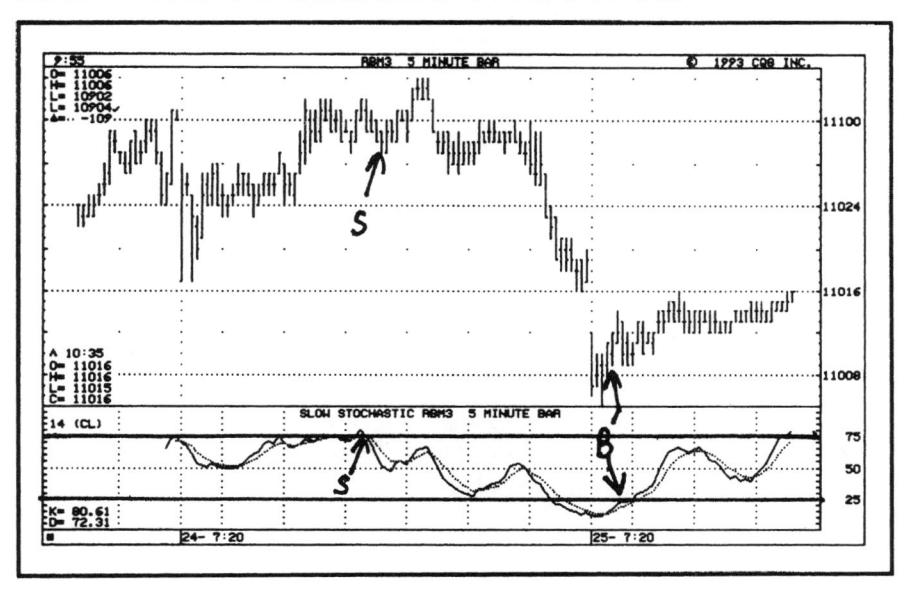

図表5.3　10分足による75％/25％のストキャスティック手法

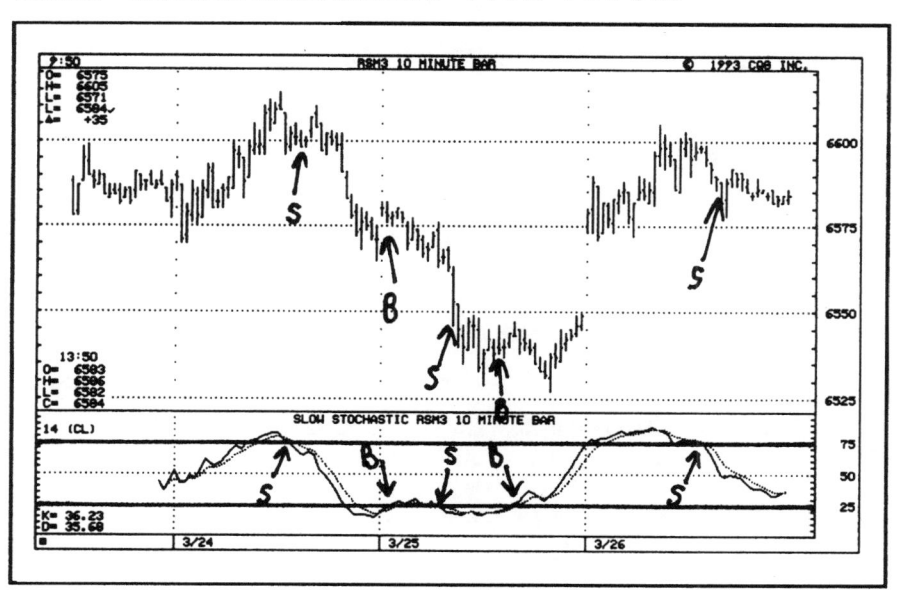

日中のストキャスティック・ポップの定義

　私はよく、なぜこのストキャスティックスを「ストキャスティック・ポップ（SP）」と呼ぶのか、と聞かれる。ほとんどのトレーダーが買われ過ぎか、売られ過ぎと考えているときにポジションを建てるのがストキャスティック・ポップである。ストキャスティック・ポップは、大多数のトレーダーが買われ過ぎと考えて、これ以上価格が上がらないときに買いのシグナルを出す。一方、大多数のトレーダーが売られ過ぎと考えて、これ以上価格が下がらないときに、ショートポジションをとる。言い換えると、**ストキャスティック指標で一定のレベルに達すると**、マーケットは適切な温度に達した「ポップコーン」のようにはじける傾向があるのだ。

　長年の経験から、私は買われ過ぎと売られ過ぎの考えが誤っていることに気づいた。**買われ過ぎて価格が上がらなくなったり、売られ過ぎて価格が下がらなくなったりすることはないのだ**。価格の下落には限界がある（つまり０）ため、理論的には、そこが売られ過ぎて価格が安くなる到達点である。しかしこの25年間に見てきたように、上限というのは存在しない。したがって、ストキャスティック・ポップ手法では、動きが長く続いて十分な利益を得られものと期待して、マーケットのモメンタムが強いときに買い、弱いときに売るのだ。

　言い換えると、ある意味では、ストキャスティック・ポップは、動いている物体は運動エネルギーがなくなるまで動き続けるという物理学の法則と一致している。株式市場と先物市場について調べたとき、私は、強気トレンドの終わりと弱気トレンドの終わりに向かって非常に大きく急速な動きが生じる、ということを発見した。買われ過ぎになってから、あるいは売られ過ぎになってから、短い期間に最大のモメンタムが生じることが多い。ストキャスティック・ポップはこの状況を利用しようとしているのだ。

　※参考文献　ストキャスティック・ポップの検証に関しては『トレーディングシステム徹底比較』（パンローリング刊）を参照

ストキャスティック・ポップのパラメータ

　では、ストキャスティック・ポップの適用ルールについて説明しよう。14日間のスロー・ストキャスティック指標を使用するとして、期間の終わりに％Ｋが75％以上になったときに、買いのシグナルが出現する。デイトレーディングにストキャスティック・ポップを適用する場合、私は5分足か10分足を使用することが多い。その結果、ストキャスティック指標の％Ｋが75％以上になれば、5分間または10分間のうちにすぐに買うことになる。常に成り行きで買うのだ。指値注文を出す余裕もあるかもしれないが、それほど簡単な問題ではないため、どのような駆け引きをするかは皆さんに一任する。ポジションを建てたら、リスク管理としてストップロスを利用するか、5分足または10分足の終わりに、％Ｋと％Ｄがクロスした時点でそのポジションを手仕舞いする。

　図表5.4、図表5.5、図表5.6は、ストキャスティック・ポップ手法について示したものである。チャートで使用する略称は次のとおり。

B、BUY＝新規の買いポジションをとるために買う
S、SELL SHORT＝新規の売りポジションをとるために売る
SL、EXIT＝買いポジションを売って手仕舞いする
CS、EXIT＝売りポジションを買い戻して手仕舞いする
F＝大引けにポジションを手仕舞いする

　これらの図からも分かるように、ストキャスティック・ポップの買いシグナルまたは売りシグナルがある場合は、手仕舞いのシグナルでストップアウトしたあとでも利益を上げることができるかもしれない。しかし、手仕舞いのシグナルが出現したら、そのポジションを手仕舞いしなければならない、ということを覚えておいてほしい。

図表5.4　ストキャスティック・ポップ手法の典型的な例

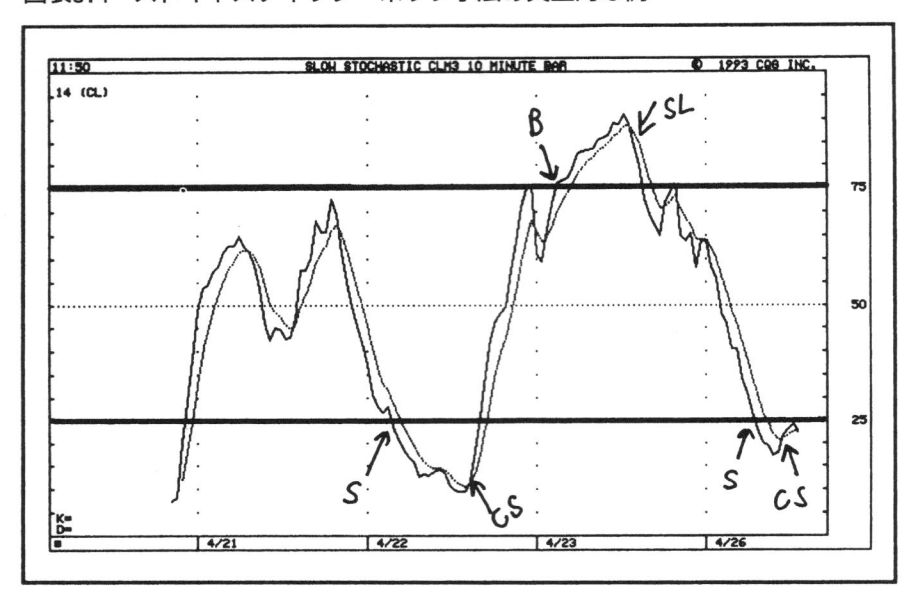

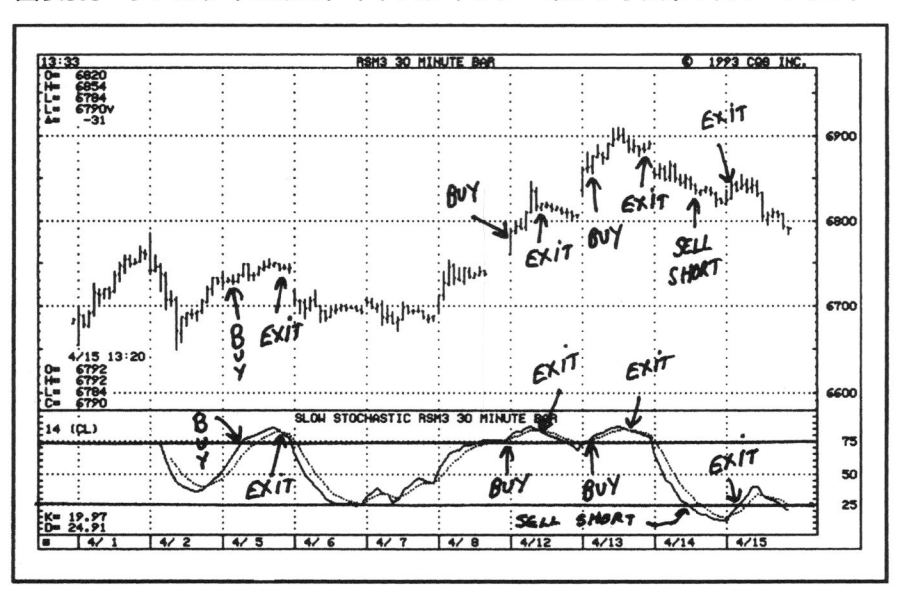

図表5.5　リアルタイムのストキャスティック・ポップ手法（スイス・フラン）

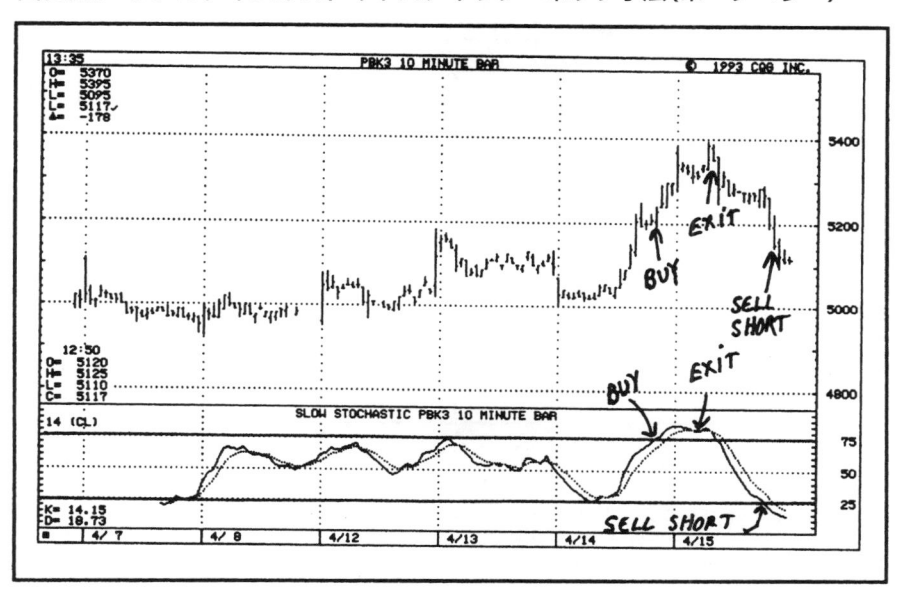

図表5.6　リアルタイムのストキャスティック・ポップ手法(ポークベリー)

例えば、ストキャスティック・ポップで仕掛けてルールに従って手仕舞いをしたら、％Ｋが75％を下回って、その後5分足または10分足の終わりに75％以上になったと仮定する。このような場合はどうしたらよいだろうか？　もう一度ロングポジションを建てて、ルールに従ってトレードをすればよいのだ。この例については図表5.7（Ｓ＝売り、ＣＳとＣＬ＝手仕舞い、Ｂ＝買い）と図表5.8（BUY＝買い、SELL SHORT＝売り、EXIT＝手仕舞い）に示している。

　ストキャスティック・ポップのテクニックは非常にシンプルだが、注意も必要である。クロスオーバーを注意深く観察しなければ、損を出してしまう。このアプローチを取り入れる前に、実際の市況を徹底的に観察し、ストキャスティック・ポップ手法に関する各自の知識を

図表5.7　ストキャスティック・ポップ手法の典型的な例（複数のシグナル）

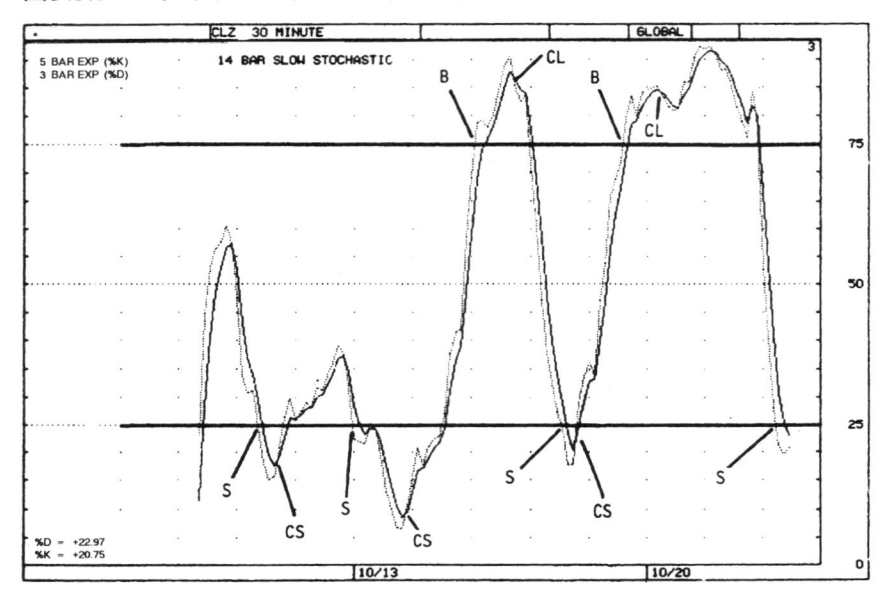

図表5.8　リアルタイムのストキャスティック・ポップ手法（複数のシグナル）

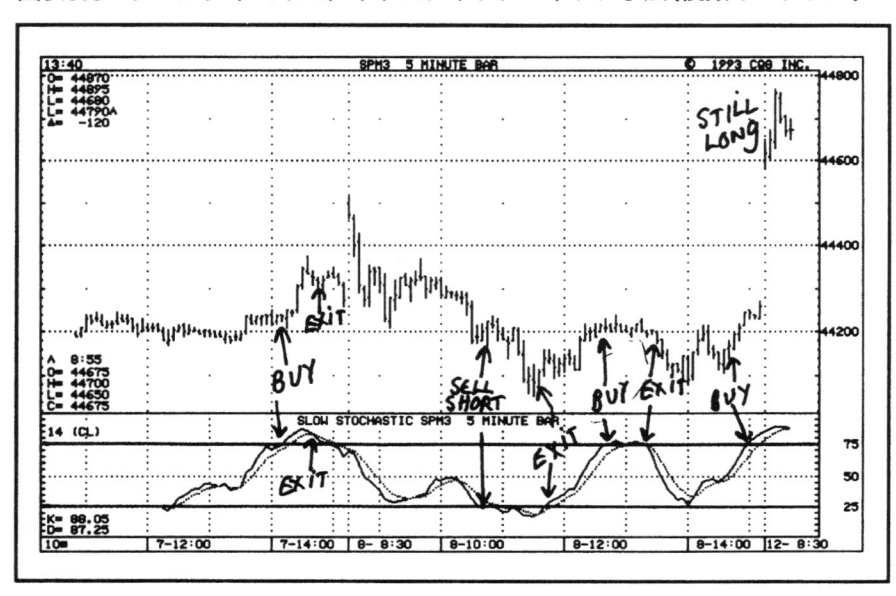

テストして、そのスキルを伸ばさなければならない。

　図からも分かるように、ストキャスティック・ポップの売り場面でも5分足または10分足を使用している。ただし、％Kが最初に25％を上回ったあとで25％を下回ったら売る。チャンスをものにしたいならば、あなたの判断で指値注文を出すことができるが、注文は成り行きのほうがよい。％Kと％Dがクロスすると、成り行きで手仕舞いする。

　とにかく、日中のストキャスティック・ポップ手法は単なるデイトレーディング手法にすぎないということを覚えておいてもらいたい。ポジションを翌日に持ち越さないことを勧める。真のデイトレーダーとなるには、大引けまでにストキャスティック・ポップを手仕舞いしなければならないのだ。

ストキャスティック・ポップがうまくいくマーケット

　私の経験上、日中のストキャスティック・ポップはボラティリティが高いマーケットでうまくいく。通貨（ほとんどすべて）、原油（ときどき）、S&P（ほぼいつでも）、Tボンド（ときどき）がこのマーケットに当てはまるが、最も堅実なパフォーマンスを上げられるのはS&P先物である。マーケットの特性は時がたつと変わるため、現在はアクティブでなかったり、ボラティリティが低いマーケットでも、状況が変わって、将来はストキャスティックス・ポップ・シグナルを使用することができるようになるかもしれない。そのためにも、いろいろなマーケットを注意深く観察しておくことを強く勧める。

ヒットエンドランのトレード

　ストキャスティック・ポップ手法の特性のひとつに、「ヒットエンドラン」テクニックの適用に役立つ、ということが挙げられる。つま

り、シグナルに一致したロングか、ショートのポジションを建て、そのポジションをごく短期間だけ保有し、成り行きで手仕舞いして利益をすぐに確定することができる。これには、多くの利益をすぐに確定できるという利点がある。一方、不利な点は、ポジションを手仕舞いしたあとに生じるかもしれない大きな値動きを逃してしまうということだ。

　良いところだけをとることができるように、複数の枚数でトレードすることを勧める。実際の方法を説明しよう。ストキャスティック・ポップの買いシグナルが出現したと仮定する。そこで、1枚だけ買うのではなく、2枚か4枚（偶数が好ましい）買う。予定額（例えば、S&P先物では100ポイント）に達したら、1枚だけ売る。そして、5分足または10分足の終わりにストキャスティック・ラインがクロスするまで残りは保有しておき、理想的な形で売ることができるようにする。つまり、1枚をヒットエンドランでトレードし、残りをルールに従って売るのだ。

ストキャスティック・ポップのバリエーション

　ストキャスティック・ポップのシグナルが現れるとマーケットはその方向で進み続ける可能性があるため、私は、もっとアグレッシブなストキャスティック・ポップの適用例を考えた。「アグレッシブ」とは、シグナルが現れたらオリジナルのストキャスティック・ポップの適用例より長くポジションを保有する、という意味である。図表5.9（BUY＝買い、STOP　LOSS　EXIT＝ストップロス、REGULAR SI EXIT＝通常の手仕舞い）について検証してみよう。クロスオーバーが何度か起こったあとで、ストキャスティック・ポップのシグナルが現れている。この場合、これまでのルールではクロスでストキャスティック・ポップのポジションを手仕舞うことになる。しかし、

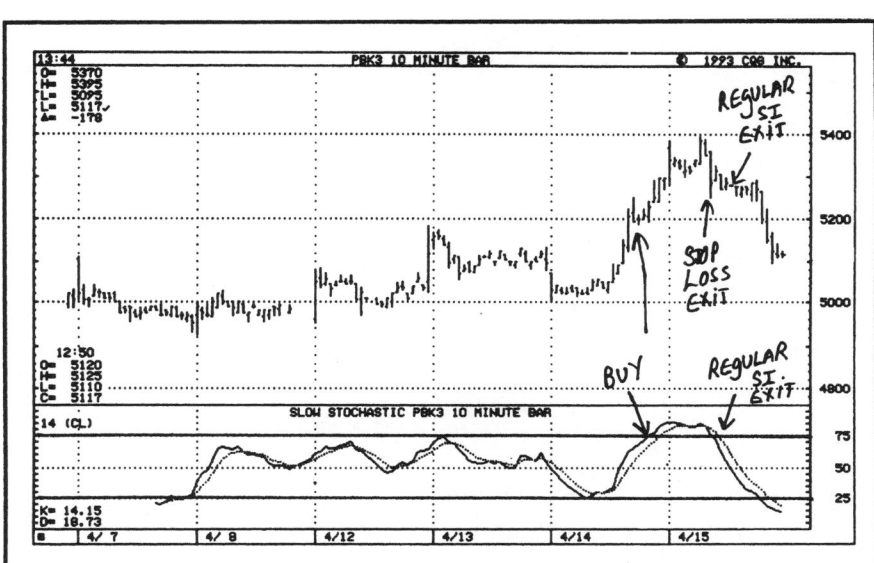

図表5.9 アグレッシブなストキャスティック・ポップのテクニック(ポークベリー)

%Kと%Dのラインがクロスしても手仕舞いせずにポジションを保持していたら、潜在的利益はもっと大きくなっていただろう。ストキャスティック・ポップのポジションを長時間保有できることから、「アグレッシブ」な手法と呼ぶことができる。**ポジションを手仕舞いするには、トレイリング・ストップを置く。トレンドが急に反転した場合に利益を保護するために、できれば30分以下の時間間隔でポジションをフォローする。**

図表5.10（BUY ON POP＝買い、EXIT ON STOP LOSS＝手仕舞い、OR EXIT ON SI SELL＝手仕舞いか売り、SELL POP＝売り、SELL SHORT＝売り、EXIT＝手仕舞い）を見てもらいたい。ストキャスティック・ポップの買いシグナル（BUY ON POP）に続

図表5.10 アグレッシブなストキャスティック・ポップのテクニック(ドイツ・マルク)

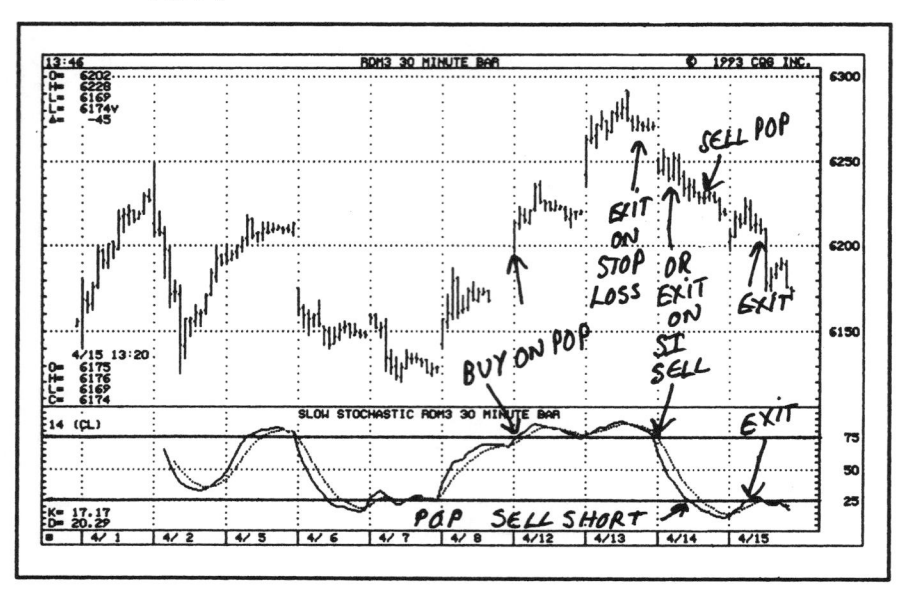

いて継続的な上昇トレンドがあり、オリジナルのストキャスティック・ポップ手法では手仕舞いを示しているが、それを超えてポジションを保有し、フォローアップ・ストップへと続く。また、この図から、アグレッシブなストキャスティック・ポップのテクニックも見てとれる。

　このテクニックを使用すると、オリジナルのストキャスティック・ポップ手法で手仕舞いのシグナルが現れたあとに起こった大きな値動きにも対応できる。ただし、保守的なデイトレーダーにはお勧めしない。このテクニックに興味を持たれた場合は、これを実施する前に数週間マーケットを慎重に観察してほしい。

何が期待できるか？

　1960年代にまでさかのぼる莫大なデータをもとにして、ストキャスティック・ポップについて検証した。ストキャスティック・ポップでの仕掛けのきっかけとなる％の組み合わせ（買いについては75％と65％と60％、売りについては25％と15％と30％）を使用したところ、フォロースルーに関してはストキャスティック・ポップの勝率が高いことに気づいた。サンプルのサイズが大きくても、シグナルに従ったフォロースルーについては、一定の時間枠で65％程度の勝率であった。しかし、オリジナルでもアグレッシブでも、ストキャスティック・ポップは堅実なメカニカルシステムというよりは手法であるため、その結果はトレーダーごとに異なる。トレーディングの方法はトレーダーによってまったく異なるため、明確なパフォーマンスを保証することはできないが、オリジナルとアグレッシブの両方のストキャスティック・ポップ手法を堅実に使用し、そしてフォローアップ・ストップに注意すれば、相当うまくいくだろう。

ストキャスティック・ポップに適したマーケット

　ストキャスティック・ポップのシグナルは実質上どのマーケットでも現れるが、デイトレーダーは、１日の時間枠で有意義な動きが生じるマーケット、つまり１ティック当たりの損益変化が大きく十分なボラティリティがあるマーケットでトレードする。S&P、スイス・フラン、英ポンド、Tボンド、原油、灯油などは、デイトレーディングの候補として考慮できる。しかし、ニュースやレポートや何かのきっかけとなるようなイベントがあると、その他のマーケットでもデイトレーディングが「ポップ」する格好の機会になるかもしれない。現在私は、綿、木材、ポークベリー、大豆マーケットに注目している。

第6章
ギャップ、ギャップ、ギャップ
Gaps, Gaps, Gaps

　私が研究し、トレードし、開発したすべての短期トレーディングシステムのなかでも特にお気に入りなのは、仕掛けるときに寄り付きの価格差（ギャップ）を利用するものである。その理由は、ほかの方法と比べてあまり注意を必要としないから、である。この章で説明するギャップシステムでは、寄り付き時または寄り付き後１時間に注文を出し、一定のストップロスで手仕舞いするか、トレード終了時に手仕舞いする。デイトレーダーは当然このギャップシステムを利用することができるが、必ず利用しなければならないというわけでもない。ギャップシステムについて説明する前に、「寄り付きギャップ」について定義しておく。意外なことに、寄り付きギャップの概念や定義を理解していないトレーダーがまだたくさんいる。

寄り付きギャップは、寄り付きの価格（始値）が前日の高値よりも高い場合、あるいは前日の安値よりも安い場合に起こる

　ここで、例を挙げて説明しよう。前日の高値が59.10ドル、安値が58.60ドルだったとする。今日の始値が59.10ドルより高い場合、ギャップアップが生じる。一方、今日の始値が58.60ドルより安い場合、ギャップダウンが生じる。

始値の設定については過去に議論が繰り広げられている。デイトレーダーにとって重要な問題であるため、ここで始値について定義する。オンラインのクオートシステムや新聞などで価格を見ようとすると、始値が一番左の欄にあることに気づくだろう。始値、高値、安値、終値の順に並んでいる。終値を決済価格と呼ぶこともある。ここでは、始値とは「最初に（売買が）成立した価格」と定義する。

　厳密に言うと、画面に表示された最初の価格を始値と考える。取引所では始値を「最初に成立した価格」としない場合がよくあるため、ここではこのように定義しておく。時として、マーケットが「価格帯」で始まることがある。つまり、明確な始値がないことがある。また、始値が２つも３つもあり、しかもそれが同時に発生していることもある（**編集部注**　日本では必ず始値が決まる）。

　そのような場合、取引所では寄り付きの価格帯を使用して、その中間を始値とする。しかし、これは私たちの目的に一致しない。皆さんは、最初に成立した価格を使用しなければならない。たいてい、この価格は取引所で定義された始値とほぼ同じになる。図表6.1と図表6.2では、典型的なギャップアップとギャップダウンのシグナルを示している。何を見つけようとしているのかを理解していれば、実際のチャート上でギャップを見つけて、それを利用するのは非常に簡単である。

　図からも分かるように、寄り付きギャップは定義が明確にされているため、簡単に確認することができる。このような理由から、寄り付きギャップは、客観的に、そして機械的に利用することができる。

ギャップのトレーディングルールと定義

ギャップオープン（GO）のシグナル

私は2つのタイプのギャップシグナルを使用している。1つ目はギャップオープン（GO）・シグナル、もう1つは遅行性ギャップオープン（DGO）・シグナルである。どちらのシグナルにも、買いと売りのパラメータがある。

ギャップダウンの買いシグナル

私が使用するギャップ手法では、寄り付きのギャップダウンを底値から上昇が始まる最初の指標であるとみなす。国内外のイベントに基づく弱気なニュースや否定的な予測があると、安く寄り付くことが多い。GOシグナルを使用するときのルールは次のとおり。

1．ギャップダウンで寄り付いたら、買いシグナルの第一条件が整う。

2．安く寄り付いた場合、マーケットが上昇して前日の安値を一定ティック上回ったら、買い注文を出す。

3．この場合の買い注文は、ストップオーダー（逆指値注文）またはストップリミット・オーダー（指値条件付逆指値注文）でなければならない。

4．注文が執行されたら、予定した価格、あるいはその日の安値を数ティック下回る価格にストップロスを定める。

5．2つのストップ手法のうち、私は金額ベースのストップロスを好む。というのも、妥当なストップロスを使うには1日の値幅が狭すぎることが多いからである。

※参考文献　ラリー・ウィリアムズ著『ラリー・ウィリアムズの短期売買法』（パンローリング刊）

図表6.1 寄り付きでのギャップアップ

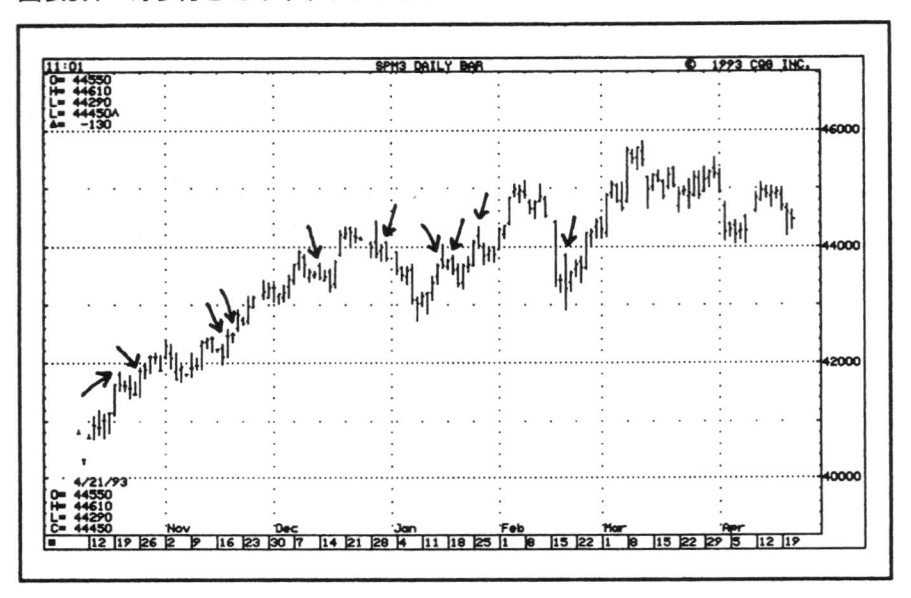

図表6.2 寄り付きでのギャップダウン

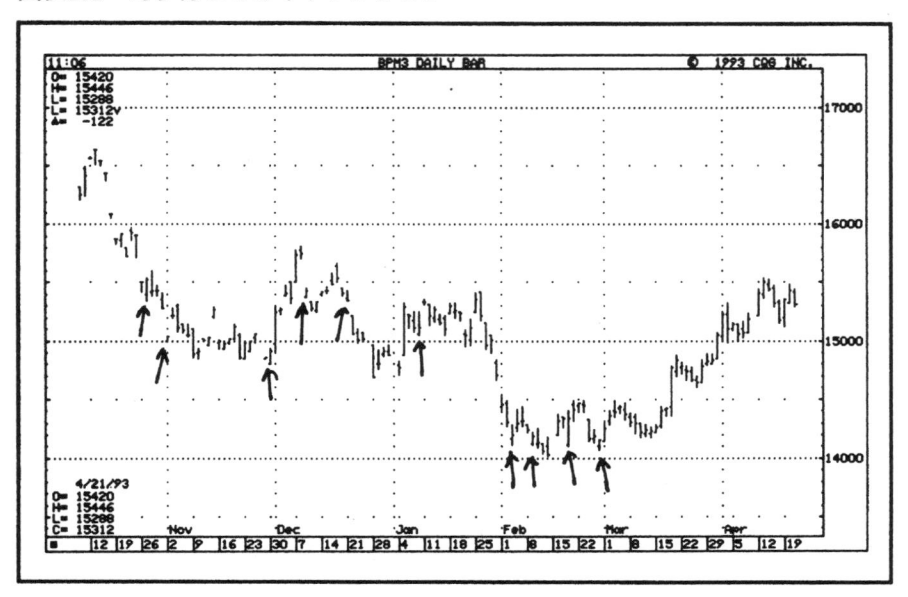

ギャップダウン後の買い条件についてここで明確にしておこう。まず、例を示して説明しよう。図表6.3（GAP DOWN ON OPEN＝寄り付きはギャップダウン、BUY＝買い）を見てもらいたい。S&P先物3月限の前日の値幅が、高値410.00、安値408.00、終値408.50だったとする。それより安く寄り付いたら、GO買いシグナルの第一条件が整っていることになる。前日の高値と安値と終値は分かっている（ここでは終値は重要ではない）。今日は407.50で寄り付いた。これは、前日終値より100ポイント低く、安値よりも50ポイント低い。つまり、ギャップの買いトレードをする第一条件が整ったのだ。

　安く寄り付いたために、前日の安値を2ティック上回る408.10（408.00＋0.10）のストップオーダーか、またはストップリミット・オーダーで買い注文を出す。これはどういうことを意味しているのだろうか？　つまり、**マーケットが転換して前日の安値を2ティック分超えて上昇した場合、買いストップを置いて買いを仕掛ける**。図表6.3の例では、ギャップシグナルでココア5月限を買い、その日の大引けにポジションの手仕舞いをする。

　このトレードの論理的根拠は、機能的にも心理的にも理解しやすい。ほとんどのトレーダーがギャップダウンを弱気のサインと受け止め、価格が下がるものと考える。すると、売りが増え、マーケットが下落する。売りの供給が「途絶え」始めると（つまり、売りのプレッシャーが弱まると）、価格は下がらなくなる。前日の安値を超えて上昇するほどの勢いがあると、多くのトレーダーはこれを強気のサインやギャップダウンの打ち消しと受け止める。そのため、トレーダーが買い始めて価格が上昇する。ギャップダウンのあとに「サプライズ」的な上昇があると上昇の動きがより引き立つため、皆さんはそのような動きで買い持ちをしたいと考えるだろう。

　ロングのポジションをとると、少なくとも2つの判断をする必要が生じる。1つ目は、ストップロスをどこに定めるかという判断である。

図表6.3　ギャップダウンの買いシグナル

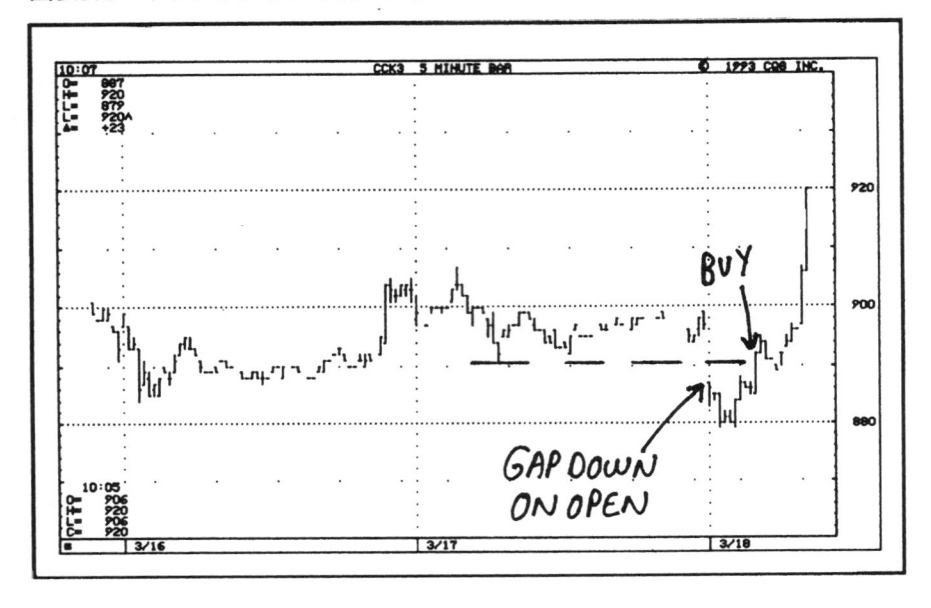

私はストップロスの使用を繰り返し強調してきたが、ここでもう一度言おう。最初は、買い注文が執行された時点でその日の安値を数ティック（通常は2ティック）下回る価格でストップロスを出すことができる。したがって、その日の安値が399.00で買いストップが401.10で執行された場合、そのストップロスは399.00を2ティック下回る398.90になる。2つ目は、厳格なリスク管理に基づいてストップロスを定めるということである。言い換えると、その日の安値がいくらであろうと、一定価格でストップを定めるということである。デイトレーダーは、非常に少額のリスク・ストップロスを定めようとすることが多いが、通貨やS&P先物などボラティリティの高いマーケットでは、この方法が必ずしも適しているとは思わない。私の研究では、ス

トップは大きいほうが望ましい。しかし残念ながら、資金に限界があるトレーダーには向かない方法である。

例えば、S&P先物で2500ドルのストップロス（500ポイント）のほうが500ドル（100ポイント）のストップロスよりも望ましい。しかし、投機家には資金の限界がある、というのが悲しいけれども現実である。それでも逆の見方をすると、日中のストップロスが大きいと、トレードを続けて大引けに利益を上げている可能性が高くなる。これが、私が徹底的に調査した結果である。

ギャップアップの売りシグナル

寄り付きのギャップアップは売りの機会である。その手順はギャップダウンと反対である。ルールは次のとおりで、図表6.4（GAP OPEN UP＝ギャップアップで寄り付く、SELL＝売り、OUT ON CLOSE＝手仕舞い）を見てみよう。

1．ギャップアップで寄り付いたら、売りシグナルの第一条件が整う。

2．高く寄り付いた場合、マーケットが下落して前日の高値を一定ティック下回ったら、売り注文を出す。

3．この場合の売り注文は、ストップオーダーまたはストップリミット・オーダーでなければならない。

4．注文が執行されたら、予定した価格、あるいはその日の高値を数ティック上回る価格にストップロスを定める。

5．2つのストップ手法のうち、私は金額ベースのストップロスを好む。というのも、妥当なストップロスを使うには1日の値幅が狭すぎることが多いからである。

次のような状況を仮定してみよう。Tボンド先物の前日の値幅が、安値10201、高値10214、終値10203だったとする。今日は10216で寄り

図表6.4 ギャップアップの売りシグナル

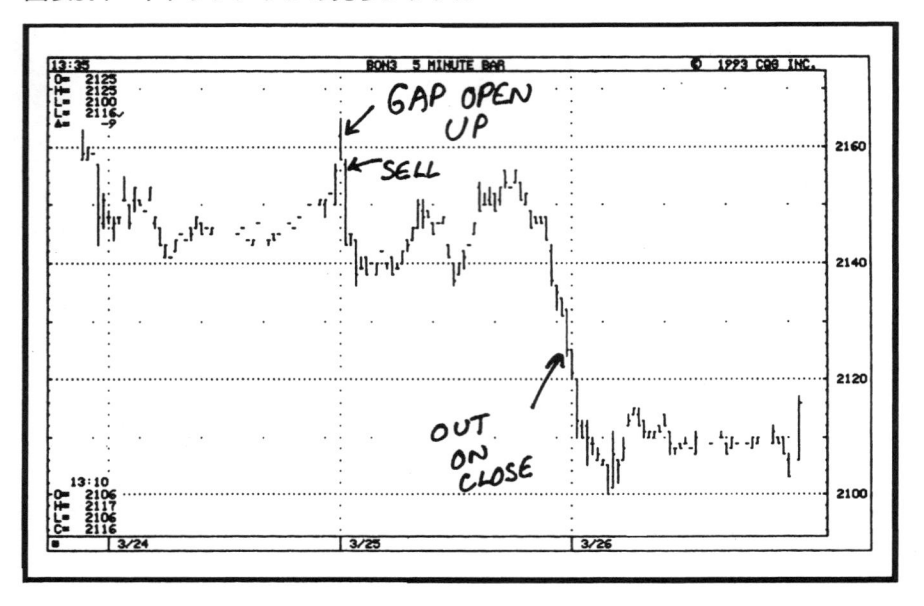

付いた。前日の高値よりも高く寄り付いたため、ギャップアップと言える。Tボンド先物にギャップアップとギャップダウンのシステムを適用する場合、私は、夜間のトレードは含めず、日中の始値、高値、安値、終値だけを考慮することにしている。私と違う方法をとりたい方は、実施する前に十分研究しておくことをお勧めする。

　このケースでは、売りシグナルの第一条件が整ったことになる。売りストップは、前日の高値を2ティック下回る価格（10212）で定める。Tボンド先物取引を扱うCBOT（シカゴ商品取引所）ではストップリミットの注文を受け付けていないため、ストップリミットを使用することはできない。

　マーケットが下落し始めたら、前日の高値を2ティック下回ったと

ころに売りの逆指値注文を置く。当初のストップロスは、その日の高値を数ティック上回るか、マネーマネジメントのストップロスのいずれかになる。

　ギャップアップの心理状態はギャップダウンの心理状態と基本的に同じであり、それが逆というだけのことである。高く寄り付いた場合、マーケットが強気だと判断して売っていたポジションを買い戻そうと殺到する人や、ロングのポジションをとろうとする人は、高い寄り付きを支持する。しかし、買いが減少し始めると価格は下落し、前日の高値を下抜けて結局は前日の値幅に戻ってくる。すると、高い寄り付きで買った人や、売りポジションの手仕舞いをした人に不安を与えることになる。高い寄り付きで買い、天井をつけたと心配する人は、そのロングポジションを売り急ぐ。また、寄り付きで売りを買い戻した人は、再度ショートポジションを建てるためにマーケットに参加してくる。この2つの売り方が組み合わさると価格は下落する。すると皆さんは、ショートポジションを建てて適切なトレーディングをしたいと考えるだろう。当然のことながら、ギャップダウンの買いトレードもギャップアップの売りトレードも、ルールに従う場合はその日の大引けまでに手仕舞いをする。ギャップトレードの例については、図表6.8から図表6.11に示している。

ギャップトレードにおけるストップロスとフォローアップ・ストップロス

　ギャップダウンまたはギャップアップは、相当大きな値動きにつながることが多い。プロのデイトレーダーは、明確なストップロスを定めるだけでなく、長期的なリスクが最小限になるようにできるだけ大きな利益を確定させて、このシグナルを最大限に活用したいと考える。私はこの点を特に強調するつもりはないが、ストップロスとトレイリング・ストップロスについていくつか提案しておく。

● ギャップのシグナルが生じたら、妥当な利益を上げられるポジションをとっている場合には手数料プラス少額の利益で手仕舞いをするストップロスを出す。そうすると、マーケットが転換した場合に損を出さずにストップアウトすることができる。フォローアップ・ストップロスに関しては、皆さん独自の手順を決めておくことを勧める。金額ベースのストップロスについては、マーケットごとの判断が必要である。例えば、S&P先物では、損益分岐点プラス手数料（あるいはそれより多少高い価格）でストップロスを定めるには750ドル（150ポイント）のリードが妥当なポイントである。「スキャルピング（利ザヤ稼ぎ）」をする場合には、より小さいフォローアップ・ストップロスを使用するだろう。

● リスクをあまり大きくせずに利益の可能性を大きくする方法の１つとして、複数枚を取引することが考えられる。次の手順について考えてみよう。最初に建てるポジションを、１枚ではなく２枚にする。マーケットが有利に動いたと仮定すると、テクニカルあるいは価格ベースで決定した目標価格で１枚売り、損益分岐点プラス手数料と少額の利益でストップロスを定めて残りのポジションを保持しておき、大引けまたはそれより少し前に手仕舞いをする。複数枚を建てるという手順は利益を出すうえでもトレードを続けていくうえでもベストの方法である、と私は考える。

● トレイリング・ストップロスを使用することもできる。トレイリング・ストップロスはポジショントレーディングにはうまく機能しないが、このことは、ポジションの保有期間が明確に限定されているデイトレードには必ずしも当てはまらない。有利な方向に急騰した場合、直近30分の安値または高値をストップロスのポイントとして１時間ごとまたは30分ごとにストップを置き換えてフォローアップすることを勧める。例えば、S&Pのギャップトレードでロングポジションをとっていて、有利な方向に急激に動い

てそれがしばらく続く場合、前の30分または1時間の安値を下回った価格にストップロスの注文を置いて、そのポジションをフォローアップすることができる。ショートポジションの場合には、前の30分または1時間の高値を上回った価格にストップロスの注文を置いてフォローアップし、1時間ごとにストップロスを更新する。そうすると、日中のトレンドが転換した場合でもすぐにポジションの手仕舞いをすることができる。

● 1時間または30分ごとにフォローアップするストップロスのほかに、直近の3本値の最安値を下回るトレイリング・ストップロス（ロングポジションの場合）あるいは直近の3本値の最高値を上回るトレイリング・ストップロス（ショートポジションの場合）を推奨する。言い換えると、直近の5分足の3本値が34.50、34.20、33.97であった場合、ロングポジションのトレイリング・ストップロスは、3本値の最安値である33.97を下回る。次のバーを提示するときは、必要に応じてストップロスを変更することができる。ショートポジションについては、トレイリング・ストップロスは直近の3本値の最高値を上回る。

これらのストップロスは、頭の中だけにとどめておかなければならない。5分おきにストップロスを変更すると、皆さんが普通でなくなるだけでなく、ブローカーまでも巻き込んでしまうことになる。

遅行性ギャップオープン（DGO）・シグナル

寄り付きギャップが非常に大きいことがある。ギャップのサイズ（前日の安値または高値と翌日の始値の差）が通常よりも大きくなるのだ。1つ目のギャップシグナル（GO）が現れて仕掛ける前に、ギャップダウンの場合はマーケットが大幅に上昇し、ギャップアップの

場合には大幅に下落する。その時点で、その日に得られる利益の大半が逃げてしまっている。このような状況に対処するため、私は遅行性ギャップオープン（DGO）手法を開発した。これは、より素早く仕掛けるための手法であり、1つ目のギャップ手法と合わせて活用することもできる。そうすると、1日で2つの仕掛けのシグナルが現れることになる。図表6.5は典型的なGDO買いシグナルである。では、この手法がいかに効果的であるかということを説明しよう。

遅行性ギャップダウンの買いシグナル

　1．ギャップダウンの場合、前日の安値を2ティック上回る価格で買いストップを注文する。この手順はGOと同じ。

　2．トレードから1時間たった時点で買いストップに引っかからなかったら（つまり、ロングのポジションをとらなかったら）、その日の始値に対する現在値を調べる。1時間たって現在値が始値より2ティック高くなっていたら、成り行きで買う。このことを整理すると次のようになる。**寄り付きから1時間後に従来型のギャップ・ストップオーダー（買い）にヒットしなかった場合、現在値と始値を調べる。現在値が始値を上回っていたら買う。最初のストップロスは、その日の安値を数ティック下回るか、金額ベースのストップロスのいずれかになる。**

　3．1時間後の現在値が始値を下回っていたら、その日の高値を2ティック上回る価格に買いストップを置く。さらに、**マーケットが予期した方向に大きく動き始めた場合には、元の買いストップ（前日の安値を2ティック上回る価格）をそのままにしておくこともできる。その場合、複数枚のロングポジションをとり、うまくいけば両方のシグナルを利用することになる。**詳しくは図表6.6（GAP DOWN＝ギャップダウン、BUY＝買い、OUT　ON　CLOSE＝手仕舞い、

図表6.5　遅行性ギャップダウンの買いシグナル

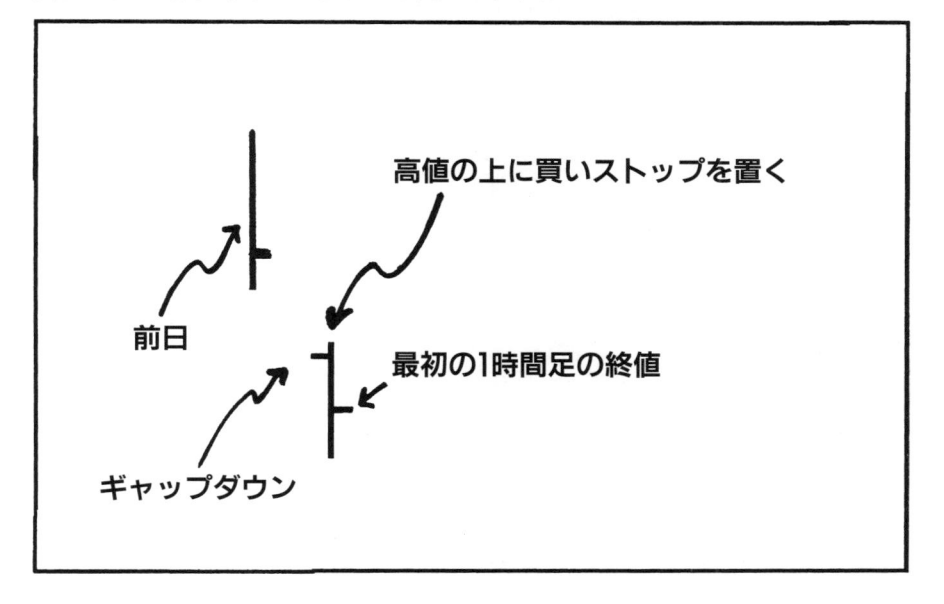

[図：前日の足から当日ギャップダウンして始まり、最初の1時間足の終値の高値の上に買いストップを置くことを示す図]

STOPPED OUT BELOW LOW＝安値の下にストップを置く）を見てほしい。

遅行性ギャップアップの売りシグナル

　１．ギャップアップの場合、最初の手順はGOと同じ。つまり、前日の高値を２ティック下回る価格に売りストップを置く。

　２．トレードから１時間たった時点でマーケットをチェックする。現在値が始値を下回っていたら、その日の高値を数ティック上回るか価格ベースのストップロスのいずれかを置いて、成り行きで売る。

　３．始値を下回っていなかったら、その日の安値を２ティック下回

図表6.6　遅行性ギャップダウンの買いシグナルの実際例

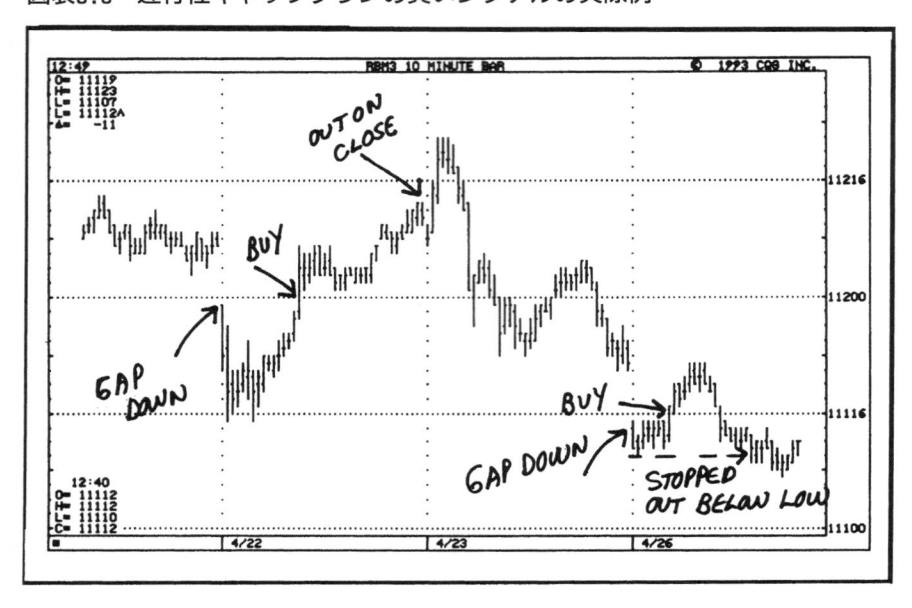

る価格に売りストップを置く。さらに、マーケットが大きく下落し始めた場合には、元の売りストップ（前日の高値を２ティック下回る価格）をそのままにしておくこともできる。これで、２枚のショートポジションをとることになる。

　図表6.7と図表6.8（GAP UP＝ギャップアップ、SELL AT END OF 60Min＝１時間後売る）は、１時間の遅行性ギャップが売りシグナルを示したものである。
　１時間ギャップシグナルのテクニックを使用すると、寄り付きで大きく値が動く可能性がある場合にすぐに仕掛けることができる（遅行性買いギャップまたは遅行性売りギャップでは、得られる利益が限定

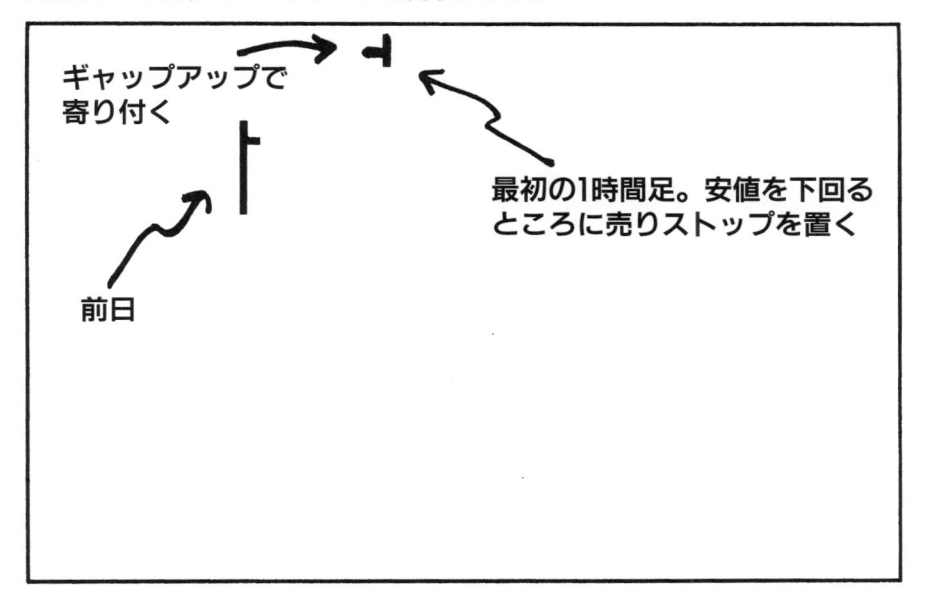

図表6.7 遅行性ギャップアップの売りシグナル

ギャップアップで寄り付く

前日

最初の1時間足。安値を下回るところに売りストップを置く

されることがある)。このアプローチが最も適しているのは、当然、前日の安値と比較して大きなギャップダウンまたはギャップアップがあった場合である。最後に、DGOでは１時間待つ必要があることを覚えておいてもらいたい（その他の遅行幅については調べたことがない）。

ギャップのテクニックについて

　ギャップのテクニックは私のお気に入りのデイトレーディング手法の１つである、と述べた。その理由は、ギャップが効果的に機能して大きな価格変動につながる例をたくさん見てきたからだ。当然のこと

図表6.8　遅行性ギャップアップの売りシグナルの実際例

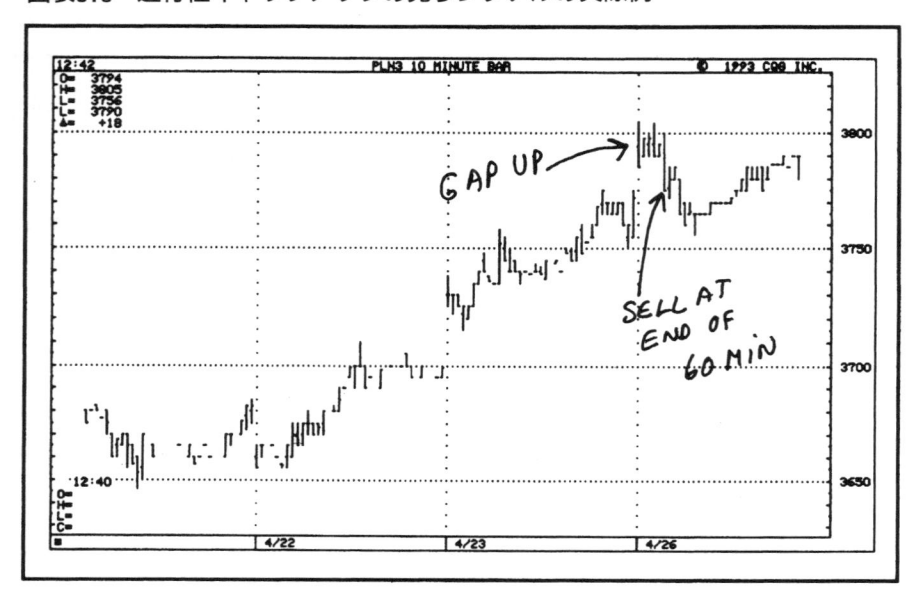

図表6.9　ギャップシグナルの実際の例（砂糖）

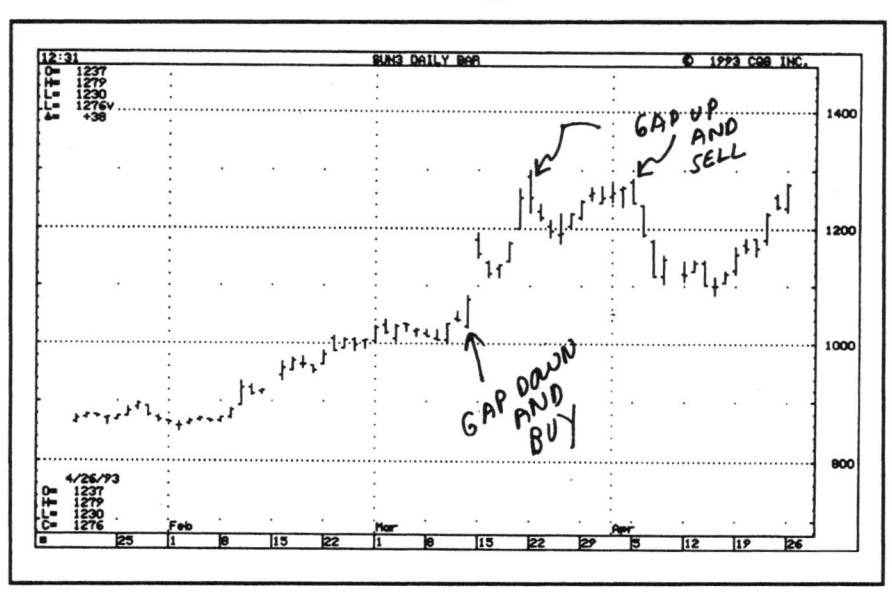

ながら、このアプローチは、十分なボラティリティがあるマーケットで使用しなければならない。私が好んでギャップトレードを行うのは、S&P、通貨、Tボンド、原油、貴金属の先物である。ただし、市況や売買高によって変わることもある。

　過去の記録を見ると、最大の値動きは、寄り付きのギャップアップやギャップダウンのあと（特に、主要ニュースや政府による報告のあと）に生じることがある。私は、ギャップ前のマーケット動向をよく調べる。マーケットが長期にわたって下降トレンドにあり、弱気のニュースによってギャップダウンで寄り付くと、より正確な買いシグナルが出現し、利益を得る可能性も高くなる、ということが分かった。一方、強気トレンドや強気ニュースがあってギャップアップで寄り付くと、売りシグナルに変わり、低リスクで大きな利益を上げる傾向がある。したがって、弱気のレポートや強気のレポートがあったあとの寄り付きギャップについて、注意深く観察することを強く勧める。

　また、ギャップトレードは、フィルターとしてマーケットセンチメントを使うとよりうまくいくようだ。この件については、DSI（デイリーセンチメント指数）の項目で詳しく説明する。

経験を積もう

　今説明した２つのテクニックは、簡単に理解して実行することができるが、経験も必要である。このテクニックを実際に使用する前に、マーケットを慎重に観察したり、チャートを入手してギャップシグナルを書き込んだりして、それがどのように展開してきたか、そしてどれくらいの勝率であったかを調べることを強く勧める。この２つのアプローチを使用して、価格変動のサインを見つけて大きな利益を上げてもらいたい。

図表6.10　ギャップシグナルの実際の例（オート麦）

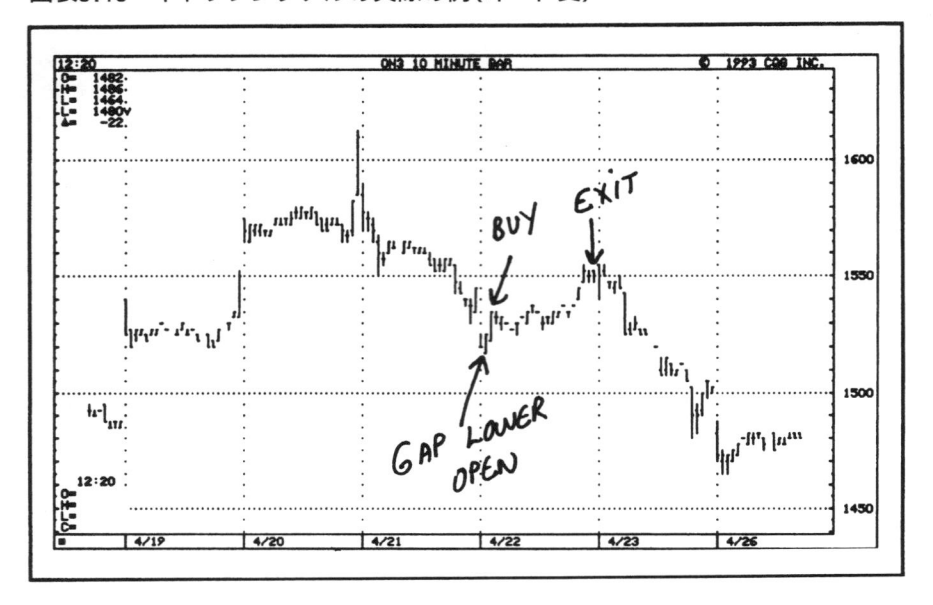

図表6.11　ギャップシグナルの実際の例（灯油）

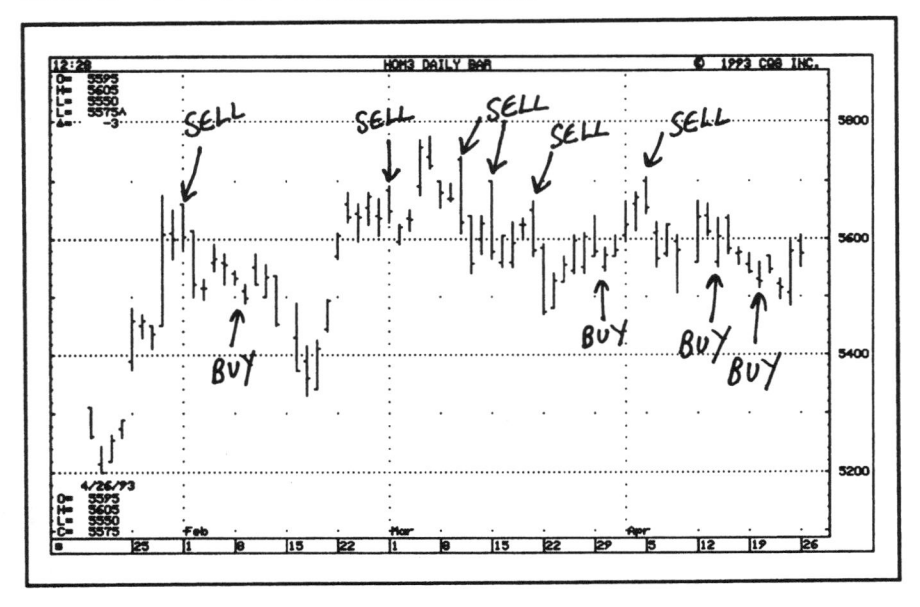

112

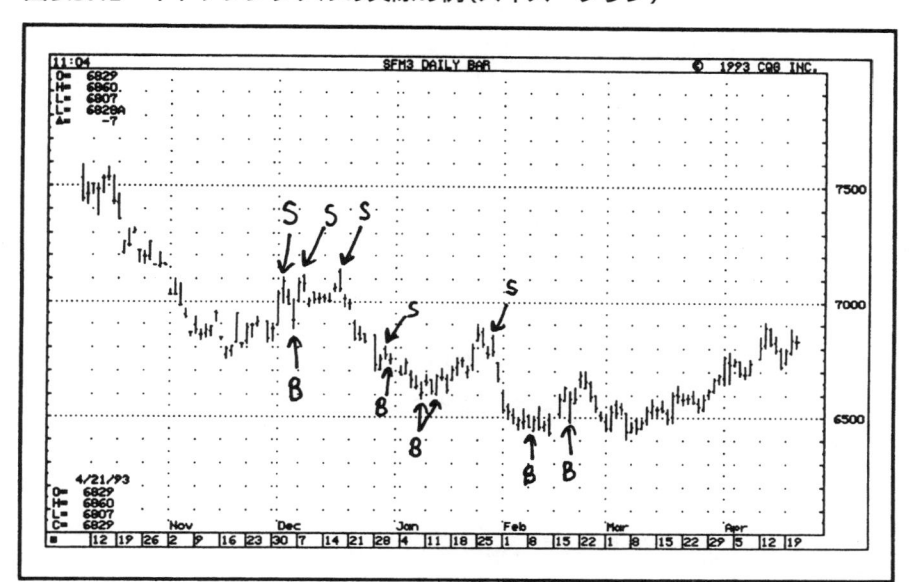

図表6.12　ギャップシグナルの実際の例（スイス・フラン）

　ただし、ギャップに注意していないかぎりはギャップトレードできない、ということを覚えておいてもらいたい。残念なことに、突き抜けがあってからしばらくたつまでギャップシグナルに気づかないトレーダーが多い。そのため、仕掛けることができず、多くの利益を逃してしまっているのだ。
　ギャップトレードしようと考えているのなら、準備をして、寄り付きのマーケットを観察して、ギャップを見つけて、注文を出す、ということを必ず守ってもらいたい。そうしなければ、この手法は有効に機能しない。

長期的には、ギャップはどのような意味を持つのだろうか？　デイトレーダーの観点からすると、この質問は見当違いである。しかし残念なことに、いろいろなことを考えすぎるトレーダーが多い。人間の心というものは、質問の答えを見つけるだけでなく、現在のデータやルールの域を超えて推定しようとする。そして、将来を予測できる関係を見つけだそうとするのだ。しかし正直に言うと、このことがデイトレーダーにとって呪いとなっている。

**　デイトレーダーは、今日よりもあとのことを考えてはならない。**
**　デイトレーダーは、今日の結果から明日は何が起こるか、ということを考えてはならない。**

　この章では寄り付きのギャップアップとギャップダウンについて説明してきたが、翌日、翌々日、さらにその次の日にマーケットが上昇するか、下落するかということとは関係がない。したがって、いくらその日にうまくいったからといって、ギャップトレードしたポジションを翌日に持ち越そうなどとは考えないようにしてもらいたい。デイトレーダーは、1日の取引について考えるのであって、1日が終わったらその取引も終わるのだ。

ギャップのサイズと突き抜けのサイズ

　当たり前のことだが、価格差は大きい場合もあれば小さい場合もある。ギャップトレードについて調べたとき、私は、価格差が大きいとシグナルの信頼度が高い（つまり、勝率が高い）ということに気づいた。さらに、1ティック突き抜けた場合よりも2ティックや5ティック突き抜けた場合のほうが信頼性が高いということにも気づいた。典型的なギャップのサイズと突き抜けのサイズはマーケットによって多

少異なり、またマーケットのボラティリティや価格水準によっても異なる。ギャップのサイズと突き抜けのサイズについては、各自で十分にその結果を観測してもらいたい。

現実的に期待できること

「計り知れないほどの富をもたらす」などと約束して、システム開発者や営業マンは皆さんを惑わそうとする。しかし、巨額の利益を生み出ことを目的として、マーケットに対して完全にメカニカルに適用できるシステムなどほとんど存在しない、というのが真相だ。ギャップ手法を取り入れようが、その他の手法を取り入れようが、デイトレーディングはビジネスであり、スキルなのだ。「いろは」から学ぶものなのだ。皆さんに説明してきたパラメータやルールは貴重で有効なものである、と私は確信している。しかし、それを実施して利益を得るのは皆さん自身である。そして、これが簡単に片づけられる相手ではないということも付け加えておく。

すでによくご存じのように、ギャップ手法を取り入れていようが、その他の手法を取り入れていようが、デイトレーディングで利益を上げる道をふさぐ要因は無数に存在する。したがって、現実的に期待できるのは、まず、**ギャップシグナルのとおりに実行した**場合のギャップの効果を認識する、ということである。**残念なことに、「こうするべきだった」「こうしたかった」「こうすることができたのに」と後悔するケースが多い**。これらは皆言い訳にすぎない。芸術的な判断力を持ってギャップトレードに厳正に従わなければならない。しかし、これはけっして簡単なことではない。私には、数をこなせば簡単にできるようになる、ということしか保証できない。

現実的に、テクニックを身につければ、1ティック当たりの損益変化が大きいアクティブなマーケット（S&PやTボンドなど）でのギ

ャップトレードで、1単位当たり平均して数百ドルの利益が少なくとも期待できる。残りの部分は、トレーダーとしての皆さんのスキル、大きなポジションでトレードしてリスクを冒すことをいとわないということ、そしてこれまで説明したテクニックを使用して複数枚のトレードをするスキルによって、違いが生じる。

　最後に、ギャップアップとギャップダウンのあとには大きな変動が生じる、ということをもう一度言っておく。マーケットに注意を払い、ギャップを追跡し、大きな変動があったらそれに飛び乗るのだ。ギャップシグナルを追跡していないと、大きな変動に乗ることができない。非常に単純明快なことである。皆さんは笑うかもしれないが、実際に、タイミング指標やシステムに従わないために大きな変動を逃してしまうトレーダーが多いのだ。皆さんがギャップトレードの追従者で、その可能性を確信できるほど十分に学んだなら、ギャップトレードに厳正に従って取引することだ。

ストップオーダー（逆指値注文）について

　皆さんのなかには、ギャップトレードで、あるいはリスク管理を目的として、買いストップや売りストップを出すことに反対の意見を持つ人もいるかもしれない。それに縛られてしまうとか、フロアがストップをつけにいくと考えて、マーケットで注文を出すことに疑いを持つかもしれないが、それは間違いである。このようなことも時には起こるが、例外であると私は思っている。取引の非常に少ないマーケットではストップロスを置こうとは思わないかもしれないが、アクティブな場合にはストップオーダーを出すことに何の問題もない、と私は考えている。しかし、それでもフロアに関する疑念を捨て切れない方には、ストップリミット・オーダーを出す（指定価格より有利な場合のみ執行される）か、あるいは注文をまったく出さないことを勧める。

取引所でストップリミット・オーダーが認められている場合には、ストップリミット・オーダーを使用してみよう。非常に効果的な働きをするだろう。しかし、**ストップリミット・オーダーは執行されない場合もあるため、ポジションを持つべきときに持っていないこともある**。ストップリミット・オーダーはうまくいくことが多い。しかし、値動きが速くてストップリミット・オーダーが執行されなかったことが分かったら、注文をそのままにしておく。値が戻って注文が執行される可能性が高いからだ。ストップリミット・オーダーを出すリスクは、執行されないかもしれないということだ。ストップオーダーを出すことに関心がある方は、それを実際に使用してみよう。

第7章
支持線と抵抗線
──移動平均チャネル(MAC)
Support and Resistance : the MAC

　株式や先物のトレードで、最も古く、最もよく知られていて、最もよく検証されてきたアイデアといったら、それは支持線と抵抗線だろう。支持線と抵抗線とは、その名が示すとおり、上昇トレンドで価格の下落を支持する、あるいは下降トレンドで価格の上昇に抵抗する価格水準のことである。上昇トレンドでは、短期トレーダーとデイトレーダーは支持線の水準で買おうとする。下降トレンドでは、抵抗線の水準で売ろうとする。

　そのコンセプトは多くの意味をなしている。マーケット分析やトレーディングシステムの手法がいかに複雑で難解であっても、支持線と抵抗線のアイデアは長年にわたって認められている。唯一の問題は、このアイデアに基づいてトレードできるように支持線と抵抗線を判断する客観的な手法が必要だということである。支持線と抵抗線を判断できないと、ポジションを建てたり手仕舞いしたりする水準を定義することもできない。したがって、トレーダーや投資家は、支持線と抵抗線の水準を計算したり、判断したりするための効果的な戦略やテクニカルの方法論を開発しなければならない。

　この水準を定めるのに、さまざまなツールが使用されてきた。支持と抵抗のトレンドライン、チャートフォーメーション、ギャンアングル、押し・戻し率、フィボナッチ数列、黄金分割、ポイント・アンド

・フィギュア・チャートなど、挙げたらきりがない。支持線と抵抗線を判断するために、不可解な手法も多数取り入れられてきた。まれにしか成功しないものもあれば、成功率の高いものもあったが、その多くは不成功に終わっている。1950年代以降、流行したマーケットタイミング手法が一時的なものかどうかはさておき、支持線と抵抗線のアイデアは長く続いている。それももっともなことだ。というのも、**正しく計算するとうまく機能するからだ**。この章では、支持線と抵抗線のアイデア、なかでもデイトレーダーに適したアイデアについて説明し、例証する。

　1日が終了するとデイトレーダーとマーケットとの関係も終了するため、支持線と抵抗線を使用することに関してデイトレーダーは有利な立場にいる。したがって、支持線と抵抗線の予測に基づいて誤った判断をしたり、誤ったポジションをとったりしても、翌日までそれが付きまとうことはない。本書で繰り返し述べているように、**デイトレーディングの最大の利点は、大引けまでにポジションを手仕舞いする**、ということである。これを実践しないデイトレーダーはデイトレーダーとは呼べず、理想的な手仕舞いを過ぎてポジションを持っていると損害を被ることになる。

　支持線と抵抗線の水準を判断するということに関して、デイトレーダーとポジショントレーダーとでは多少相違がある。**長期トレーダーやポジショントレーダーと比べ、デイトレーダーの支持線と抵抗線の水準は現在の市場価格に近くなければならないからだ**。マーケットは、1日ではある程度までしか下がらない（ことが多い）。そのため、デイトレーダーが予測する支持線と抵抗線の水準は現実的なものでなければならない。これは、デイトレーダーは値動きを追いかけなければならない、という意味ではない。**デイトレーダーは現実的な水準のテクニカルな支持線と抵抗線を使用してポジションを建てなければならない、という意味である**。

前にも述べたように、支持線と抵抗線の水準についてできるだけ正確に定義する手法を開発するために、私はたくさんの努力をしてきた。トレーダーの数だけテクニックが存在しても何ら不思議ではない。しかし、私は、価値が高く非常に明確なテクニックを開発したのだ。本来このテクニックは長期トレード向けに開発したものであるが、短期トレーディングやデイトレーディングにも適用できることが分かった。

移動平均チャネル

リチャード・ドンチャンが1950年代に披露したコンセプトを拝借して、私は従来の移動平均から少し離れて考えてみた。移動平均チャネル（MAC）について徹底的に研究したのだ。移動平均チャネルとは、高値の移動平均と安値の移動平均で構成されている。高値と安値は支持線と抵抗線に本質的に連動するものであるため、終値に注目するのではなく、高値と安値から支持線と抵抗線を判断するべきだ、と考えた。

通常、抵抗線は前日の高値近辺、支持線は前日の安値近辺に見られる傾向がある。したがって、終値の移動平均を検証するのではなく、安値と高値の移動平均を使用して支持線と抵抗線を判断するほうがよい、と思いついたのだ。確信に至るまでに数年間、そして実行に移すのにさらに数年間かかった。

このテクニックでは、移動平均チャネルを形成する高値の移動平均と安値の移動平均を一緒に使用して、支持線と抵抗線を判断する。図表7.1（DOWNTREND＝下降トレンド、10-PERIOD MA OF HIGHTS SERVES AS RESISTANCE IN DOWNTREND＝下降トレンドでは高値の10期間MAが抵抗線になる、UPTREND＝上昇トレンド、8-PERIOD MA OF LOWS SERVES AS SUPPORT IN UPTREND＝上昇トレンドでは安値の8期間MAが支持線になる）

図表7.1 移動平均チャネルの特徴

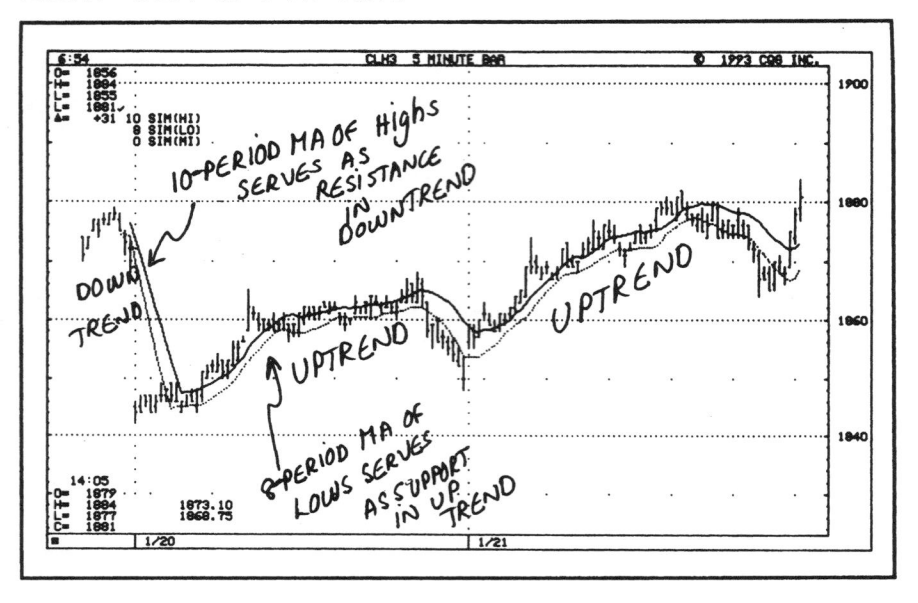

は、5分足チャートの移動平均チャネルである。チャネルには次のような特徴がある。

1．上昇トレンドでは、移動平均チャネルは支持線となる。つまり、チャネルの下の部分に価格が下落すると、安値の移動平均（MAL）が支持線になる。

2．下降トレンドでは、移動平均チャネルは抵抗線となる。弱気トレンドでチャネルの上まで盛り返すと、高値の移動平均（MAH）が抵抗線になる。

3．バーがチャネルの上から完全に離れると、価格トレンドはかなり強気になる（図表7.1参照）。

図表7.2　S&P日中チャートの移動平均チャネル——支持線と抵抗線

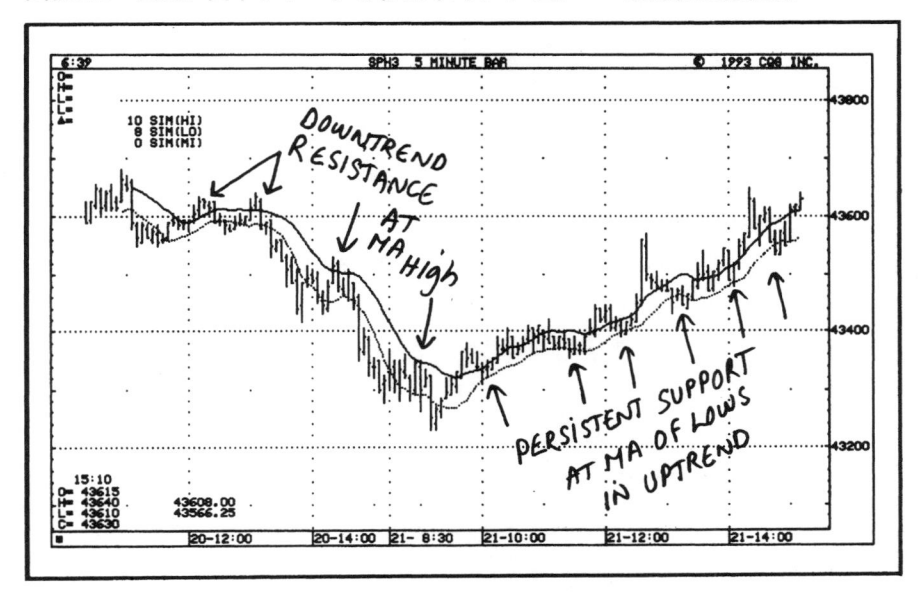

図表7.3　英ポンド日中チャートの移動平均チャネル——支持線と抵抗線

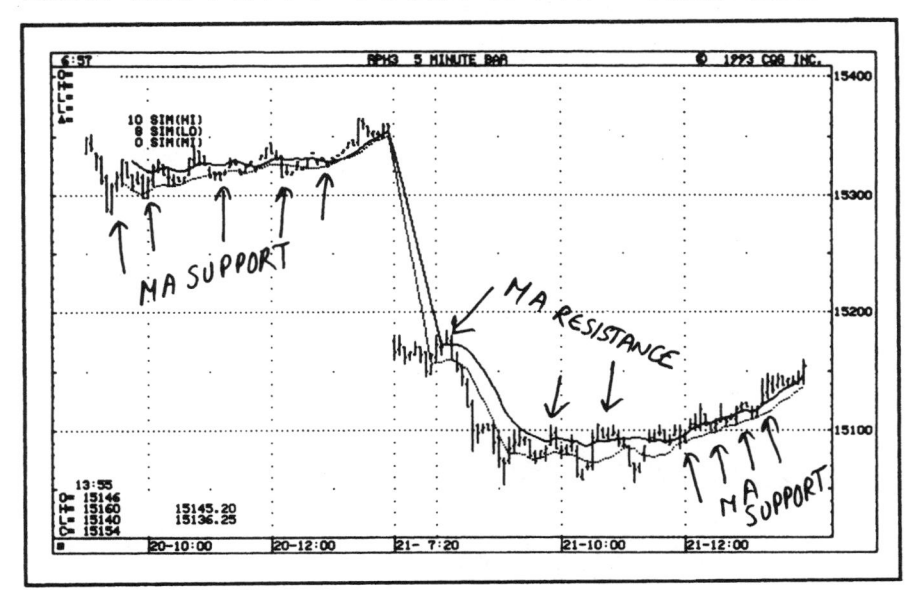

4．バーがチャネルの底を完全に下回ると、価格トレンドはかなり弱気になる（図表7.1参照）。

　さらに図表7.2（DOWNTREND RESISTANCE AT MA HIGHT＝下降トレンドでは高値のMAが抵抗線に、PERSISTENT SUPPORT AT MA LOWS IN UPTREND＝上昇トレンドでは安値のMAが支持線に）と図表7.3（MA SUPPORT＝MA支持線、MA RESISTANCE＝MA抵抗線）では、高値の移動平均チャネルと安値の移動平均チャネルと、価格の関係を示している。それに応じて支持線と抵抗線の水準を示していることに注目してもらいたい。この水準をどのように使用するか、皆さんは思い描くことができるだろうか？

支持線と抵抗線の展開

　図表7.4（BEAR TREND＝下降トレンド、NEW BULL TREND＝新たな上昇トレンド、STRONG SUPPORT＝強力な支持線）を見ていただきたい。移動平均チャネルの支持線と抵抗線が１日で展開するパターンを示している。価格は支持線の水準からはね返る傾向がある。チャネルの目的は、支持線と抵抗線の価格帯を定義することである。**デイトレーダーは、上昇トレンドで価格が支持帯に入ったときに買い、下降トレンドで抵抗帯に入ったときに売ろうとする。**次の点を明確に定義することが重要である。

　1．トレンド
　2．支持線と抵抗線

トレンド、支持線、抵抗線を判断する

　デイトレードで移動平均チャネルのテクニックを取り入れる場合、

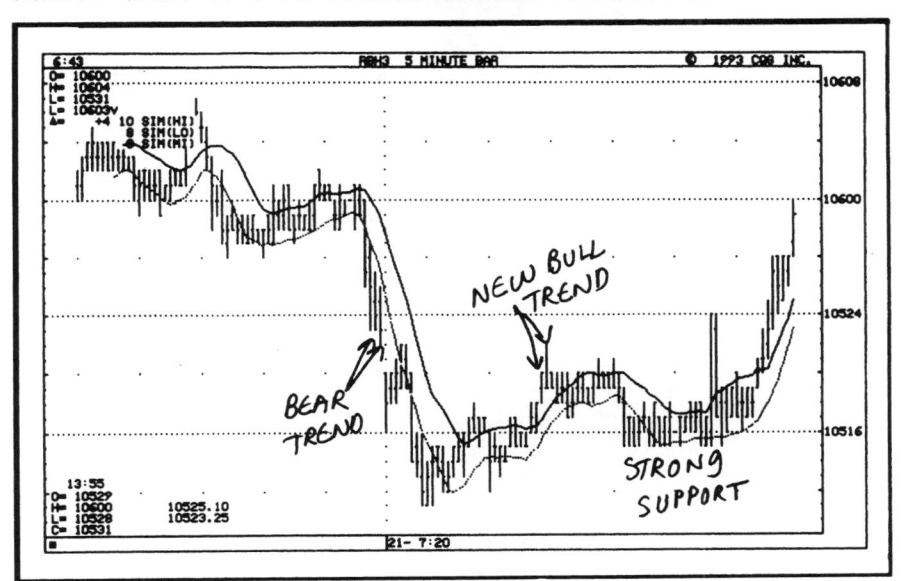

図表7.4　移動平均チャネルの支持線と抵抗線はどう変化したか

次のルールに従う。

- マーケットが上昇トレンドなのか、下降トレンドなのかを判断すること。これは次の手順で実施する。
- 寄り付き後または寄り付き時に、チャネルの上を完全に上回る（つまり、MAHを上回る）5分足が2本続いた場合、トレンドは上昇しているものと推定される（図表7.4）。支持線を使って抜け目なく買いたいアグレッシブなトレーダーは、このシグナルが出たらすぐに買うことができる。しかし、この手順は相当なリスクを伴う。そのようなシグナルが出るとロングバイアスが生じるからだ。10分足や20分足を使用することもできるが、アクティブに

トレードしたい場合には3分足でもかまわない（S&P先物や通貨など）。

● **強気バイアスを想定すると、デイトレーダーは、MALの価格水準を具体的に判断する**。この価格水準は安値の買いポイント（LBP）とも呼ばれる。保守的なデイトレーダーは、このLBPで買い注文を仕掛けるか、このポイントまで下がるのを待つ。図表7.5（10 MA OF HIGH＝高値の10期間MA、8 MA OF LOW＝安値の8期間MA、2 BAR SELL SIGNAL＝2本の足の売りシグナル、2 BAR BUY SIGNAL＝2本の足の買いシグナル）ではこの手順を示している。MAHは高値の買いポイント（HBP）とも呼ばれる。アグレッシブなトレーダーは、このポイントを「試す」ような価格の上昇があると買う。しかし、実際には、HBPは買うには高すぎることが多い。ほとんどのトレーダーは、MALとMAHを足して2で割って移動平均チャネルの中間点を算出する。これが中値買いポイント（MBP）になる。

トレーダーは、MBPで注文を出したいと考えるだろう。あるいは保守的なデイトレーダーであれば、LBPで注文を出したいと考えるだろう。ポイントを表示するクオートシステムがあれば、水準に達したときに警告が出て、それに従って注文を出すことができる。この手順では時間と労力を要するが、うまく実施できれば相当の利益を上げることができる。

● **弱気バイアスを想定すると、デイトレーダーは、MAHの価格水準を具体的に判断する**。この価格水準は高値の売りポイント（USP）とも呼ばれる。保守的なデイトレーダーは、このUSPに売り注文を置くか、このポイントまで上昇するのを待つ。図表7.6（SELL＝売り、BUY＝買い、STILL SHORT＝売りの継

第7章●支持線と抵抗線──移動平均チャネル（MAC）

図表7.5　移動平均チャネルのポイント（コーヒー先物）

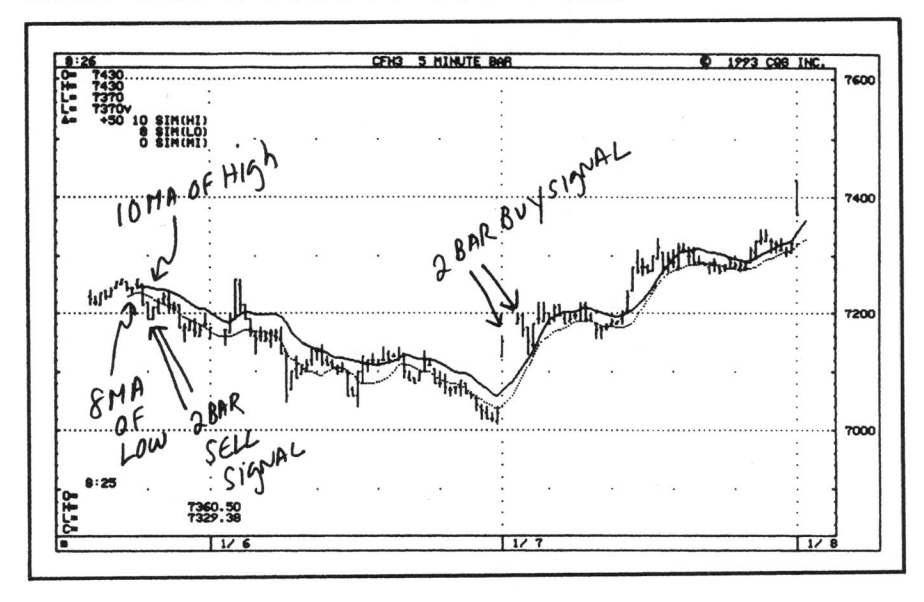

図表7.6　移動平均チャネルのポイント（S&P先物）

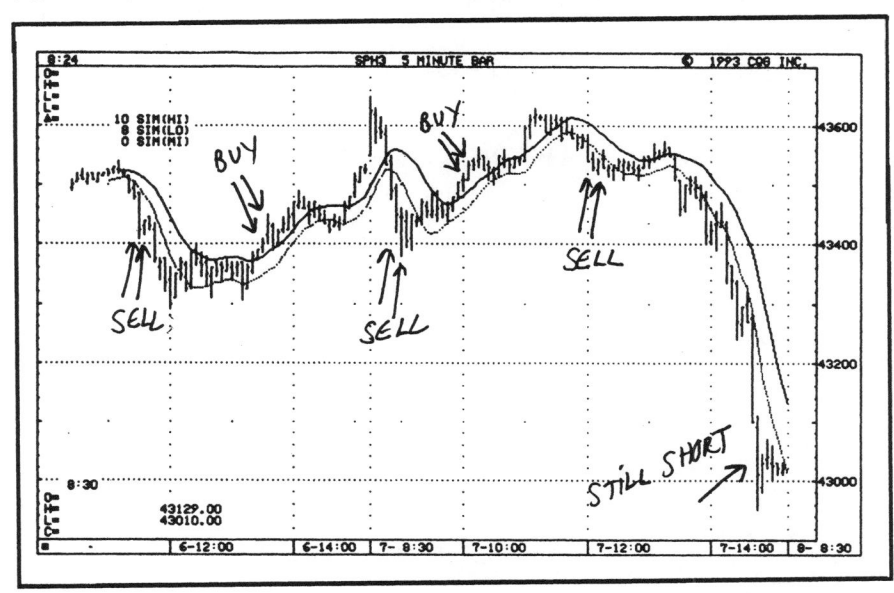

127

続）ではこの手順を示している。MAHは安値売りポイント（LSP）とも呼ばれる。アグレッシブなトレーダーは、このポイントを「試す」ような価格の下落があると売る。しかし、実際には、USPは売るには安すぎることが多い。ほとんどのトレーダーは、MALとMAHを足して2で割って移動平均チャネルの中間点を算出する。これが中値の売りポイント（MSP）になる。
● トレーダーは、MSPで注文を出したいと考えるだろう。あるいは保守的なデイトレーダーであれば、USPで注文を出したいと考えるだろう。ポイントを表示するクオートシステムがあれば、水準に達したときに警告が出て、それに従って注文を出すことができる。

図から分かるように、アグレッシブなトレーダーにはたくさんの機会があるが、保守的なトレーダーにはそれほど多くない。いずれにしても、2本続いたブレイクアウト（放れ）で定義するトレンドに従ってトレードしなければならない。トレーダーの能力と資金以外、1日にトレードする回数を制限するものは何もない。

確立されたトレンドでのトレード

寄り付きの時点でマーケットのトレンドが決まっていることがよくある。このような場合には、直近のシグナルに従って方向を決める。このシグナルは、前日に現れることもあれば、数日前に現れていることもある。いずれにしても、次のことを心に留めておいてもらいたい。

トレンドが長く続いていると転換する可能性が高いため、注意が必要になる。

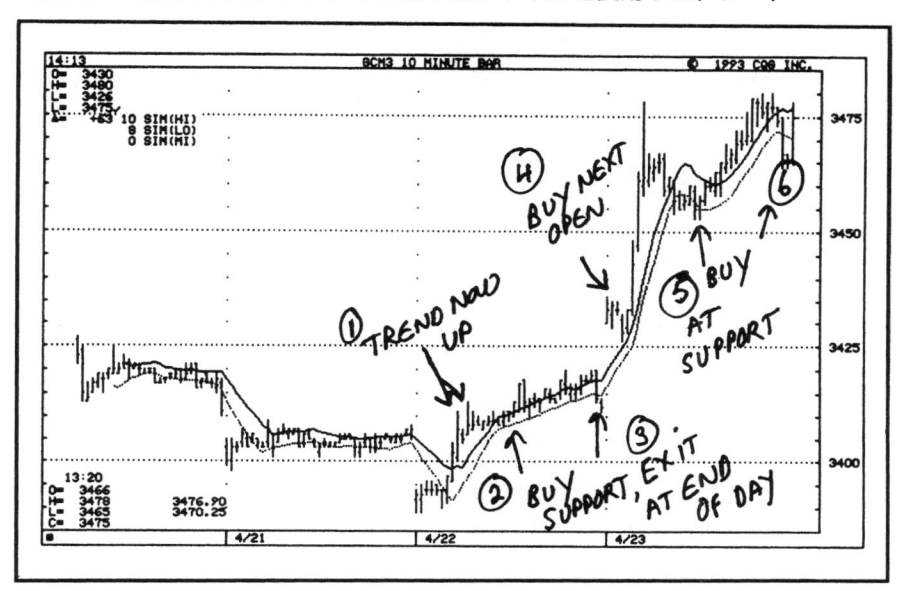

図表7.7　確立されたトレンドで移動平均チャネルを使用したトレード

図表7.7（①＝上昇トレンド、②＝支持線で買う、③大引けで手仕舞い、④＝翌日の寄り付きで買う、⑤⑥＝支持線で買う）を見てもらいたい。トレンドが転換したら、そのトレンドで示されている手順に従う。

ポジションの手仕舞い

仕掛ける方法とその時期についてこれまで説明したが、手仕舞いするにはどうしたらよいだろうか？　ここで手仕舞いの方法について説明しよう。

ストップロス

　この手順は非常に簡単だ。2つの方法がある。それは、あらかじめ決めた価格ベースでのストップロス（マーケットごとに異なる）とテクニカルな手仕舞いである。

　LBPへの下落で買いを仕掛けた場合、MALの範囲外に2連続バーがあったら手仕舞いすることができる。当然、これは売りシグナルである。UBPで買いを仕掛けた場合も、同様の手順で手仕舞いすることができる。高値でポジションを建てているため、価格リスクも高い。幸運なのは、MBP、つまりチャネルの中間点で買っている場合である。私は、価格ベースのストップロスよりも、手仕舞いの反転シグナルの形をとったテクニカルのほうを好む。

　USPへの上昇で売りを仕掛けた場合、MAHの範囲外に2連続バーがあったら手仕舞いすることができる。当然、これは買いシグナルである。LSPで売りを仕掛けた場合も、同様の手順で手仕舞いすることができる。安値でポジションを建てているため、価格リスクも高い。幸運なのは、MSP、つまりチャネルの中間点で売っている場合である。私は、価格ベースのストップロスよりも、手仕舞いの反転シグナルの形をとったテクニカルのほうを好む。

トレイリング・ストップロス

　有利な方向にポジションが動き始めたらとる方法である。これに関しては、個人的な経験に基づいてたくさんの提案をすることができる。

- ●ロングポジションでは、直近の3本の足の最安値を下回るストップロスを追跡し、ショートポジションでは、直近の最高値を上回るストップロスを追跡すること。この手順についてはすでに説明している。妥当な利益が明らかになるまでは、トレイリング・ストップロスを使用してはならない。価格は、マーケットによってもトレーダーによっても異なる。

- 利益が出たら、手仕舞いとしてストキャスティック・シグナルを使用する（第5章）こと。
- マーケットが有利な方向に急上昇したり、急降下したりしたら（特に、引け近くになってこのような状況になった場合）、一定の目標価格で手仕舞いすること。
- 大引けまでにトレードを終えること。前述の手法がうまくいかなかったとしても、大引け、またはその直前には手仕舞いすること。
- ポジションを建てるときは、さまざまなテクニックを使用することによって十分利益を得てから手仕舞いできるように、複数のポジションを建てることを考えること。最初のリスクは大きいかもしれないが、ポジションを一致した強気トレンドを利用することもできるのだ。

保ち合いでのトレード──チャネル内でのトレード

　別な方法として、移動平均チャネルのチャネル内でデイトレーディングすることも考えられる。上昇トレンドではMALへの押し目を狙って買い、MAHに上昇したらそのポジションを手仕舞いする、という意味である。MALへ再度押したら、MAHへの上昇局面で売ることを期待して再度買う。MALでポジションを建ててそれを維持しようとするトレーダーは、MALを数ティック下回るところにストップロスを定める。したがって、継続するトレンドに乗るために大引けまで、そのポジションを保有することができる。

　下降トレンドでのMAHで売るとき、トレーダーはMAHへの戻りで売ることを期待して、価格がMALに下がったら利益を確定しようとする。しかし、どちらの手順も、トレンドが好ましい方向に動くかどうか分からないまま利益を切り取っているため、利益が限定されてしまう。

図表7.8 トレンドのないマーケットで移動平均チャネルを使用したデイトレード

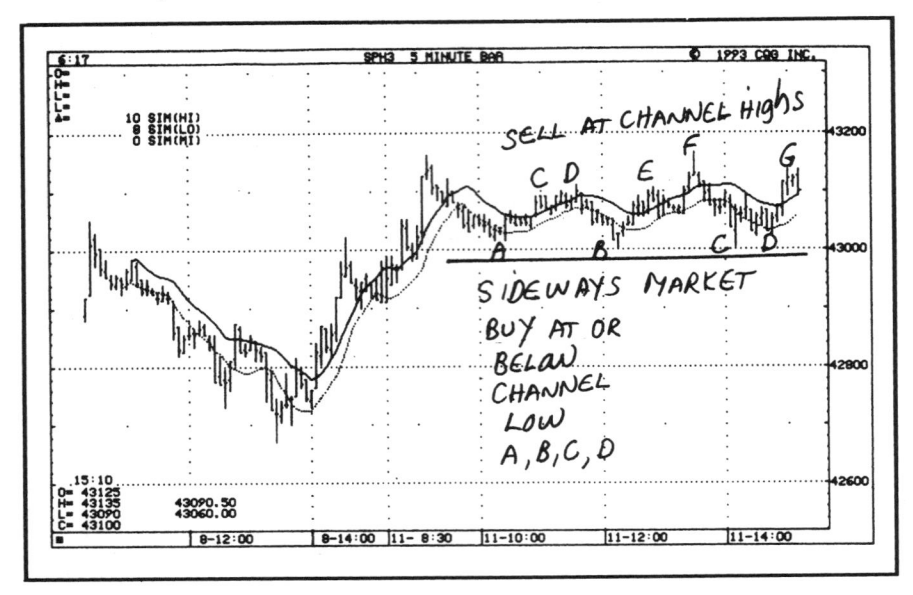

　このテクニックを使用するのに最適な時期は、トレンドが定まっていないときである。言い換えると、移動平均チャネル内で保ち合い状態にあるときにこのテクニックを使用すると、MALの支持線で買ったり、MAHの抵抗線で売ったりして、何度でもトレードすることができる。図表7.8（SELL AT CHANNEL HIGHS＝チャネルの高値で売る、SIDEWAY MARKET＝保ち合いマーケット、BUY AT OR BELOW CHANNEL LOW＝チャネルの安値か下で買う）がその例である。

警告と提案

　移動平均チャネルのテクニックはトレーディング手法であってシステムではないため、トレーダーのニーズに合わせることができるが、すべてのトレーダーに同じように役立つわけではない、ということを認識しなければならない。このテクニックを使用し始めたら、各自の目的に合うように調整することが望ましい。

　実際、このテクニックはすべてのトレーダーに適しているわけではない。自分に合った使い道を見つけなければならないし、さらには自分が使いたかったテクニックかどうかを判断しなければならない。1日のわずかな変動を利用して、確立されたトレンドで頻繁にトレードしたい人にとっては、このテクニックは理想的だと言える。1日でトレンドが劇的に変わる場合にはポジションをストップアウトし、まだ十分な時間が残されていたら、反対トレードの機会を得ることができる。

　デイトレードで移動平均チャネルのテクニックを使用することは、自転車に乗ることに似ている。今のところは実施方法しか説明していない。これから先は、皆さんがイニシアチブをとり、規律を定め、このテクニックがうまくいくようにリスクをとらなければならないのだ。できるだけ具体的に説明したつもりではあるが、この章で私が説明したことは、科学と芸術を組み合わせたテクニックの枠組みにすぎない。皆さんが真剣なデイトレーダーであり、支持線で買い、抵抗線で売るという機会を求めているのだとしたら、私は、移動平均チャネルよりも多くの機会を提供できるテクニックをあまり知らない。しかも、このテクニックが皆さんに機会を提供しない時期もあるだろう。それでも、首尾一貫した行動をとっていれば、チャネルを使用してポジションを建て、そのポジションを手仕舞いして利益を上げる機会もやってくるだろう。

図表7.9 移動平均チャネルを使用したギャップ買いシグナル後の仕掛け

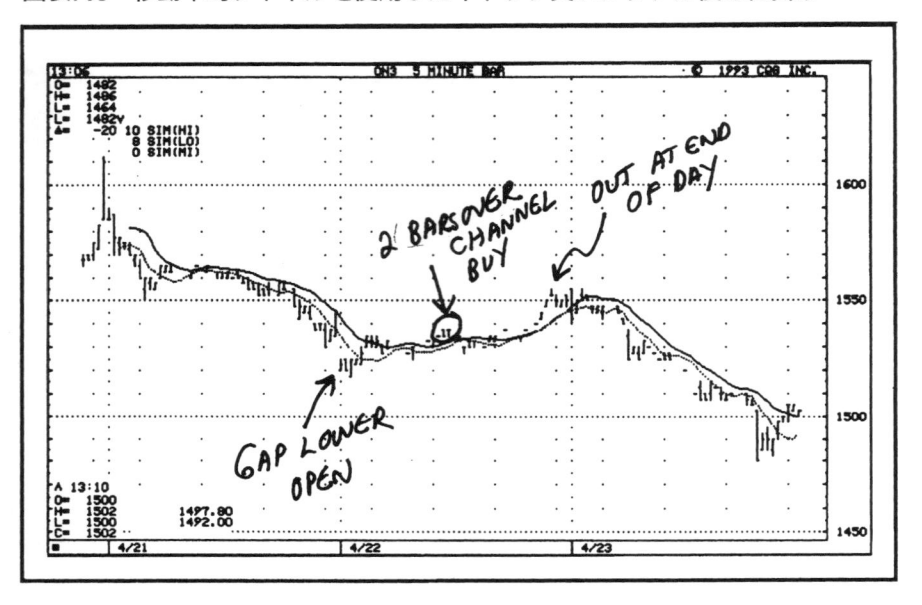

チャネルのテクニックは完全にメカニカルなものではなく、主観性も多少かかわってくるため、各自のニーズと各自のトレーディングスタイルに合わせることができるように、実行に移す前に研究しておく必要がある。

チャネルテクニックとほかの手法との併用

移動平均チャネルテクニックは、ほかのデイトレーディング手法と一緒に使用することもできる。特に、ほかのトレーディングシステムやトレーディング手法で売り持ちまたは買い持ちのポジションを建てたとき、チャネルテクニックは非常にうまくいく。例えば、2つのギ

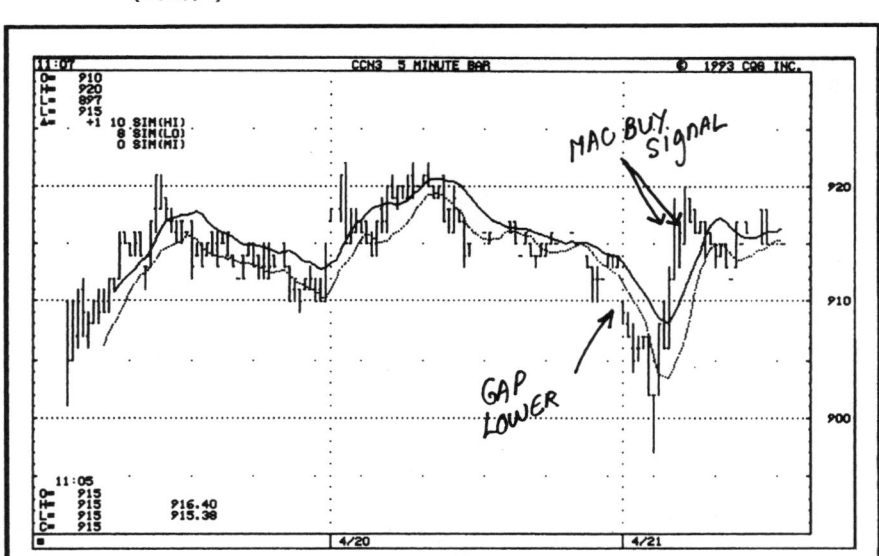

図表7.10　ギャップでの買いシグナル後に移動平均チャネルを使用した仕掛け
　　　　（ココア）

ャップ・トレーディングテクニックのいずれかで買いシグナルが出現したとする。この場合、チャネルの長い支持線水準に反応して買う手法として、移動平均チャネルを使用する。

　1日の最初のほうで、S&P先物の買いシグナルが出現したと仮定する。そして、買いシグナルの仕掛けの価格は399.50だったとする。通常、マーケットの最初の反応は、かなり早く399.50を突き抜け、400以上になることも考えられる。その後、399.60以下に反落することが多い（必ずしもそうとは言いきれないが）。399.60が移動平均チャネルの底であるかもしれないため、最初に上昇したあとが買いに出るポイントとなる。

　図表7.9（GAP　LOWER　OPEN＝下にギャップを空けて寄る、2

図表7.11　ギャップでの売りシグナル後に移動平均チャネルを使用した仕掛け
　　　　　（ポークベリー）

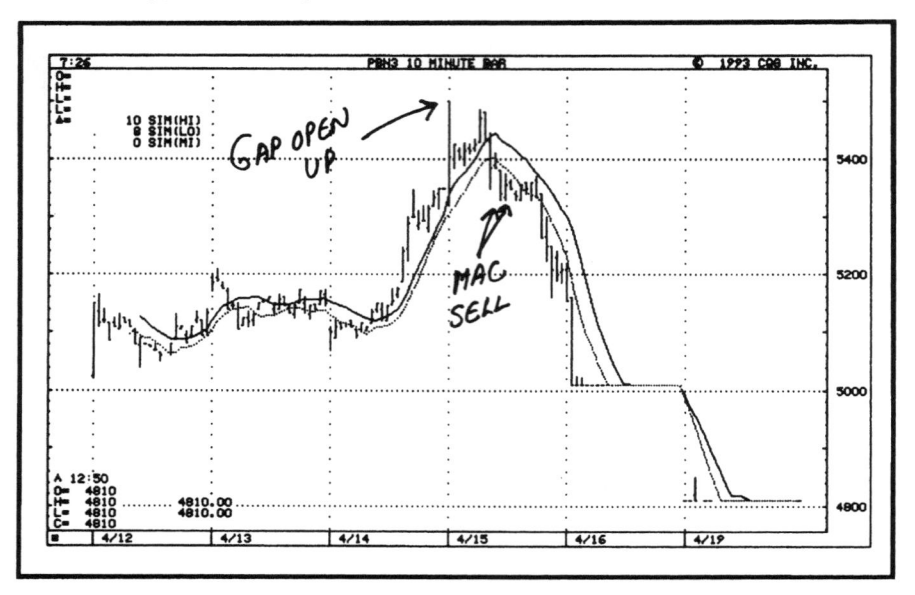

BARS OVER CHANNEL BUY＝チャネルを2本の足が超えたので買い、OUT AT END OF DAY＝大引けで手仕舞い）、図表7.10（GAP LOWER＝下にギャップを空ける、MAC BUY SIGNAL＝MAC買いシグナル）、図表7.11（GAP OPEN UP＝上にギャップを空ける、MAC SELL＝MAC売りシグナル）で、この状況について詳しく示している。それぞれの例とコメントに注目してもらいたい。お分かりのように、移動平均チャネルは非常に用途の広いテクニックであり、ほかのデイトレーディングのシステムや手法と一緒に役立てることができる。移動平均チャネルを使用するかしないかを問わず、私が提示したルールにおいて、これは厳密なデイトレーディング手法であるということを覚えておいてもらいたい。

移動平均チャネルの評価

　移動平均チャネル（MAC）は、支持線、抵抗線、トレンドを判断するのに非常に優れた手法であり、日中足だけでなく、日足、週足、月足でも効果的である。しかし、完全にメカニカルな手法ではないため、各自の判断が必要になる。

第8章
ワイルダーのRSIを使用したデイトレーディング
Using Wilder's RSI for Day Trading

　相対力指数（RSI）とは、ウエルズ・ワイルダーが開発したものである。1980年代初め、私がウエルズらのトレーダーグループと一緒に極東へのセミナーに参加したとき、ワイルダーはRSIの適用例について考案し始めたところだった。それ以降、RSIの適用例は後を絶たず、そのどれもが可能性を持っていたが、デイトレーダーにとって利益にならないものがほとんどであった。

　RSIは価格ベースのオシレーターである。買われ過ぎや売られ過ぎの状態を表す指数としてもタイミング指標としても、さまざまな状況に適用できる。デイトレーダーにとって特に重要なのは、RSIの一番目の派生指標（デリバティブ）である。これは指標を平滑化する傾向があるため、だましのシグナルの出現が少なく、勝率が高くなるのだ。

　デイトレーディング指標としてのRSIの派生指標について説明する前に、トレーダーが使用する一般的なRSI指標について説明する。私が提案する適用例とトレーダーが一般的に使用する適用例との相違を明らかにするには、まずこのことを理解してもらう必要がある。

　さまざまな点で、RSIは、オシレーターとして使用するストキャスティックスと似ている。非常に高い数値のあとで、RSIが下がり始めると売りシグナルが示される。逆に言うと、価格が安いときに上がり始めるRSIは、買いシグナルである。このように、RSIにはさまざま

※　J・ウエルズ・ワイルダー・ジュニア著『ワイルダーのテクニカル分析入門』（パンローリング刊）

図表8.1　RSIの従来の使用方法

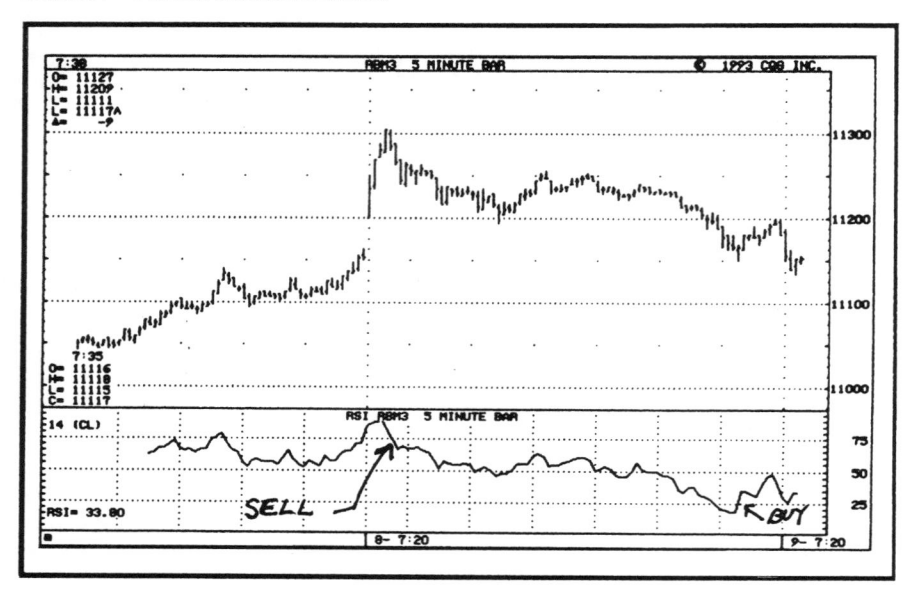

な適用例がある。

　RSIにはいろいろな解釈があるため、RSIの使用に関して私が提案する方法論が独自のものであるとは主張しない。しかし、一番目の派生指標の適用例は独自の手法であると考えている。図表8.1とコメント（SELL＝売り、BUY＝買い）を参照してもらいたい。

一番目の派生指標（一次導関数）の定義

　「一次導関数」という用語から、複雑な数学を想像して嫌悪感を持ったりしないでもらいたい。そうではないのだ。一番目の派生指標とは、ここでは次のように定義される変数のことを指している。

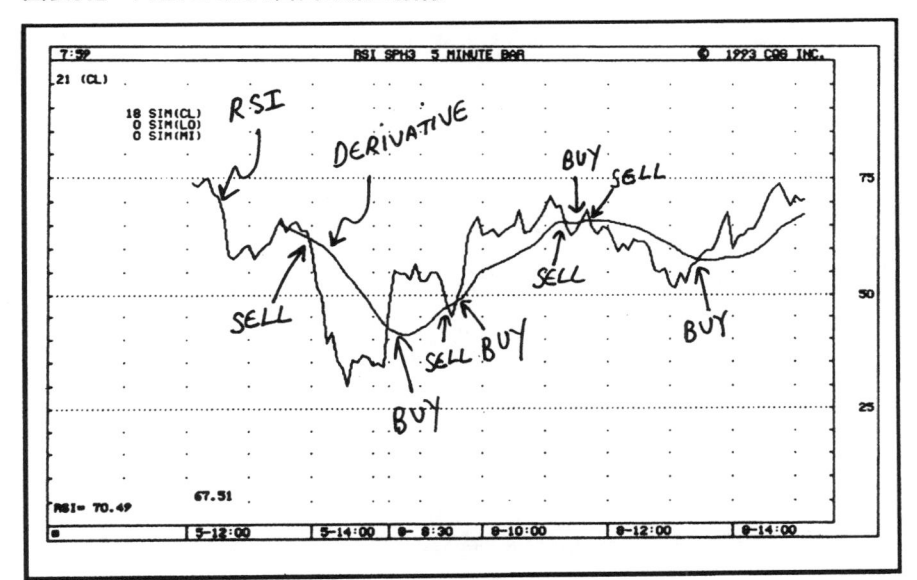

図表8.2　RSIとその1番目の派生指標

[図表：RSI（5分足）とその派生指標のチャート。手書きで「RSI」「DERIVATIVE」「SELL」「BUY」などの注記あり。RSI=70.49、67.51などの数値表示。時間軸：5-12:00, 5-14:00, 8-8:30, 8-10:00, 8-12:00, 8-14:00]

ある関数を数学的に操作して派生した数

　このことを、マーケットに当てはめて考えてみよう。あるマーケットでRSIを計算した場合、そしてRSIの移動平均を計算するときの元データとしてこのRSIを使用した場合、2つ目の計算値、つまり、RSIの移動平均がRSIの一番目の派生指標となる。RSIの移動平均のRSIを計算したら、それはRSIの二番目の派生指標を計算したことになる。図表8.2（RSI＝RSI、SELL＝売り、DERIVATIVE＝RSIを移動平均化した派生指標、BUY＝買い）は、一番目の派生指標に対するRSIを表示したものである。

　タイミング指標とその派生指標を研究した結果、私は、有意義でラ

ンダムでないタイミングシグナルを生成するにはデータの操作が非常に効果的であることを確信した。派生指標とその比較について説明するにはスペースが足りないが、各自でこのことについて研究してもらいたい。その結果にきっと驚かれることだろう（ちなみに、私は非常に驚いた）。

　一番目、二番目、三番目、四番目……といった派生指標は、前の指標から派生した数であり、その指標自体もほかの指標や生データの派生指標である。

　RSIの一番目の派生指標の具体例を紹介しよう。図表8.3（SELL＝売り、S＝売り、BUY＝買い、B＝買い）は、価格に対して14期間RSI指標を示した日中マーケットである。図表8.4（ALREADY LONG＝買う準備、SELL＝売り、BUY＝買い）も同じ指標であるが、RSIの一番目の派生指標を併せて表示している。派生指標のラインは平滑で変動が小さいため、私が考えるところでは、トレーダーが簡単に使用することができる。図表8.5（9 PERIOD MA OF RSI＝RSIの9期間MA）と図表8.6（21 PERIOD MA OF RSI＝RSIの21期間MA）は、同じ価格チャートに対する2つのRSI派生指標である。これらについて調べ、皆さんなりの結論をまとめてみてもらいたい。その場合、3つのどれにタイミング指標としての潜在性があるかということについて、しっかりと自分の目で確かめること。

RSIを使用したデイトレーディングのルール

　ここで、デイトレーディングでRSIとその一番目の派生指標を使用する場合のルールについて説明しよう。

　1．買われ過ぎ、または売られ過ぎのタイミング指標としてRSIを

第8章●ワイルダーのRSIを使用したデイトレーディング

図表8.3　価格に対して14期間RSI指標を描いた日中マーケット

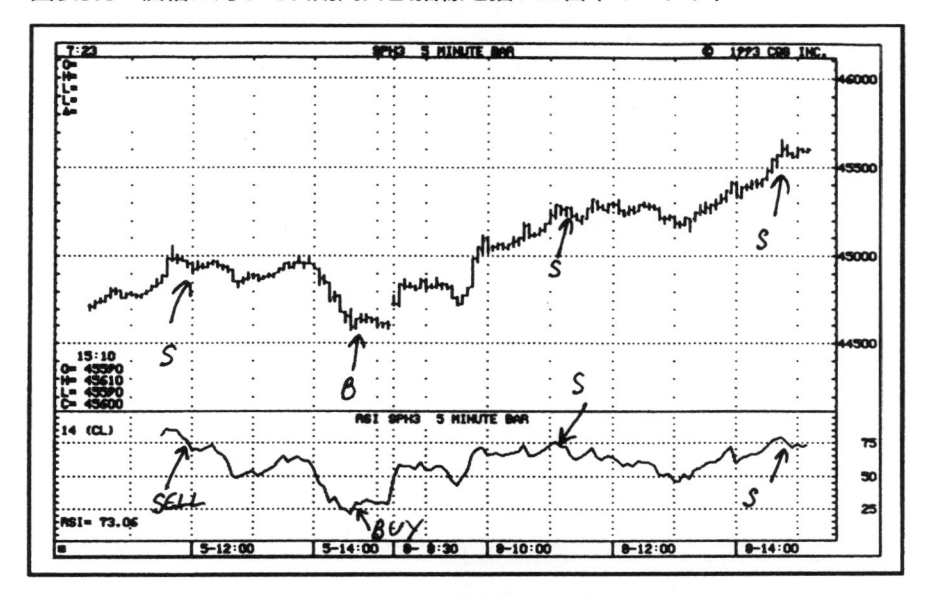

図表8.4　価格に対して14期間RSI指標を描いた日中マーケットとRSIの1番目の派生指標

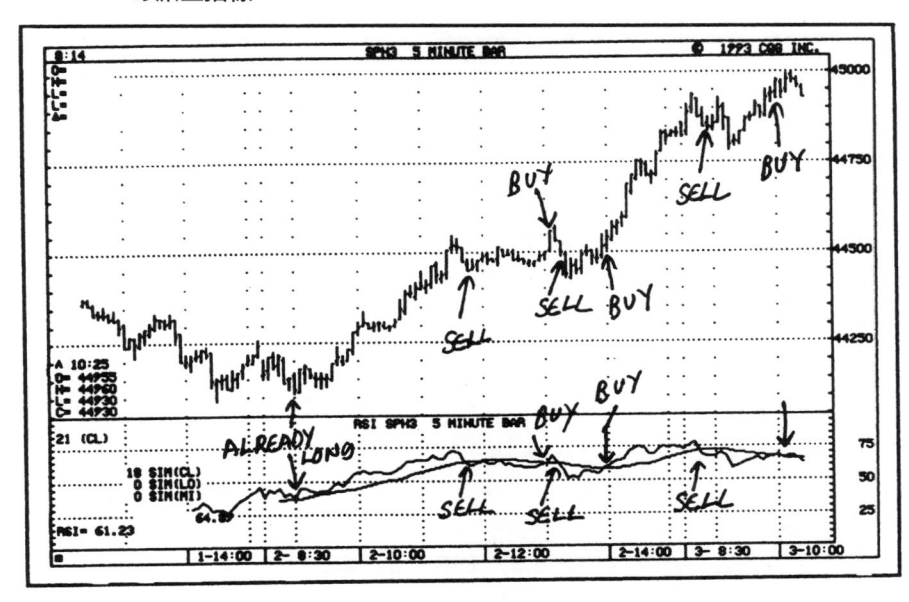

図表8.5　RSIの派生指標(9期間移動平均)

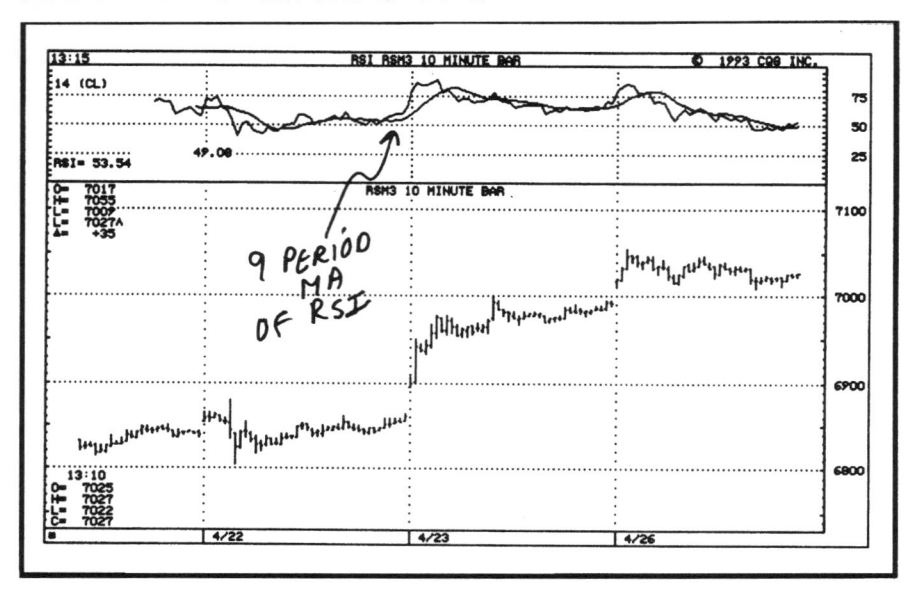

図表8.6　RSIの派生指標(21期間移動平均)

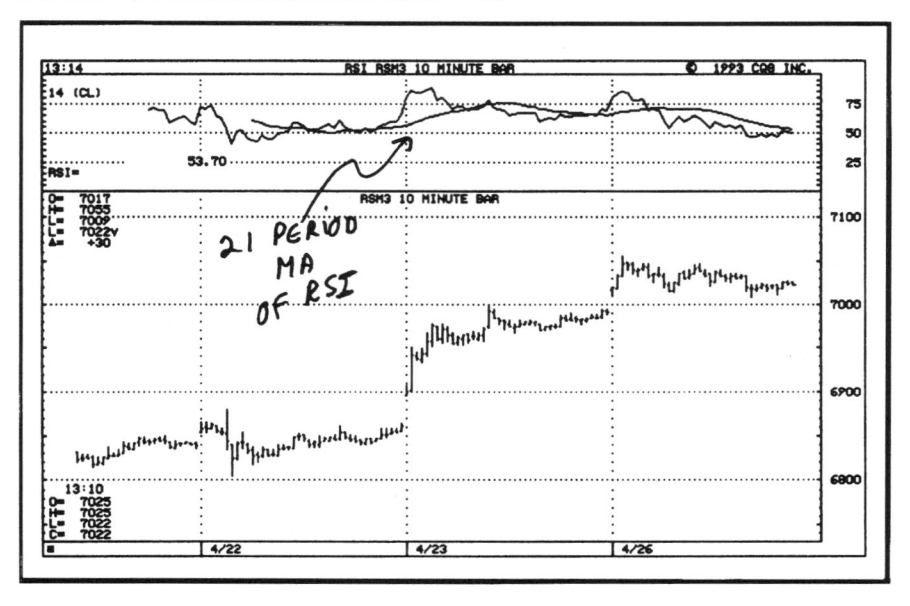

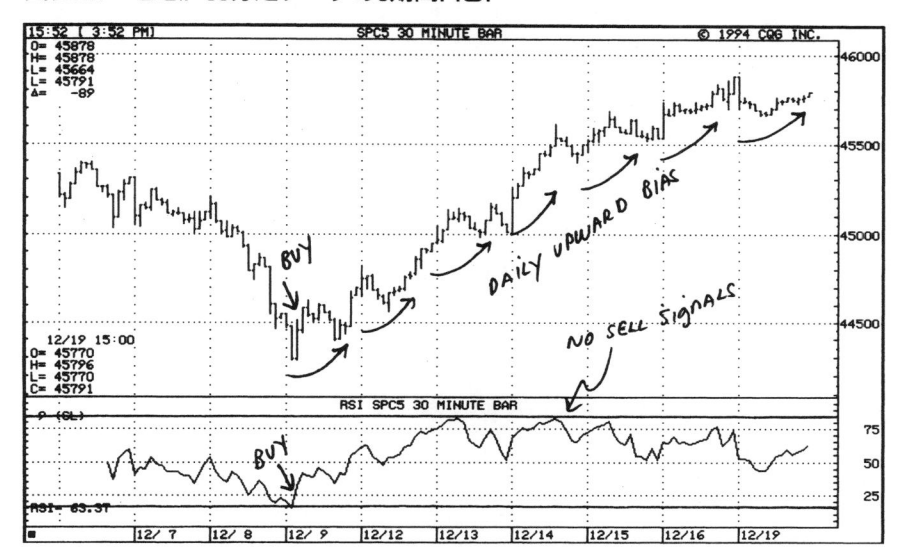

図表8.7 S&P30分足データの9期間RSI

使用するのは非常に簡単である。(ストキャスティックスと同じように) カットオフポイントを定めること。例えば、25と75とした場合、その手順は次のようになる。

　　a．RSIが25以下に下がり、そして25を上回るまで上がったら、買い注文を出して、直近の最安値を下回るストップロスか金額ベースのストップロスのいずれかを使用する。

　　b．RSIが75以上に上がり、そして75を下回るまで下がったら、売り注文を出して、直近の最高値を上回るストップロスか金額ベースのストップロスのいずれかを使用する。

　　aとbの手順を実施する場合、値を変えてもかまわない。図表8.7 (BUY＝買い、DAILY UPWARD BIAS＝上昇バイアス、NO

SELL SIGNAL＝売りシグナルなし）は、15と85のカットオフポイントを定め、S&P30分足データで9期間RSIを使用したチャートである。このチャートの買いと売りのポイントに注目してもらいたい。RSIはデイトレーダーにとって有効な手段である。12月9日にRSIが強気に転換し、12月19日までそのトレンドが続いている。デイトレーダーは、強気のバイアスが続くかぎり毎日買う機会を得ることができる。

　２．RSIの一番目の派生指標（あるいはその他の派生指標）を使用するのは、オシレーターを使用することに似ている。その手順も非常に簡単である。

　　ａ．RSIがその一番目の派生指標を下回ったら、売り注文を出して、反転シグナル（つまり、RSIが派生指標を上回る）でのストップロスか金額ベースのストップロスを使用する。

　　ｂ．RSIがその一番目の派生指標を上回ったら、買い注文を出して、反転シグナルでのストップロスか金額ベースのストップロスを使用する。

　いずれの場合も、設定した足の時間が終わるまでシグナルは現れないということを覚えておかなければならない。言い換えると、5分足チャートの場合、価格が変わるたびにRSIも変わる。**タイミング指標としては、5分足の終値のRSIの値だけを使用する。**

提案

　RSIの説明を終える前に、あるアイデアを皆さんにも紹介しよう。まだ研究を始めたばかりであるが、その潜在能力は相当高いと思われる。RSIの一番目の派生指標として14期間のスロー・ストキャスティックスを使用すると、シグナルの精度がより高まる。これはどういう意味だろうか？　つまり、価格のストキャスティックスを計算するのではなく、RSIのストキャスティックスを計算するのだ。これは、

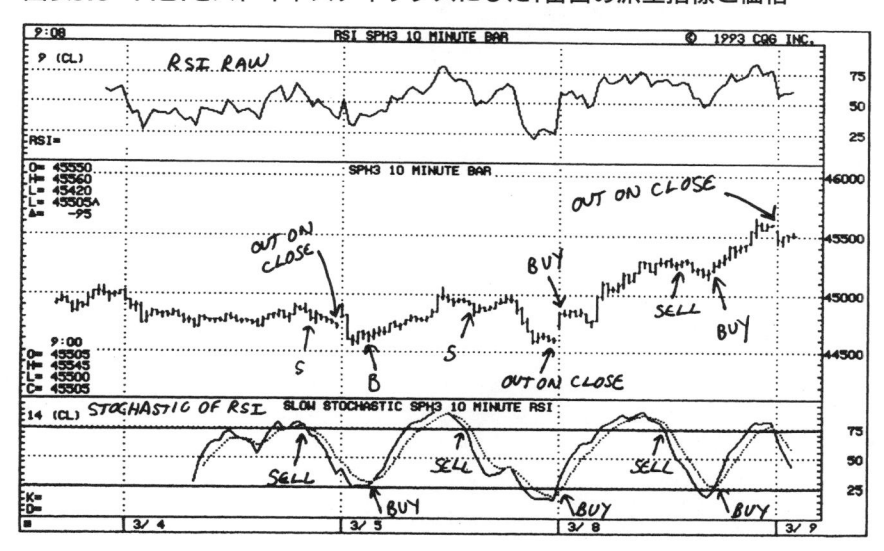

図表8.8　RSIをストキャスティックスにした1番目の派生指標と価格

CQG（コモディティ・クオート・グラフィックス）などのシステムを使用すると簡単である。図表8.8（S、SELL＝売り、OUT ON CLOSE＝手仕舞い、B、BUY＝買い、RSI RAW＝RSI、STOCHASTIC OF RSI＝RSIのストキャスティックス）を見てもらいたい。このアプローチはデイトレーディングに相当の利益をもたらす可能性を秘めていて、積極的に追究する必要がある、と私は考えている。ほかにも多くの可能性がある。派生指標としてRSIのRSI、さらに言えば、平滑係数としてRSIに適用するその他の指標を使用してみよう。このアイデアは、RSIの不安定性を緩和すると同時にマーケットの変化への対応を遅らせないようにすることで、だましのシグナルや損失のシグナルを減らすことを目指している。

第9章
日中のモメンタム
Using Intraday Momentum

　「モメンタム指標」や、タイミングの補助としてのその価値についてよく理解していないトレーダーが多い。この言葉を耳にしたことがある人は多いと思うが、その算出方法を認識していなかったり、適用例を知らなかったりする。

　モメンタムは非常にシンプルな指標であり、計算方法も簡単である。1日のモメンタム（MOM）の計算は、ある日の価格から前日の価格を引くだけでよいのだ。その結果が1日のモメンタムである。ある日の価格が52ドルで前日の価格が53ドルであった場合、1日のモメンタムは－1となる。ある日の価格が52ドルで前日の価格が50ドルであった場合、1日のモメンタムは＋2となる。

　このように、1日のモメンタム指標を計算するのは非常にシンプルだ。2日のモメンタム指数を計算するには、ある日の価格から2日前の価格を引くだけでよい。3日、4日、5日のモメンタムも、それぞれ同様の手順で計算する。

　モメンタムはトレンドの勢いを示すものであるため、価格変動の指標であると言える。モメンタムが急速に下落すると、価格が急激かつ大幅に下がることを示している。モメンタムが急速に上昇すると、マーケットが強気トレンドであることを示している。簡単なルールに従うだけで、モメンタムをトレード指標として使用することができる。

図表9.1　S&P10分足の21期間モメンタム

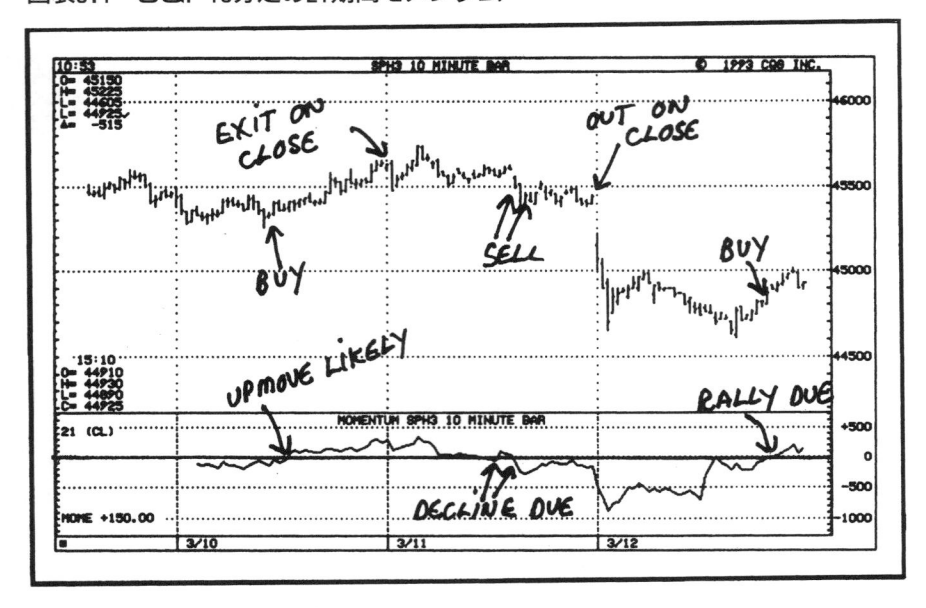

[図表9.1 S&P10分足チャートと21期間モメンタム指標。「EXIT ON CLOSE」「OUT ON CLOSE」「BUY」「SELL」「BUY」「UPMOVE LIKELY」「DECLINE DUE」「RALLY DUE」の書き込みあり。日付は3/10、3/11、3/12。]

　この章では、デイトレーディングにおける日中のモメンタムの適用例をいくつか示す。なかには非常に興味深い例もあるが、初めに言っておくと、それらは単なる適用例であってシステムではない。皆さん自身が洗練させていく必要のあるトレーディングテクニックなのだ。相当の可能性を秘めているテクニックであるが、それには努力も必要である。

　図表9.1（EXIT ON CLOSE、OUT ON CLOSE＝大引けで手仕舞い、BUY＝買い、SELL＝売り、UPMOVE LIKELY、RALLY DUE＝上昇の可能性、DECLINE DUE＝下落の可能性）は、10分足の価格チャートと21期間のモメンタム指標を示したものである。モメンタムはオシレーターに似ている。ゼロのラインを境にして変動す

図表9.2　S&P10分足の21期間モメンタムと18期間移動平均

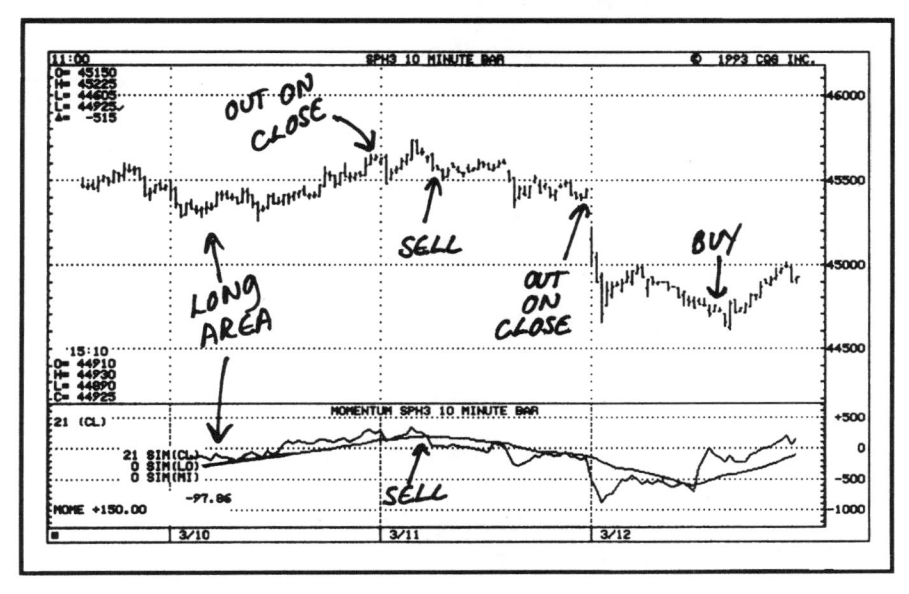

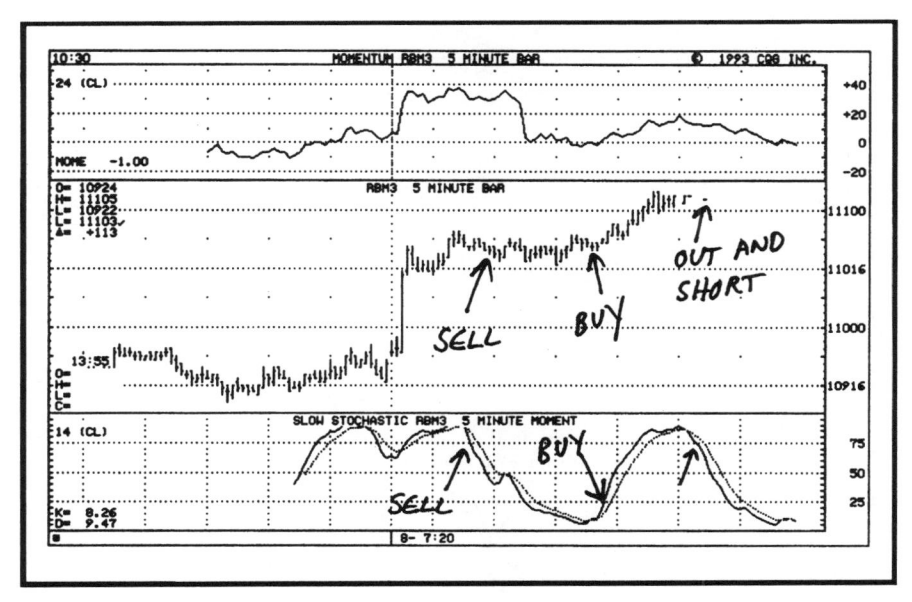

図表9.3　モメンタムをストキャスティックにした派生指標——5分足のタイミングシグナル（Tボンド）

図表9.4 モメンタムをストキャスティックにした派生指標──30分足のタイミングシグナル(Tボンド)

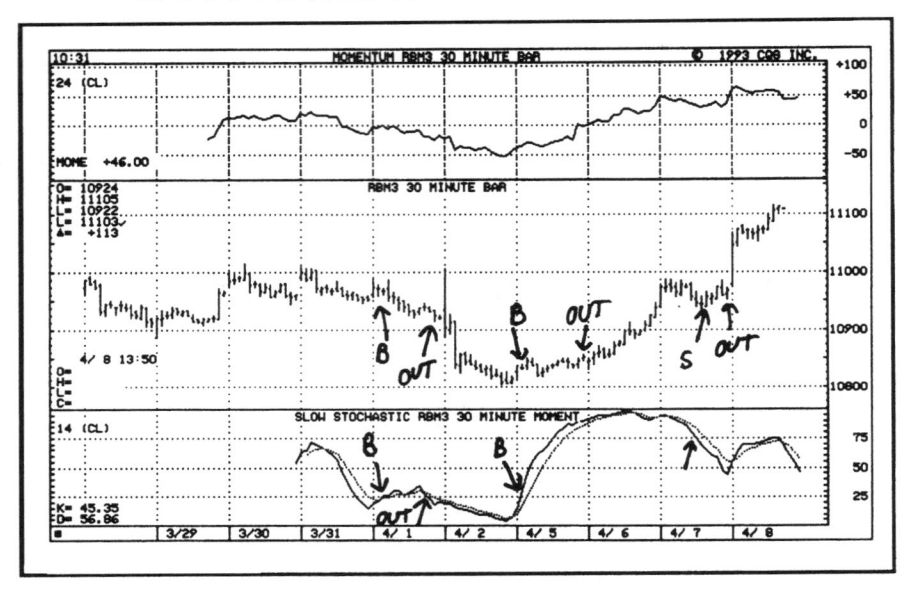

図表9.5 モメンタムをストキャスティックにした派生指標── 5分足のタイミングシグナル(砂糖)

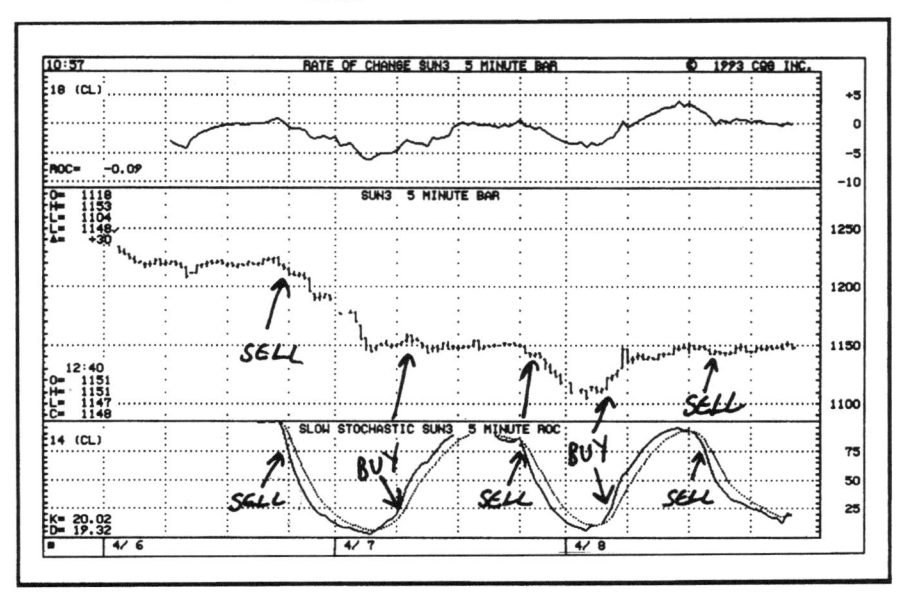

図表9.6 モメンタムを移動平均にした派生指標——タイミングシグナル(典型的なシグナル)

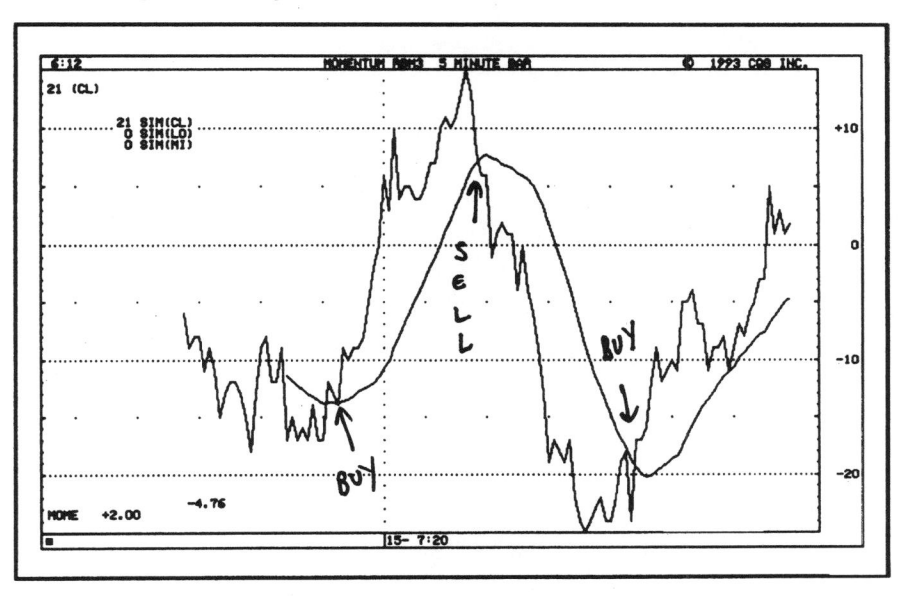

図表9.7 モメンタムを移動平均にした派生指標——5分足のタイミングシグナル(スイス・フラン)

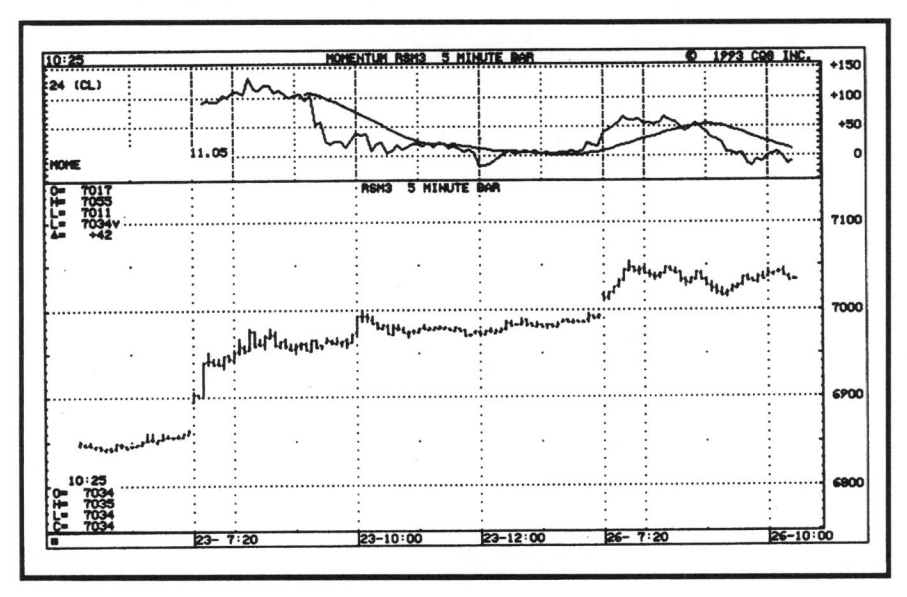

る。モメンタムがマイナスからプラスに突き抜けると上昇トレンドと考えられ、プラスからマイナスに下抜けると下落トレンドと考えられる。

多くのオシレーターと同じように、モメンタムも簡単に見つけることができる。しかし、ゼロを境にして「小動き」するときは、だましのシグナルとなって現れることが多い。このような制約があるものの、一番目の派生指標と比較して考えると、モメンタムはポジショントレーディングやデイトレーディングにおいて非常に効果を発揮する。その手順はシンプルである。モメンタムの移動平均（一番目の派生指標）に対してモメンタムを表示するだけでよいのだ。

図表9.2（OUT ON CLOSE＝大引けで手仕舞い、LONG AREA＝買い場、SELL＝売り、BUY＝買い）は図表9.1と同じマーケットであるが、10分足の21期間モメンタムの18期間移動平均も併せて示している。モメンタムとその移動平均線がクロスするときに買ったり、売りを出すと、だましのシグナルを排除することができる。

モメンタムの一番目の派生指標を決めるのに、モメンタムの移動平均以外にも、RSI、ストキャスティックス、変化率（第10章で説明する）といったその他の指標を使用することができる。図表9.3（SELL＝売り、BUY＝買い、OUT AND SHORT＝ドテン売り）、図表9.4（S＝売り、B＝買い）、図表9.5（SELL＝売り、BUY＝買い）、図表9.6（SELL＝売り、BUY＝買い）、図表9.7は、デイトレーディングで使用するさまざまな派生指標手法とそのシグナルである。この章で説明する手法と適用例は、タイミング指標とトレーディングシステムとして非常に見込みのあるものであるが、確固たる結論に達するにはさらなる研究を要する。

モメンタム指標には有効と思われる派生指標がいくつも考えられる。それらを使用すると、多くのだましのシグナルを排除することができる。ただし、組み合わせの研究はまだそれほど一般的ではない。この

ことに興味を持った方は、デイトレーディングのテクニックにさらに磨きをかけ、組み合わせについてもっと徹底的に調べることをお勧めする。

第10章
日中のROC
Rate of Change in Day Trading

　前の章では、デイトレーダーの指標としてのモメンタムについて説明した。この章では、日中のタイミング指標としてのROC（変化率）の使用方法について説明する。モメンタムはある日の価格から別の日の価格を引いて算出するのに対し、ROCは、ある日の価格を別の日の価格で割って算出する。例えば、今日の価格が4ドルで前日の価格が2ドルであった場合、ROCは4÷2で2となる。このケースでは、モメンタムもROCも2である。今日の価格が7で前日の価格が2であった場合、ROCは7÷2で3.5となるが、モメンタムは7－2で5となる。5日のROCを計算するには、今日の価格を5日前の価格で割るだけでよい。非常にシンプルだ。ただし、ROCの期間によってトレードにも大きな違いが生じる。

　図表10.1は10分足チャートの21期間ROCを表したものである。この計算はやさしいので、ROCの期間を1、3、14とさせてみれば、大きな違いに気づくだろう。

　ROCは、マーケットの動きに敏感に反応するオシレーターであり、価格トレンドの変化がいつ起こりそうかということを前もって知らせてくれる。しかし、ROCを見ても、その変化が大きいのか小さいのかは分からない。トレンドしか教えてくれないのだ。トレンドが変化するかもしれないということを知ると、デイトレーダーは損失を限定

図表10.1　S&P10分足の21期間ROC

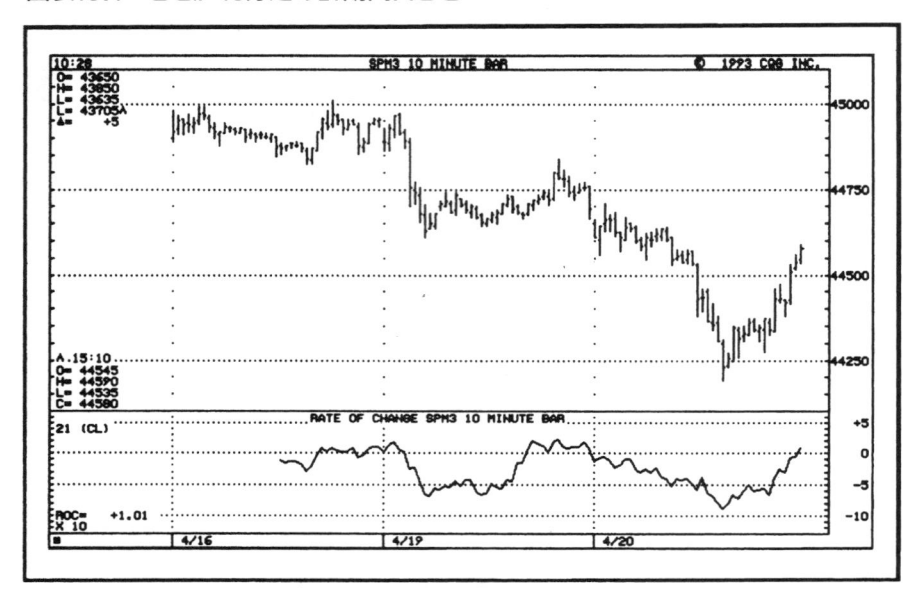

したり、有利なトレードを行ったりするのに必要な行動を起こすことができる。ROCもモメンタムも、ポジショントレーディングに適用することもできる。

このように、1日のROC指数を計算するのは非常にシンプルである。2日のROC指数を計算するには、ある日の価格を2日前の価格で割るだけでよい。3日、4日、5日のROCも、それぞれ同様の手順で計算する。ROCはトレンドの勢いを示すものであるため、価格変動の指標であると言える。ROCが急速に下落すると、価格が急激かつ大幅に下がることを示している。ROCが急速に上昇すると、マーケットが強気トレンドであることを示している。簡単なルールに従うだけで、ROCをトレード指標として使用することができる。この

第10章●日中のROC

図表10.2　S&P10分足の21期間ROCと18期間ROCの移動平均

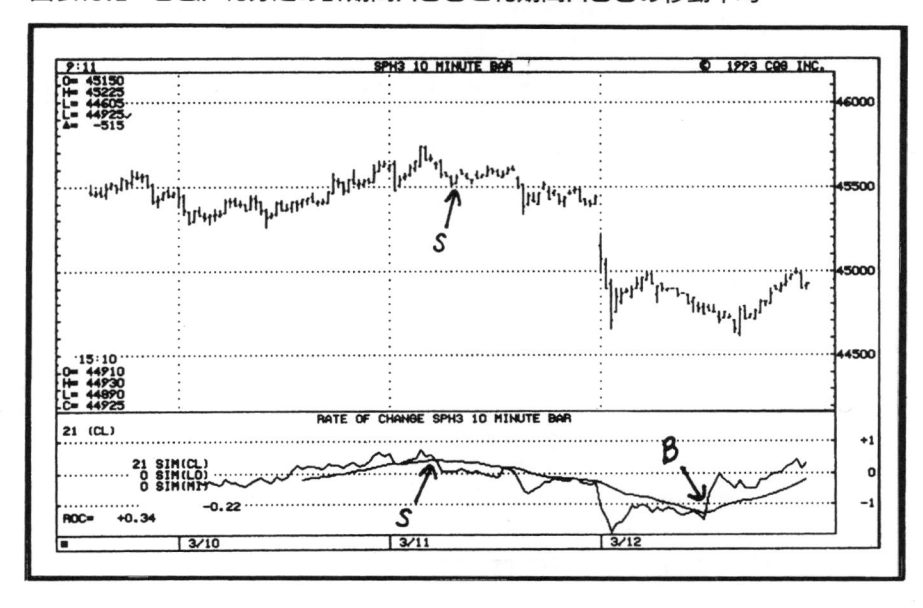

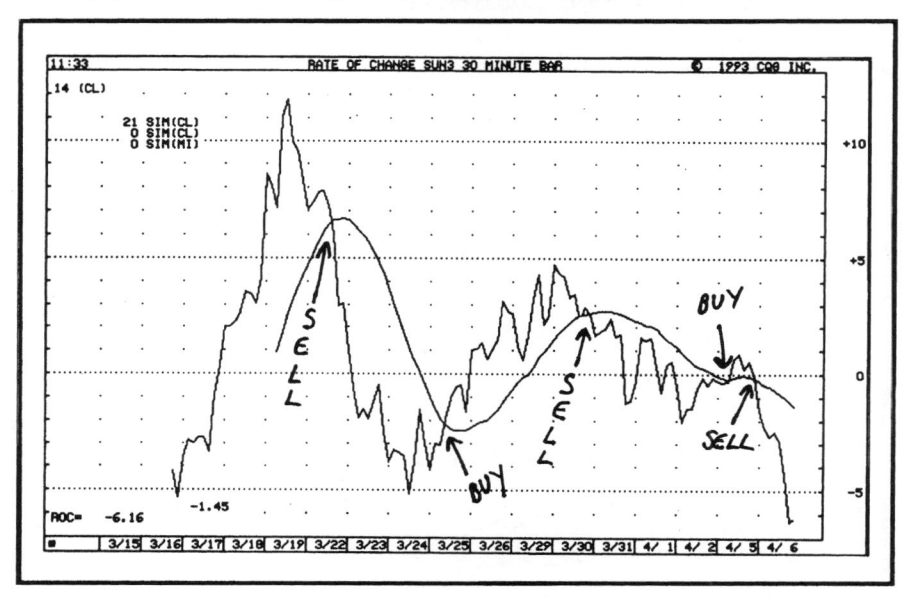

図表10.3　ROCを移動平均にした派生指標──典型的なタイミングシグナル

図表10.4 ROCを移動平均にした派生指標──30分足の実際のシグナル
(原油)

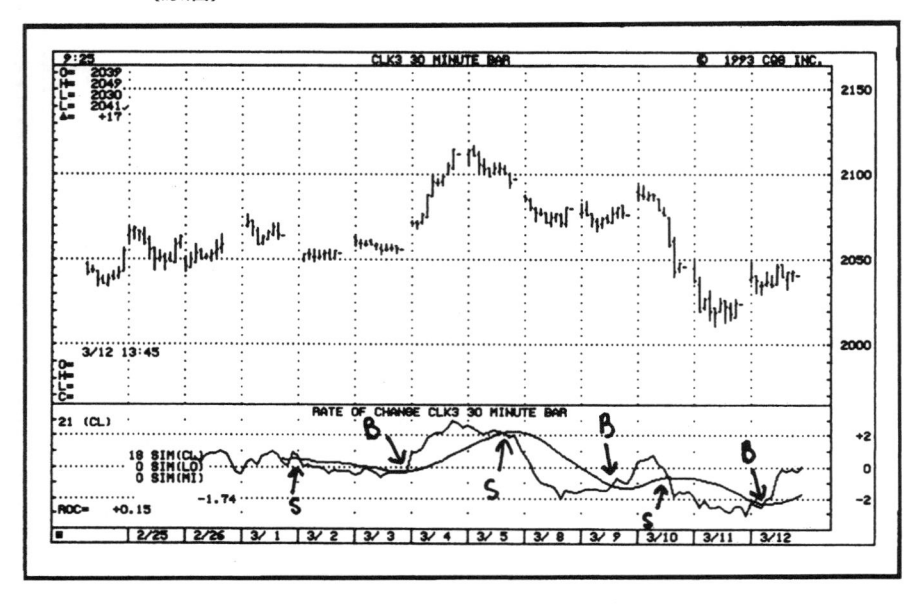

図表10.5 ROCを移動平均にした派生指標──10分足の実際のシグナル
(原油)

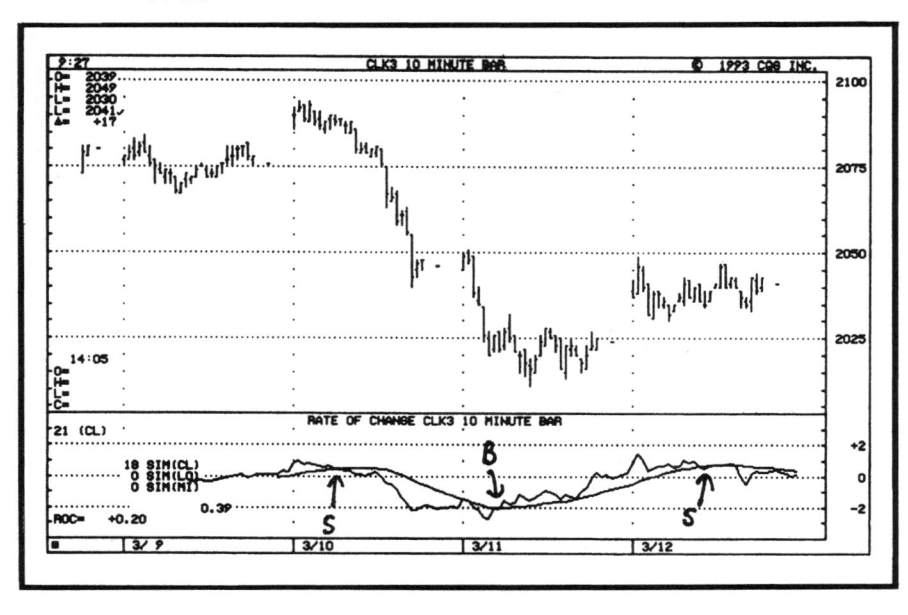

第10章●日中のROC

図表10.6　ROCをストキャスティックスにした派生指標──タイミングシグナル(英ポンド)

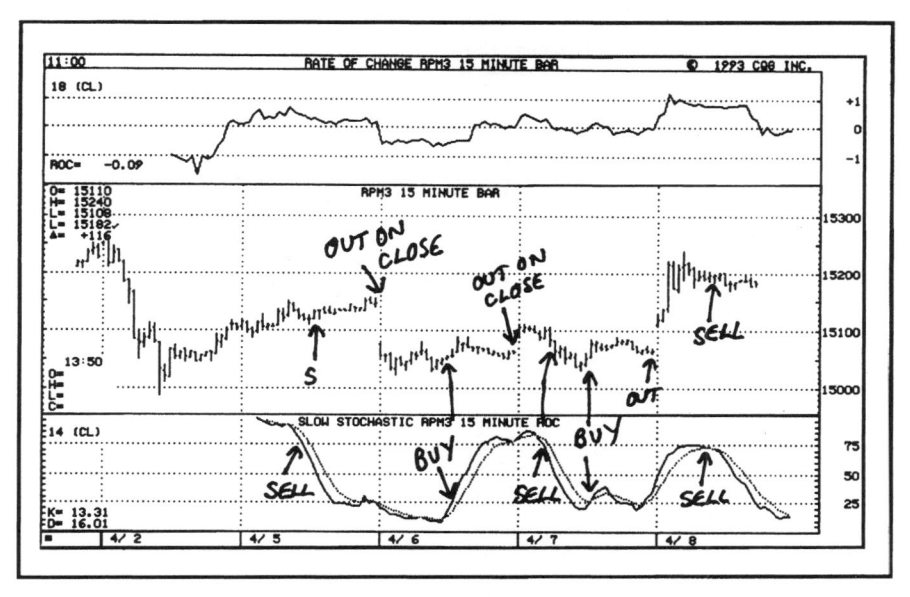

図表10.7　ROCをストキャスティックスにした派生指標──タイミングシグナル(S&P)

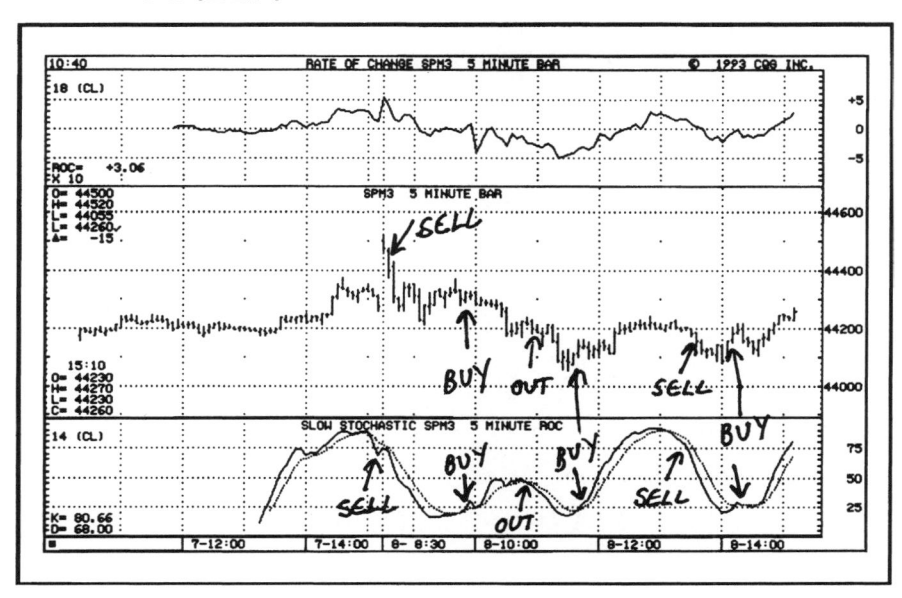

章では、デイトレーディングにおける日中のROCの適用例をいくつか示す。

　図表10.1は、1日の価格チャートと21期間のROC指標を示したものである。ROCはオシレーターに似ている。ゼロのラインを境にして変動する。ROCがマイナスからプラスに突き抜けると上昇トレンドと考えられ、プラスからマイナスに下抜けると下落トレンドと考えられる。多くのオシレーターと同じように、ROCも簡単に見つけることができる。しかし、ゼロを境にして「小動き」するときはだましのシグナルとなって現れることが多い。

　このような制約があるものの、一番目の派生指標と比較して考えると、ROCはポジショントレーディングやデイトレーディングにおいて非常に効果を発揮する。その手順はシンプルである。ROCの移動平均（一番目の派生指標）とROCを表示するだけでよいのだ。

　図表10.2（S＝売り、B＝買い）は図表10.1と同じマーケットであるが、21期間ROCの18期間移動平均も併せて示している。ROCとその移動平均線がクロスするときに買い、または売りを出すと、だましのシグナルを排除することができる。

　ROCの一番目の派生指標を決めるのに、ROCの移動平均以外にも、RSI、ストキャスティックス、モメンタム（第9章で説明した）といったその他の指標を使用することができる。図表10.3（SELL＝売り、BUY＝買い）、図表10.4（S＝売り、B＝買い）、図表10.5（S＝売り、B＝買い）、図表10.6（S、SELL＝売り、BUY＝買い、OUT ON CLOSE＝大引けで手仕舞い）、図表10.7（SELL＝売り、BUY＝買い、OUT＝手仕舞い）は、デイトレードで使用するさまざまな派生指標手法とそのシグナルである。この章で説明する手法と適用例は、タイミング指標とトレーディングシステムとして非常に見込みのあるものであるが、確固たる結論に達するにはさらなる研究を要する。

　ROC指標には有効と思われる派生指標がいくつも考えられる。そ

れらを使用すると、多くのだましのシグナルを排除することができる。ただし、組み合わせの研究はまだそれほど一般的ではない。このことに興味を持った方は、デイトレードのテクニックにさらに磨きをかけ、組み合わせについてもっと徹底的に調べることをお勧めする。

第11章
日中のチャネルブレイクアウト
Intraday Channel Breakout

　デイトレーダーに好結果をもたらすテクニックの1つに、抵抗線を上回る、あるいは支持線を下回る価格のブレイクアウト（放れ）に基づいたテクニックがある。価格が前の抵抗線水準を突き抜けたら、少なくともトレーダーが利益を上げられるまでは、新しいトレンドが続く可能性が高いと予測できる。逆に言えば、価格が前の支持線水準を下回ったら、短期トレーダーが利益を確定するまで下降トレンドが続く。デイトレーディングにおけるチャネルブレイク・システムとは、このような目標を達成するためのものである。マーケットが日中の高値を突き抜けてその日の後半も上がり続けるような状況に注目していれば、この指標をすぐに認識することができるだろう。同様に、価格がその日の安値を下回ってその日の後半も下がり続けるような状況に注目していれば、売りにおけるこの指標の意味を認識することができるだろう。

　図表11.1（BUY＝買い、HIGHEST HIGH OF LAST 14BAR＝直近の14バーでの最高値）と図表11.2（SELL＝売り、LOWEST LOW OF LAST 14BAR＝直近の14バーでの最安値）は、それぞれ支持線を上回るブレイクアウトと、抵抗線を下回るブレイクアウトを示す日中チャートである。デイトレーディングにおけるチャネルブレイク・システムは、ブレイクアウトを利用することを目的としている。

図表11.1　抵抗線(高値)を上回る14期間チャネルブレイクアウト

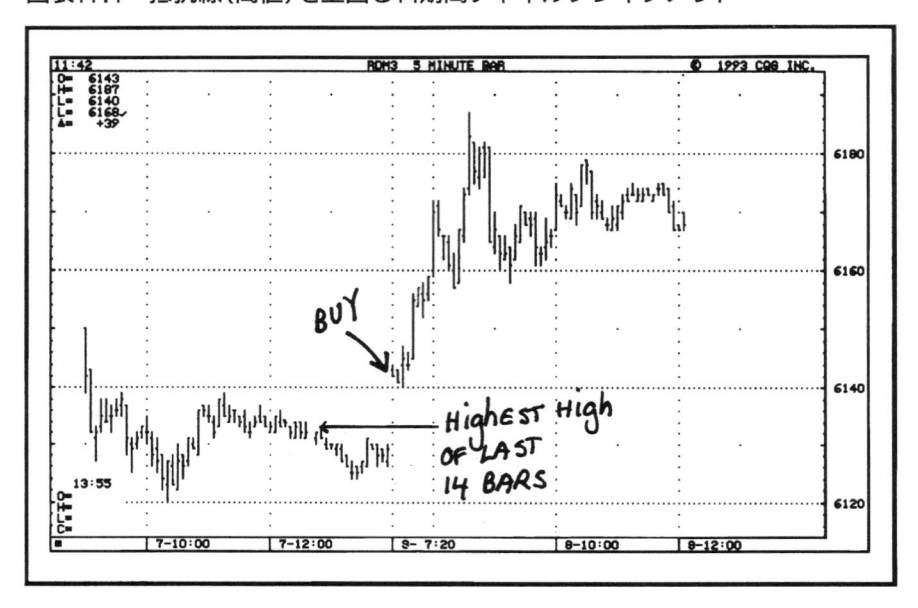

図表11.2　支持線(安値)を下回る14期間チャネルブレイクアウト

言い換えると、このアプローチを使用しているデイトレーダーは、強いときに買い、弱いときに売る。現在のトレンドを支持することの重要性を考えると、それほど悪いアイデアではない。当然、逆の見方をすると、上へのブレイクアウトで買って、下へのブレイクアウトで売る人は、トレンドが変化したときに天井近辺か底値近辺でポジションを建てるだろう。その結果、支持線で買ったり、抵抗線で売ったりする場合よりもリスクが損失に結び付くことが多くなるかもしれない。しかし、オメガ・リサーチ社のTradeStationによる検証結果を皆さんに示すことで、事実をして語らしめることができる。

チャネルブレイクアウト・システムについて

チャネルブレイクアウト（CBO）・システムは、非常にシンプルなシステムである。実際、とても古いシステムで、1950年代と1960年代にケルトナー統計サービス（Keltner Statistical Service）を発表した〝オールドマン〟と呼ばれたケルトナーの時代までさかのぼることができる。そのアイデアは非常に論理的かつ基本的である。その簡単至極なところには、美しささえ感じる。マーケットは特定の方向に進むよりも保ち合いの状況にある時間のほうが長い、という事実に基づいている。そのような保ち合いパターン、つまりチャネルが展開されると、目先が利くトレーダーは、チャネルを上回るブレイクアウトで買って、チャネルを下回るブレイクアウトで売りたいと考える。その論理は手堅いが、だましのブレイクアウトが多数存在することも覚えておかなければならない。このような理由から、チャネルブレイクアウトはことのほか正確なテクニックというわけではないが、一方で、日中の主な動きの始まりを正確に指摘できる手法であると言える。

チャネルブレイクアウトの適用ルールについて簡単に説明する。

※参考文献　西村貴郁著『トレードステーション入門』、ジョージ・プルート、ジョン・R・ヒル著『勝利の売買システム』（共にパンローリング刊）

チャネルブレイクアウトのルールと手法

　１．価格バーに基づいてチャネルの長さを決める。つまり、14期間を採用している場合、買いまたは売りのシグナルとして現在の価格バーに先立つ直近の14期間のバーを見る。

　２．14期間を採用している場合、現在のバーの高値が過去14期間のバーの最高値をＸティック上回ったときに買いシグナルが現れる。通常、Ｘの値は１か２である。

　３．14期間を採用している場合、現在のバーの安値が過去14期間のバーの最安値をＸティック下回ったときに売りシグナルが現れる。通常、Ｘの値は１か２である。

　４．リスク管理またはストップロスはさまざまな方法で定義することができる。あるいは、ドテンのシステムとしてこのシステムを使用することもできる。

　５．チャネルブレイクアウト手法は、日々のデータで非常に効果を発揮するものであり、日中のデータについても相当の利益が見込める。

　チャネルブレイクアウト手法は、TradeStation の検証で良い結果を示している。図表11.3では、S&P先物におけるパラメータとチャネルブレイクアウト・システムのパフォーマンスを示している。

まとめと結論

　チャネルブレイクアウト・システムは、デイトレーダーにとって堅実で有効なシステムである。その適用ルールは明確で、客観的で、メカニカルである。コンピューターがあれば簡単に追跡することができるため、１日の時間枠で大きな動きがあったら、それに乗ることができる。私は、アクティブなマーケット（特に、１ティック当たりの売

図表11.3　システムの検証結果——S&P先物の日中のチャネルブレイクアウト

検証結果　S&P先物　92年10分足（92/1/2～92/12/31）

全トレードのパフォーマンス

総損益	$18300.00	未決済ポジションの損益	$0.00
総利益	$61900.00	総損失	$-43600.00
総トレード数	169	勝率	56%
勝ちトレード数	95	負けトレード数	74
最大の勝ちトレード	$2975.00	最大の負けトレード	$-2000.00
勝ちトレードの平均利益	$651.58	負けトレードの平均損失	$-589.19
平均利益/平均損失レシオ	1.11	1トレードの平均損益	$108.28
最大連続勝ちトレード	7	最大連続負けトレード	8
勝ちトレード平均バー数	20	負けトレードの平均バー数	20
日中の最大ドローダウン	$-7925.00		
総利益/損失比	1.42	最大建玉枚数	1
必要資金	$10925.00	運用成績	168%

買いトレードのパフォーマンス

項目	値	項目	値
総損益	$14775.00	未決済ポジションの損益	$0.00
総利益	$35025.00	総損失	$-20250.00
総トレード数	97	勝率	65%
勝ちトレード数	63	負けトレード数	34
最大の勝ちトレード	$2500.00	最大の負けトレード	$-2000.00
勝ちトレードの平均利益	$555.95	負けトレードの平均損失	$-595.59
平均利益/平均損失レシオ	0.93	1トレードの平均損益	$152.32
最大連続勝ちトレード	8	最大連続負けトレード	4
勝ちトレード平均バー数	18	負けトレードの平均バー数	18
日中の最大ドローダウン	$-3575.00		
総利益/損失比	1.73	最大建玉枚数	1
必要資金	$6575.00	運用成績	225%

売りトレードのパフォーマンス

項目	値	項目	値
総損益	$3525.00	未決済ポジションの損益	$0.00
総利益	$26875.00	総損失	$-23350.00
総トレード数	72	勝率	44%
勝ちトレード数	32	負けトレード数	40
最大の勝ちトレード	$2975.00	最大の負けトレード	$-1475.00
勝ちトレードの平均利益	$839.84	負けトレードの平均損失	$-583.75
平均利益/平均損失レシオ	1.44	1トレードの平均損益	$48.96
最大連続勝ちトレード	3	最大連続負けトレード	5
勝ちトレード平均バー数	24	負けトレードの平均バー数	21
日中の最大ドローダウン	$-6850.00		
総利益/損失比	1.15	最大建玉枚数	1
必要資金	$9850.00	運用成績	36%

買代金変化が高いマーケット）でこの手法を追跡することを勧める。本書で取り上げるその他のデイトレーディングシステムと同じく、仕掛けのシグナルは明確で客観的である。しかし、手仕舞いに関してはあまり客観的とは言えない。皆さんは、近いトレイリング・ストップ

ロスを使用してストップアウトするか、あるいは特定の価格または時間の目標に達したら売る、と考えるだろう。転換シグナルを待ったばかりに、大きな利益を逃してしまうということも少なくないのだ。

第12章
従来型のテクニカル分析とデイトレーディング
Traditional Methods of Technical Analysis and Day Trading

　従来型のテクニカル分析は長年にわたって親しまれているため、チャートフォーメーション、トレンドラインの突破、価格パターンなどの原則や、これらのフォーメーションに関連するさまざまな解釈方法の適用例に詳しいトレーダーは多い。これらのパターンはトレーダーたちに多くの成功をもたらしてきたが、最近になって、これらのチャートパターンが必ずしも信頼できるわけではなく、相当の解釈を加えなければならない、という考えが広まってきた。客観性と科学性を求めるトレーダーたちは、完全には検証されていない手法やトレーディングテクニックは受け入れない。

　明らかに、チャート分析に対抗するセンチメントが強まってきている主な要因は、チャートのフォーメーションやパターンの多くがコンピューターで徹底的に検証されていない、ということだろう。仮説上の結果も、今日のトレーダーがどの程度の信頼性を求めているかが分かるほど十分には定量化されていない。これに関して個人的な意見を述べると、コンピューターの検証は過大評価されていて、利益を上げられる結果を必ずしも保証するものではない。

　私は、デイトレーディングの公式に関係する決定的な変数として、コンピューターによる検証の価値をあまり重視せず、トレーダーのスキルの価値を重視してきた。実際、この見解はあらゆるタイプのトレ

ードに当てはめられると思っている。しかし、**私は、従来型のテクニカル指標を軽視するグループとは違う**。従来型のチャート分析から派生した短期トレーディングやデイトレーディングの手段もたくさんある、と私は信じている。本書では、デイトレーディングに適用する従来型の手段を要約して紹介するつもりはない。このテーマについては素晴らしい本がたくさんあるため、私が改めて説明することは特にない。しかし、どのようなフォームを使用したとしても、皆さんが判断したり独自に調査を進めたりすることができるように、多少のページを割いていくつかの例を紹介したいと思う。

従来型のチャート分析をデイトレーディングに使用することを支持するという解釈は、取引所の多くのデイトレーダーが従来型のチャートを使用しているということに基づいている。経験と鋭い観察から、私は、マーケットの分析とトレーディングに関して伝統主義者になるべきだ、ということを悟った。

このことはデイトレーダーの任務と目的に一致していないと思われるかもしれないが、デイトレーディングに従来型のチャート分析の原則を適用することで利益を上げられる機会もたくさんあるのだ、ということをここで提案する。**科学的証明よりも目に見える証拠を受け入れるタイプの人には、この章は非常に役立つだろう**。しかし、科学的証明と明確な解答を求めている人は、この章を飛ばして構わない。

トレンドラインの分析

トレンドラインとは、支持のポイントを示すために価格の安い点を結んだ線、あるいは抵抗のポイントを示すために価格の高い点を結んだ線のことである。

支持線は、チャートの安値を結んだ線

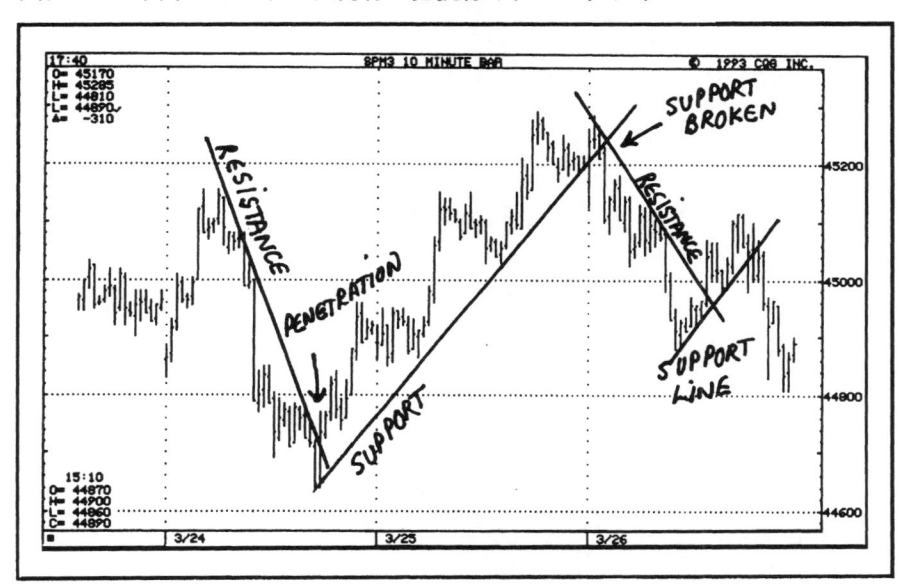

図表12.1　日中チャートの支持線と抵抗線のトレンドライン

抵抗線は、チャートの高値を結んだ線

　有効なトレンドラインを引くには、最低限３つの点を通る必要がある。お断りしておくが、トレンドラインについて詳しい方（皆さんのほとんどがそうだと思うが）の知性を侮辱するつもりは毛頭ない。

　図表12.1では、支持と抵抗のトレンドラインを示している。トレンドラインの効果的な用法についての確固たる統計はないが、５分足、10分足、20分足チャートを使用したトレードで非常に有効であることを発見した。

　トレンドラインの使用方法は次のとおり。

- **支持線で買う**──この手順は簡単である。支持線が引けたら、上昇トレンドで価格が支持線まで下落した時点で買う。図表12.1を参照（RESISTANCE＝抵抗線、PENETRATION＝突き抜け、SUPPORT、SUPPORT　LINE＝支持線、SUPPORT　BROKEN＝支持線をブレイク）。
- **抵抗線で売る**──この手順も簡単である。抵抗線が引けたら、下降トレンドの抵抗トレンドラインで売る（図表12.1を参照）。
- **支持線の下へのブレイクアウトで売る**──支持線が引けたら、支持線の下への下落（ブレイクアウト・ダウン）は弱気のシグナルであると考えられるため、現在持っているロングポジションを手仕舞うか、ショートポジションを建てる、図表12.2を参照（SELL＝売る）。
- **抵抗線の上へのブレイクアウトで買う**──抵抗線が引けたら、抵抗線の上への上昇（ブレイクアウト・アップ）は強気のシグナルであると考えられるため、現在持っているショートポジションを手仕舞いするか、ロングポジションを建てる。図表12.3を参照（BUY＝買い、CURRENT RESISTANCE＝現在の抵抗線）。

トレンドラインを決めるには、数日前にさかのぼってみるとよいだろう。しかし、夢中になって数週間前にまでさかのぼってトレンドラインを引こうとしてはならない。これは意味のないことである。数日、もっと言えば１日でも十分だろう。

トレンドラインの適用例──チャートフォーメーション

トレンドラインを使用するのは簡単すぎると思う人が多いかもしれないが、実際には、非常に効果的なデイトレーディング手法になり得るのだ。日中の大きな値動きは、トレンドライン上でシグナルを示し

図表12.2　支持線、抵抗線、トレンド

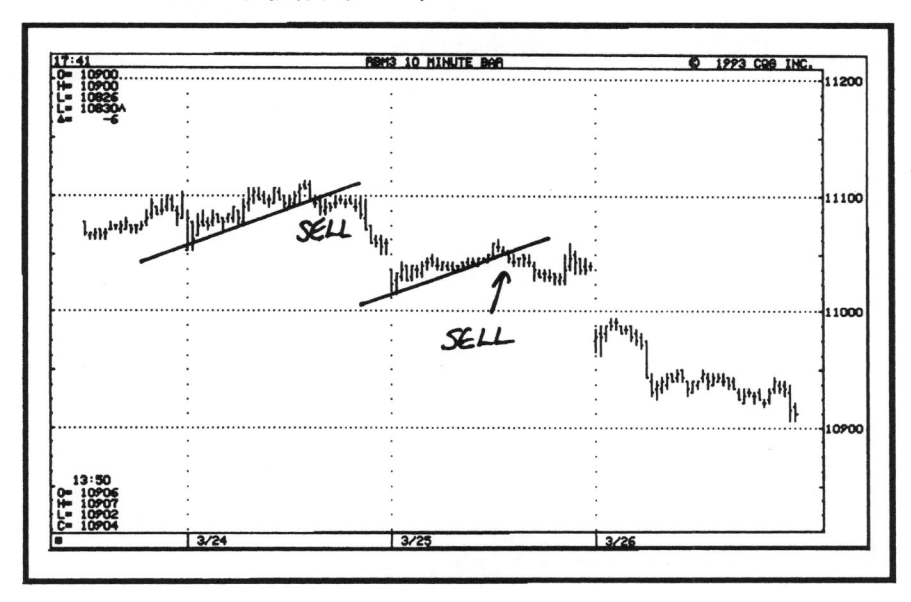

図表12.3　支持線、抵抗線、日中のシグナル

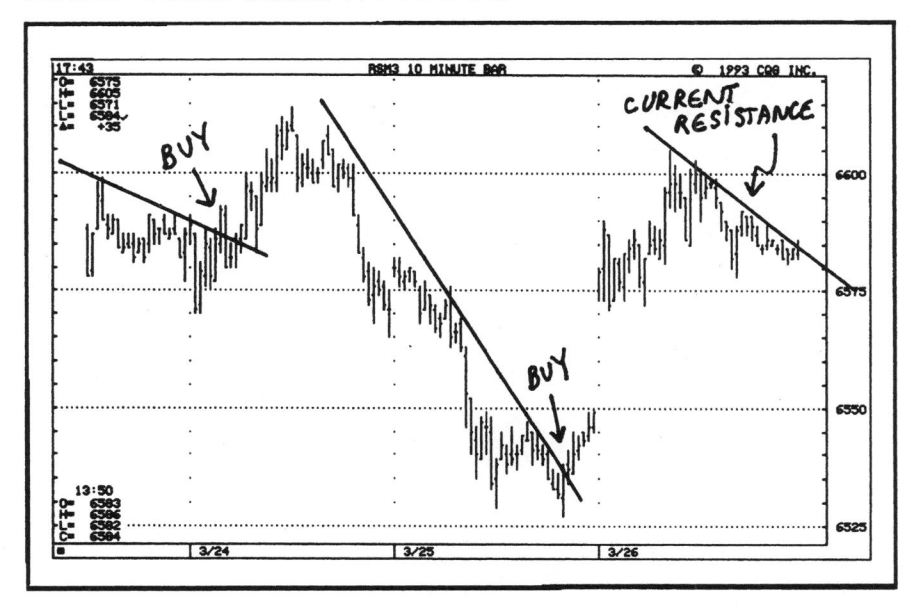

図表12.4　日中チャートのフラッグとペナント

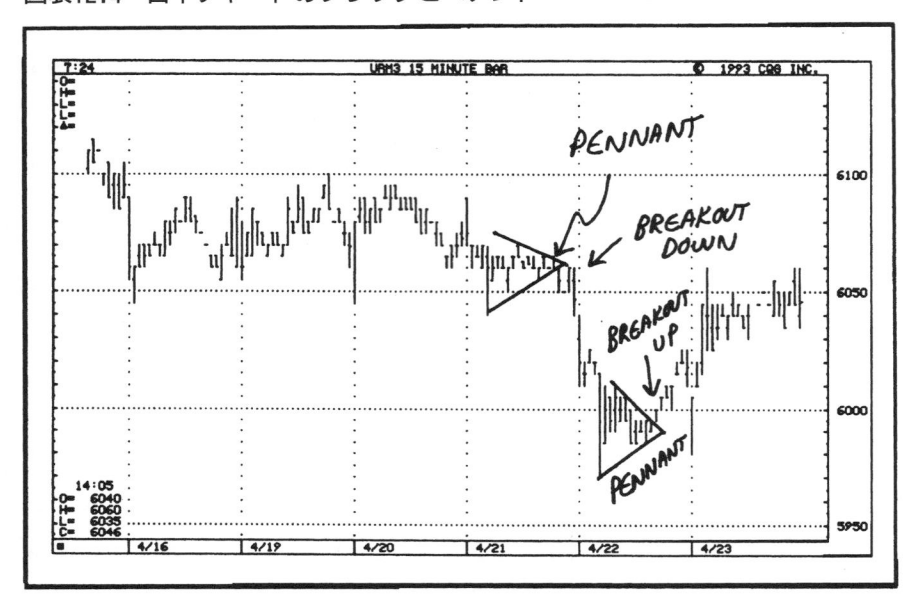

ている。効果的な手法としても時の検証を経た手法としても、トレンドライン分析を使用することを勧める。トレンドライン分析は「科学」というより「芸術」であるが、昨今のハイテクトレーディングでこのテクニックを使用するトレーダーは少ない。

フラッグとペナント

　フラッグまたはペナントのチャートフォーメーションは、まさにその名が示すとおりのものである。図表12.4（PENNANT＝ペナント、BREAKOUT DOWN＝下へのブレイク、BREAKOUT UP＝上へのブレイク）では日中チャートのフラッグを示している。フラッグの狭い部分がブレイクアウト・アップまたはブレイクアウト・ダウンに

第12章●従来型のテクニカル分析とデイトレーディング

図表12.5　日中チャートのラウンドトップ

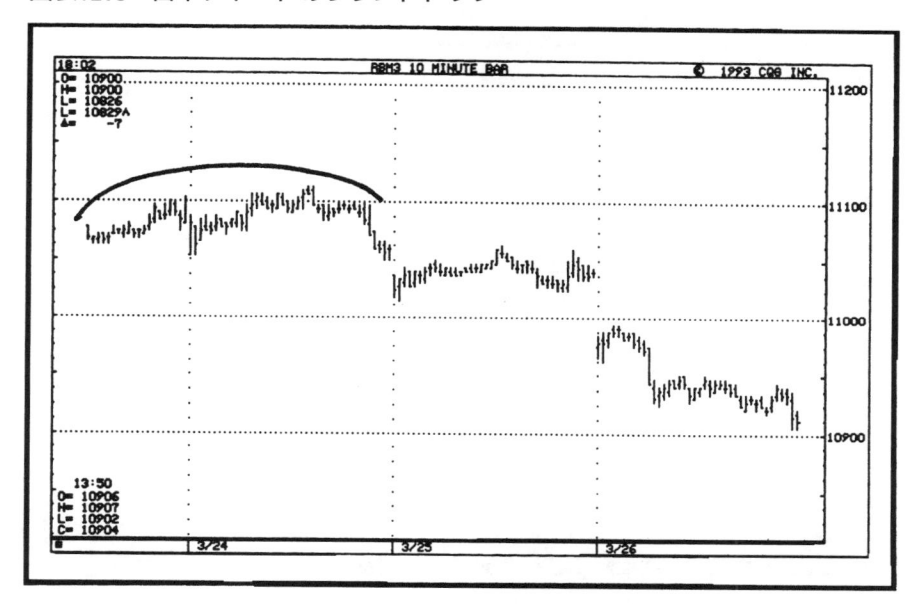

図表12.6　日中チャートのラウンドボトム

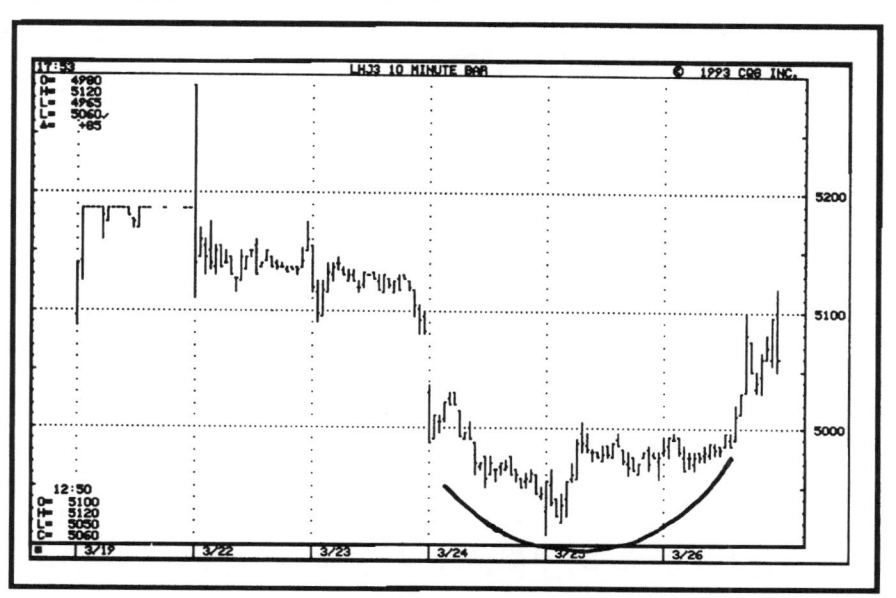

図表12.7　日中チャートのブレイクアウエーギャップ

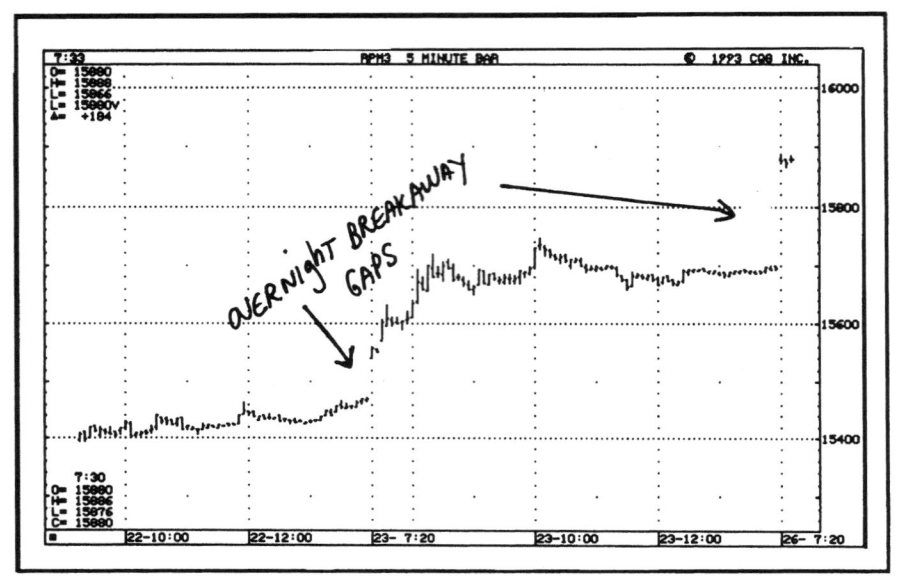

なる。このようなフォーメーションを使用する場合は、フラッグの狭い部分でブレイクアウトが発生する可能性に注意してトレードする。

ラウンドトップとラウンドボトム

　もうひとつの古典的なチャートフォーメーションは、ラウンドトップまたはラウンドボトムである。図表12.5と図表12.6では日中チャートに見られるパターンを示している。ラウンドトップの低い部分を突き抜けると、デイトレーダーはショートするかロングポジションを手仕舞いしようとする。一方、ラウンドボトムの高い部分を突き抜けると、デイトレーダーは買おうとする。実際には、このようなフォーメーションは日中チャートではめったに見られない。日中チャートをよ

く研究して、いくつのフォーメーションを見つけることができるか調べてみよう。

ブレイクアウエーギャップ

通常、このパターンは良いパターンであるが、ギャップの研究は日々の価格チャートに関して行われていることが多い。実際には、ブレイクアウエーギャップは日中チャートではめったに見られない。図表12.7（OVERNIGHT BREAKAWAY GAPS＝夜間のブレイクアウエーギャップ）はこのフォーメーションを表したものである。上昇トレンドであれば、チャーチストはこのギャップを非常に強気であるとみなし、下降トレンドであれば非常に弱気であると考える。

キーリバーサル

直近のバーの安値を下回り、かつ直近の価格バーの高値を上回って、そして直近の価格バーの終値を上回って引けるとき、上昇への転換が生じる。私の研究では、日々のバーチャートではこのパターンはあまり効果的ではなく、むしろ日中チャートで効果を発揮するという結果を示している。図表12.8（大きな上昇前の転換）ではこのフォーメーションと影響を示している。

一方、直近のバーを上回り、かつ直近のバーを下回って、そして直近の価格バーの終値を下回って引けるとき、下降への転換が生じる。図表12.9（転換後の大きな下げ）ではこのフォーメーションを示している。

デイトレーディングではリバーサルは良いシグナルであり、短期トレーディングやポジショントレーディングと比較しても非常に有効であると思われる。

図表12.8　日中チャートの上昇反転

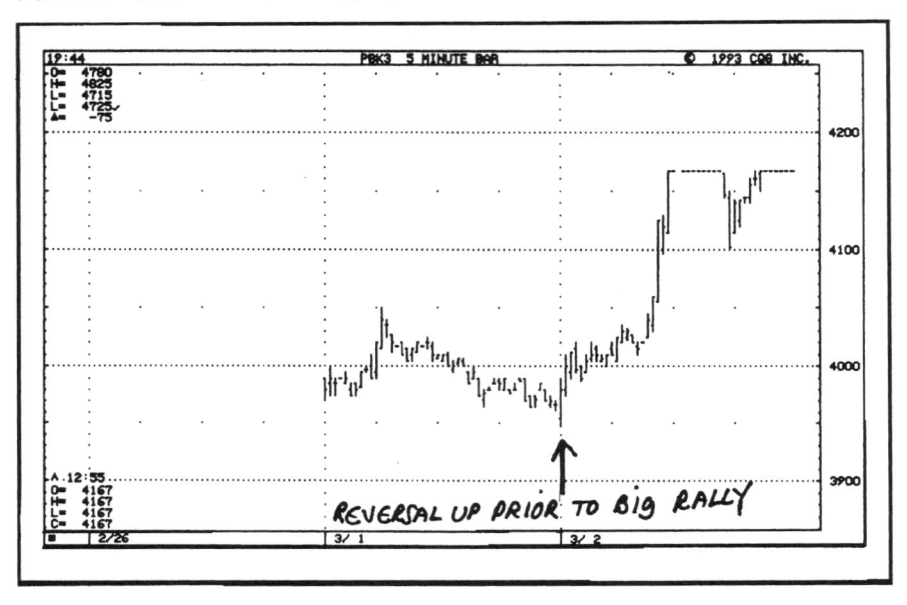

図表12.9　日中チャートの下落反転

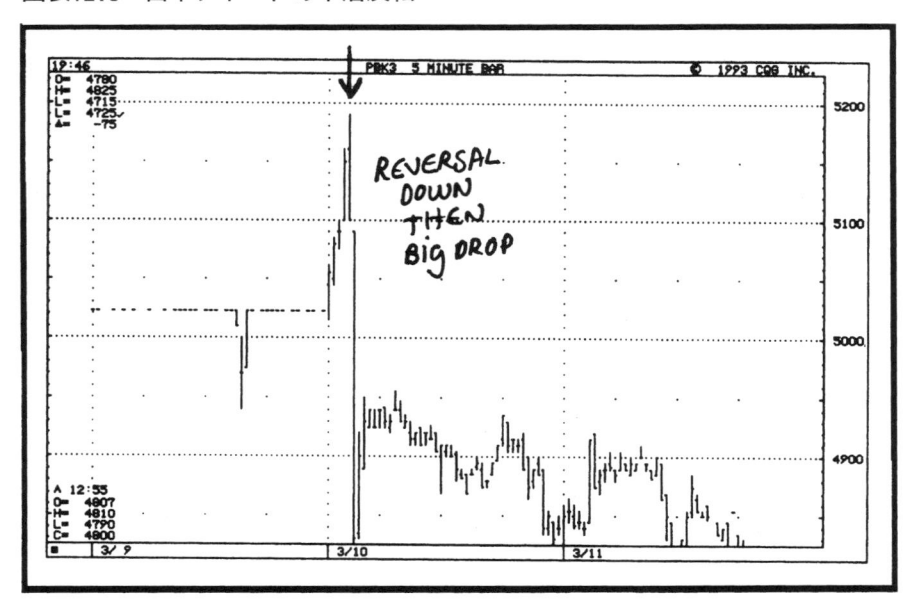

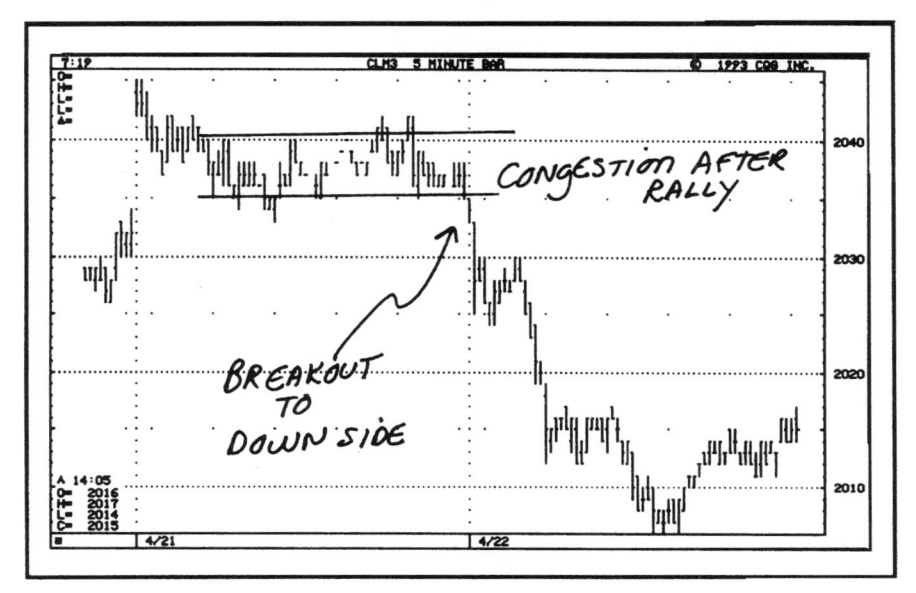

図表12.10　日中チャートの揉み合いとブレイクアウト

揉み合いとブレイクアウト

　これは、日中チャートでは非常に注目すべきパターンである。上昇後か下落後の限られた範囲内、あるいは現在の強気または弱気期間の範囲内でトレードするときに揉み合いとなる。図表12.10（BREAKOUT TO DOWNSIDE＝下へのブレイクアウト、CONGESTION AFTER RALLY＝上昇後の揉み合い）は揉み合いの例である。また、揉み合いからのブレイクアウトとその後の動きも示している。1日の時間枠では、揉み合い後にブレイクアウトが生じると、利益を上げる可能性が非常に高い。これに従ってトレードすることを勧める。これは完全にメカニカルな方法論とは言えないが、使用するのが難しくないため、その分見返りも大きい。ただし、これを使用するにはトレー

ニングと経験が必要である。

まとめと結論

　チャートパターンにはデイトレーディングやコンピューターを使用したトレードに必要な客観性が多少欠けていることから、これを使用することに批判的なトレーダーもいるだろう。しかし、私はそうは思わない。スキルを身につけたチャーチストは、純粋なテクニシャンよりも多くの利益を上げることができるだろう。とは言うものの、チャートパターンを認識して使用するスキルを身につけることは、シンプルなテクニカル指標を読み取ることよりもはるかに難しい。そのためには相当の経験が必要であり、その経験は実践を積むことでしか得られない。したがって、デイトレーディングにスキルを利用しようと考えているチャーチスト志望者には、ここで説明したパターンや、R・D・エドワーズとJ・マギーの共著『マーケットのテクニカル百科入門・実践編（Technical Analysis of Stock Trends）』（パンローリング）や基本的なテクニカル分析の書籍などを読むことを勧める。

第13章
デイトレーディング固有のオシレーター
A Unique Oscillator for Day Trading

　オシレーターとはタイミング指標のことであり、基本的に2つ以上の移動平均で構成されている。「オシレート」とは「両極端の間を行ったり来たりする」という意味であることから、オシレーターは、2つの極値の間で動く指標のことである。ストキャスティックス、RSI（相対力指数）、モメンタム（MOM）、ROC（変化率）などもオシレーターである。オシレーターの基本的な解釈は同じであるが、必ずしもすべてのオシレーターが同じというわけではない。図表13.1（B＝買い、S＝売り）では、2本のオシレーターの基本的な構成を示している。2本がクロスしてその位置関係が変わると、買いと売りのシグナルが出現する。最もシンプルなオシレーターは、2本の移動平均線である。

　移動平均収束拡散（MACD）は指数移動平均で構成されていて、クロスしたときに買いと売りのシグナルを出す（図表13.1で示した関係とよく似ている）。

　MACDはデイトレードにおいて非常に効果的なテクニックであるが、もっと効果的な手法があると私は考えている。私の経験では、MACDは2～6日の短期の値動きでトレードするのに非常に適した手法である。

　図表13.2（B＝買い、S＝売り）と図表13.3（SELL＝売り、

図表13.1 典型的なMACDオシレーターシグナル

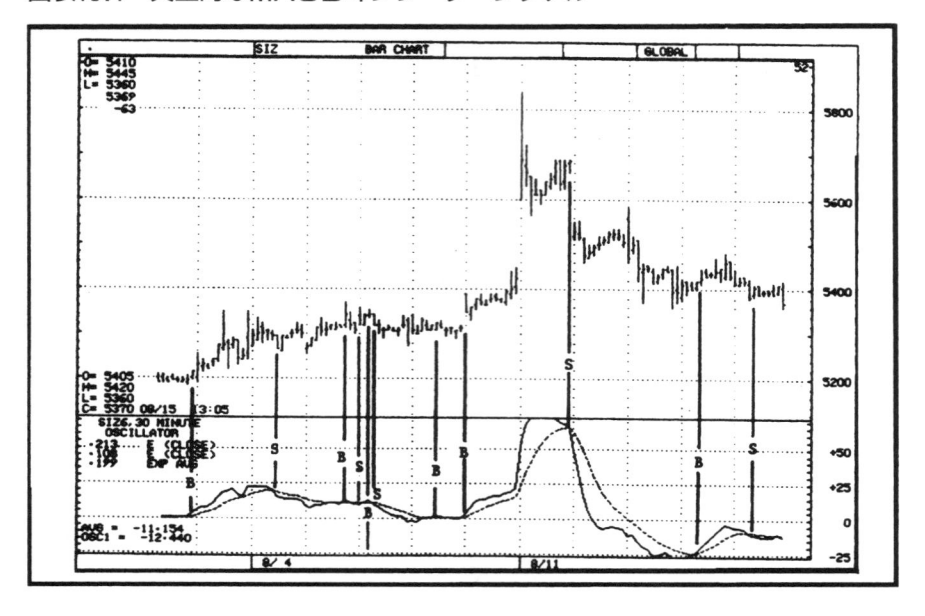

図表13.2 典型的なオシレーターシグナル

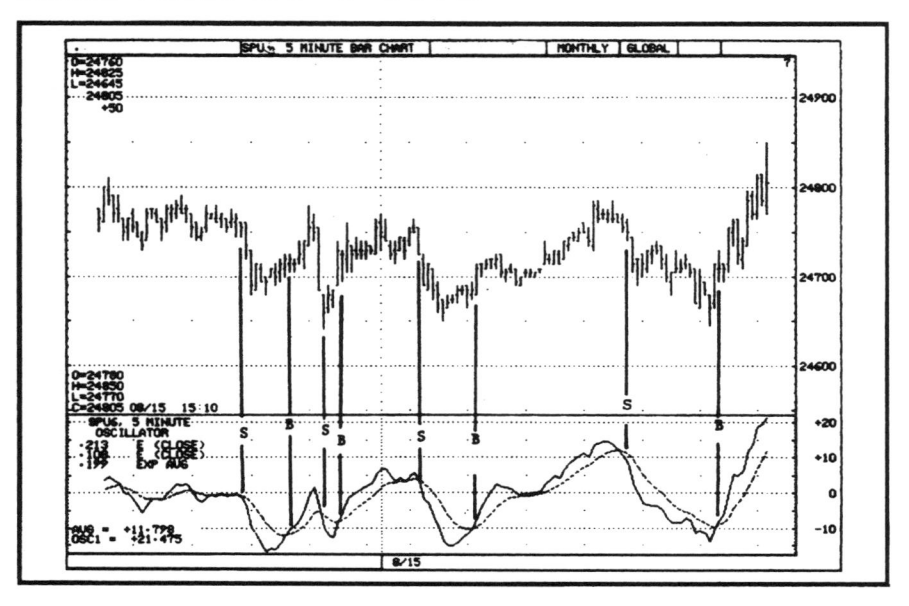

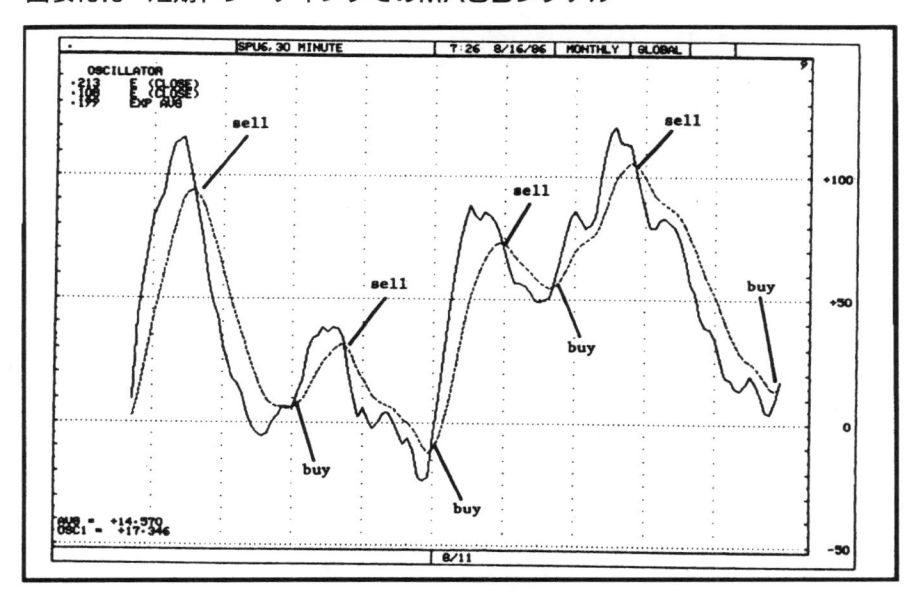

図表13.3　短期トレーディングでのMACDシグナル

BUY＝買い）では、S&P先物の日中チャートでMACDの買いと売りのシグナルがどのように出現するかを示している。MACDはこのような動きにおいては非常に優れた効果を発揮する指標である。デイトレーディングでMACDを使用することもできるが、私はほかにもっと優れたオシレーターを知っている。それは、１日の始値と終値を比較するオシレーターである。

始値と終値

「５分始値」や「５分終値」などというものは実際には存在しないが、そのコンセプトは簡単である。５分間の最初の呼値を５分始値、

5分間の最後の呼値を5分終値として、独自に定義している。

その関係は簡単である。強気トレンドでは終値が始値より高く、弱気トレンドでは終値が始値より低い、という確固たるパターンに基づいている。5分始値、10分始値、15分始値の移動平均と5分終値、10分終値、15分終値の移動平均とを比較すると、トレンドの転換が生じる前、あるいは生じてすぐに、その転換を発見することができる。

図表13.4a（BUY＝買い、SELL＝売り、ZERO LINE＝ゼロライン）と図表13.4b（S＝売り、B＝買い）は、S&P先物5分足チャートの典型的なシグナルと関係を示している。1日の価格トレンドの転換に関連する買いと売りのシグナルに注目してもらいたい。図表13.5（S＝売り、B＝買い）は、スイス・フランについて同じオシレーターの組み合わせとシグナルを表したものである。

これらの図からも分かるように、シグナルは信頼性が非常に高く、大きな変動を知らせてくれる傾向がある。私は、この手法をO／Cオシレーター（O／C）と名付けている。O／C手法は日中の大きな値動きをとらえるのに非常に適しているが、それには限界もある（あとで説明する）。その前に、O／Cオシレーターの構成について、そして使用するときのルールについて説明することにする。

日中トレードにおけるO／Cの構成

O／Cは次のような構成になっている。
1．次のような2本の平滑移動平均線を使用する。
　a．1つ目の始値平滑移動平均線は、5分足、10分足、15分足、20分足のいずれかの6～10期間で構成される。
　b．2つ目の終値平滑移動平均線は、5分足、10分足、15分足、20分足のいずれかの12～24期間で構成される。
2．2つの移動平均線のクロスオーバーで売買する。終値の移動平

図表13.4a　典型的なオシレーターシグナル

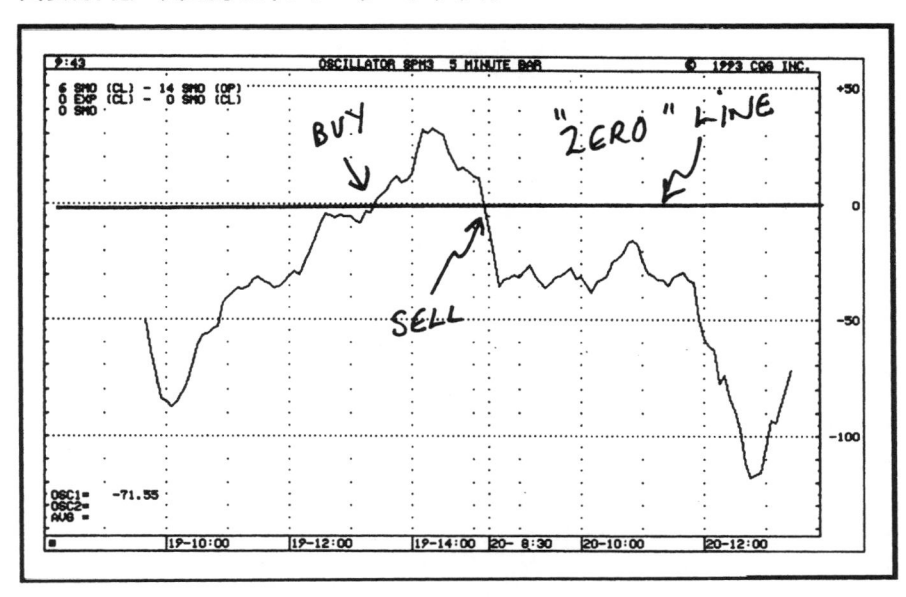

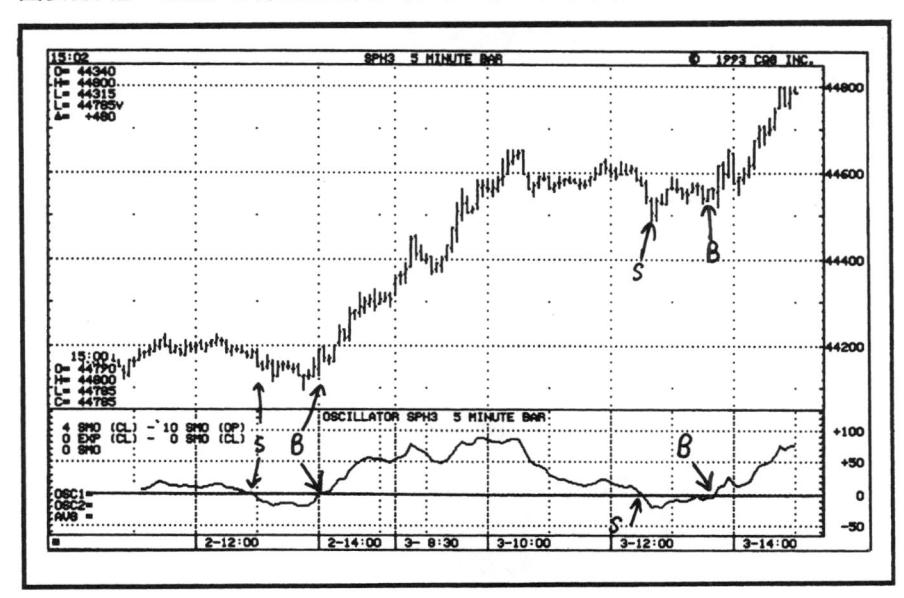

図表13.4b　S&P5分足のO/Cオシレーターシグナル

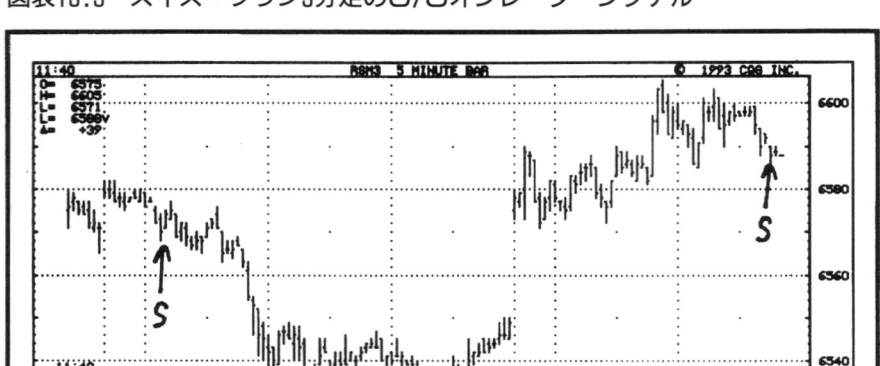

図表13.5　スイス・フラン5分足のO/Cオシレーターシグナル

均線が始値の移動平均線を上抜けたら買いシグナル、終値の移動平均線が始値の移動平均線を下抜けたら売りシグナル。

3．期間（5分、10分、15分、20分のデータ）とマーケットのボラティリティを調整する必要がある。これを実施するには厳然たるルールはない。各自の判断で行わなければならないが、しばらくこの手法を使用していると、適切に調整できるようになる（平滑移動平均線の公式は、付録に記載している）。

4．重要な問題として、クロスオーバーのサイズについて考えなければならない。言い換えると、いずれかの方向でシグナルを生成させるのに、どの程度のクロスオーバーが適切なのかを判断しなければならない。これに関しては、図表13.6（B＝買い、S＝売り、ZERO

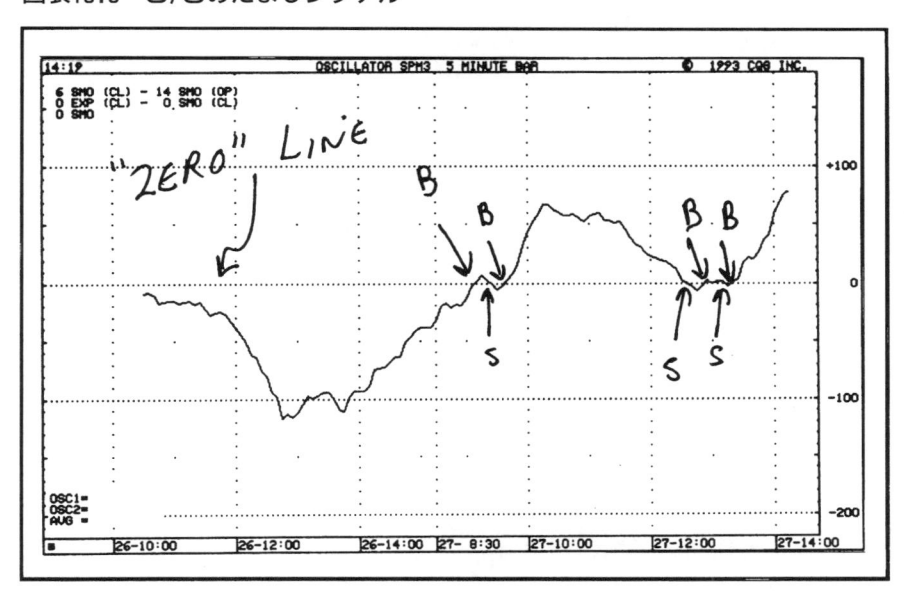

図表13.6　O/Cのだましシグナル

LINE＝ゼロライン）を参照してもらいたい。小さいクロスオーバーでは信頼性がない。大きくなければならない。クロスオーバーのサイズ、つまり、しきい値を判断しなければならない。最近のシグナルを見れば簡単に判断できる。O／Cのパフォーマンスを注意深く観察してほしい。

　5．ポジションを転換させるのにO／Cシグナルを使用したり、転換シグナルの前に手仕舞いするのにトレイリング・ストップロスを使用することができる。O／Cシグナルを使用したトレードの手仕舞いには裁量が多少必要なこともあるが、これは完全にメカニカルなシステムではないということを強調しておく。何らかの判断が必要なのだ。しかし私の知るかぎり、O／Cシグナルは、S&Pや通貨といったボ

ラティリティの高いマーケットでトレードするのに最も感応的な手法の１つである。もちろん、これ以外のマーケットでも有効である。大引けにはすべてのトレードを整理して、翌日に新しいシグナルで仕掛けるチャンスを待つ。

シグナルの検証

図表13.7（BUY＝買い）、図表13.8（SELL＝売り、OUT＝手仕舞い、TOO CLOSE FOR SIGNAL＝近すぎるシグナル）、図表13.9（SELL＝売り、OUT AT END OF DAY OR OUT NEXT DAY＝大引けで手仕舞いか、翌日に手仕舞い、OUT＝手仕舞い）、図表13.10（B＝買い、S＝売り）から図表13.11（B＝買い、S＝売り、OUT AT END OF DAY＝大引けで手仕舞い）は、さまざまな期間、さまざまなマーケットで見られるO／Cシグナルを示したものである。

まとめと結論

O／Cシステムは、デイトレーダーにとって堅実で有効なシステムである。その適用ルールは明確で、客観的で、メカニカルである。コンピューターがあれば簡単に追跡することができるため、１日の時間枠で大きな動きがあったら、それに乗ることができる。私は、アクティブなマーケット（特に、１ティック当たりの売買代金変化が大きいマーケット）でこの手法を使用することを勧める。本書で取り上げるほかのデイトレーディングシステムと同じく、仕掛けのシグナルは明確で客観的である。しかし、手仕舞いに関してはあまり客観的とは言えない。特に、非常に近いトレイリング・ストップロスの使用に敏感に反応する。皆さんは、特定の価格、または時間の目標に達したら売

第13章●デイトレーディング固有のオシレーター

図表13.7　10分足チャートのO/Cシグナル

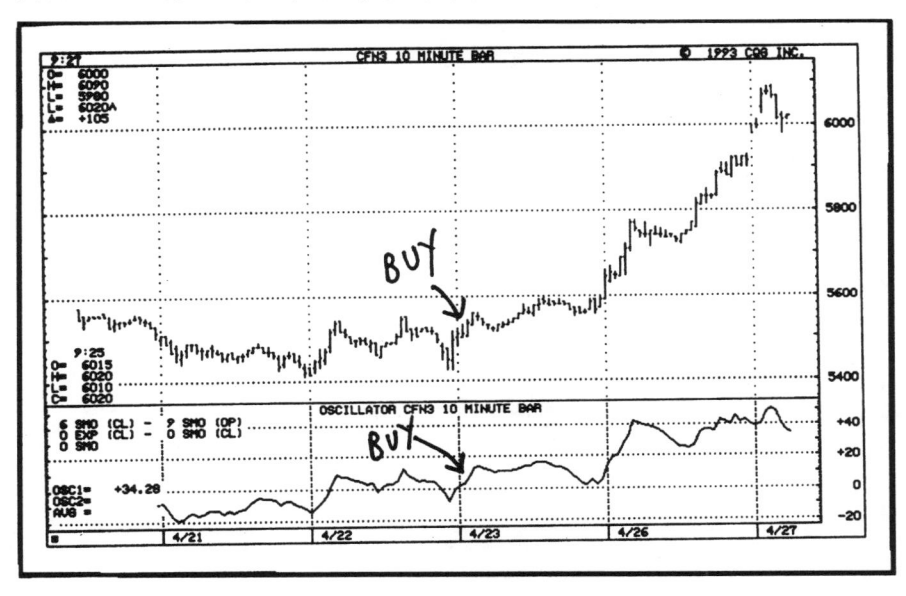

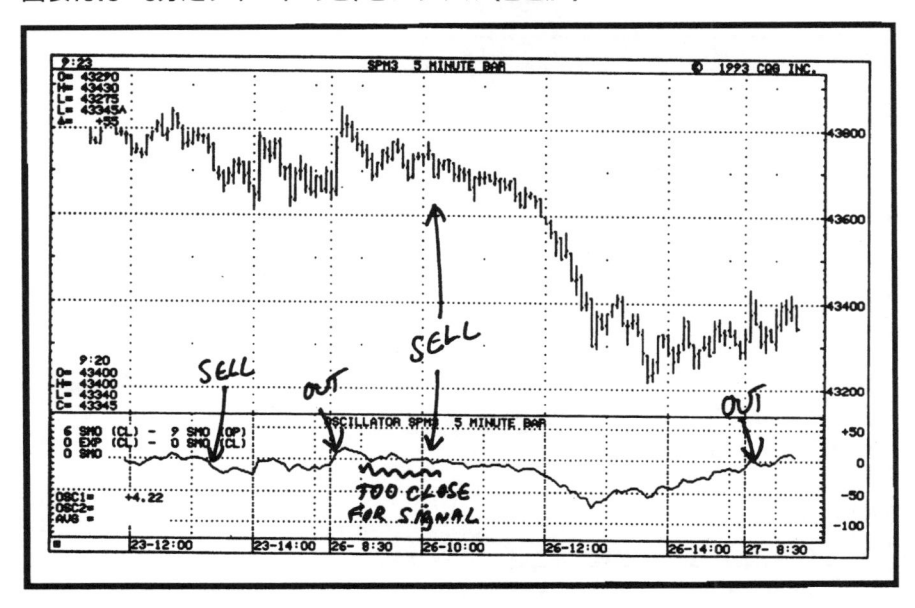

図表13.8　5分足チャートのO/Cシグナル（S&P）

図表13.9　5分足チャートのO/Cシグナル（小麦）

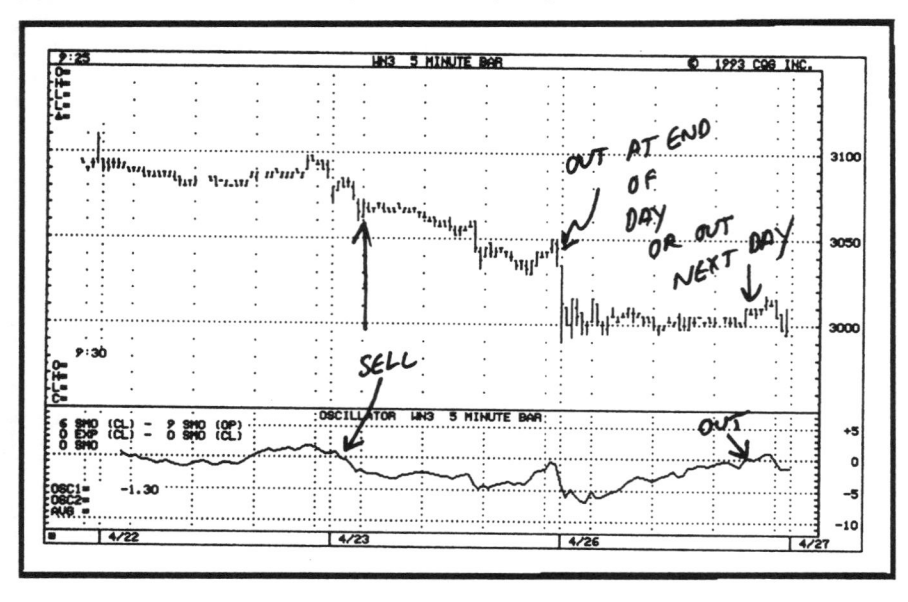

図表13.10　3分足チャートのO/Cシグナル（S&P）

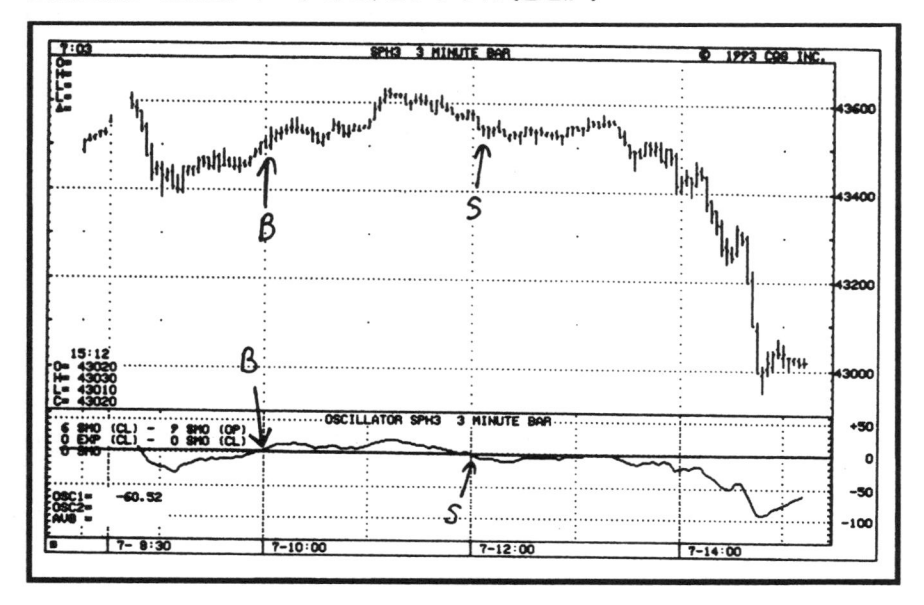

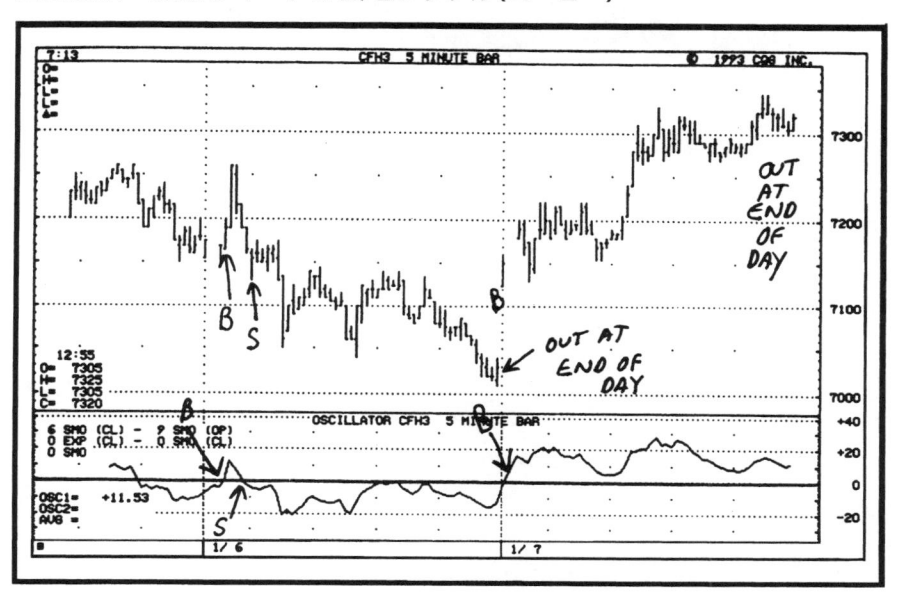

図表13.11　5分足チャートのO/Cシグナル（コーヒー）

　りたいと考えるだろう。転換シグナルを待ったばかりに、大きな利益を逃してしまうということも少なくないのだ。
　もうひとつの手仕舞い手法は、最初に仕掛けに使用したよりも短い時間枠で手仕舞いするのに適した手法である。S&P10分足チャートで出現した仕掛けのシグナルを使用する場合、3分足または5分足のS&Pチャートで転換シグナルが現れたら手仕舞いすることができる。この時点で反対のポジションをとりたくなかったら、単にポジションを手仕舞いすればよい。ついでに言っておくと、O／C以外のタイミングシグナルを使用して手仕舞いするとしたら、この手法は非常に優れたものになるだろう。

第14章
スキャルピング
Scalping the Markets

　スキャルピング、つまり素早く利益を稼いだり、小さな値動きを取ったりすることは、長年、フロアトレーダー独自の領域のものとされてきた。フロアトレーダーは手数料コストが安く、注文をすぐに執行できるため、迅速に参入・撤退できるということは比較的楽に利益を上げられるということでもあった。最近ではスキャルピングゲームは競争が激しくなってきたが、それでも、適切なテクニックを身につければ非常に勝算の高いゲームである。

　残念ながら、フロアトレーダーがどのような仕事をしているのか理解していないトレーダーが多い。誤解していたり認識不足であったりすることから、オフ・ザ・フロアのトレーダーである私たちがフロアトレーダーと直接競争するという誤った行為に結び付いている。テクニックと目標という点から見ると、**フロアトレーダーに適していることがオフ・ザ・フロアのトレーダーにも適しているとは限らない**。フロアトレーダーの大半が、範囲は狭いが明確な値幅で動くマーケットでトレードすることを好む。このようなマーケットでは、頻繁に売買して、値動きが小さくても大きなポジションでトレードできる。言い換えると、ほとんどのフロアトレーダーが、参入・撤退を繰り返して１日のトレードのうちに１～２ティック程度の利益を頻繁に確定しているのである。値動きのサイズで目標に達しなくても、その分はポジ

ションのサイズで埋め合わせることができる。平均的なオフ・ザ・フロアのトレーダーが大きな値動きから利益を得ようとするのに対し、フロアトレーダーは大きなポジションを建てて小さな値動きから利益を得ようとする。

コンピューター化されたトレーディングシステムを利用すると気配値を瞬時に表示することができ、手数料のコストも安いため、俊敏さとモチベーションがあれば、どのトレーダーもスキャルパーになることができる。しかし、デイトレーディングの手法のなかでもスキャルピングは最も大変な労力を要するものであり、学習するのが最も難しいということをここで忠告しておく。それでも逆に、その目的はシンプルである。私の好きなスキャルピングテクニックについて説明する前に、まずは、スキャルピングの目標とスキャルパーの行動について定義する。

スキャルピングとは何か？

「スキャルピング」とは、元来、荒々しいアメリカ西部の伝統を指す用語であったが、倫理的問題に照らすと乱暴な行為であるため、この用語の由来について説明するのはやめておく。簡単に説明すると、**スキャルパーは、「買い気配で買い、売り気配で売る」ために狭いトレード範囲を利用して非常に小さい値動きだけでトレードしようとする**のだ。スキャルパー（フロアトレーダーであることが多い）は、比較的値動きが不活発な時期を利用しようとする。つまり、一般価格（買い気配）、願わくば予想される適正価格を1〜2ティック下回る価格で買い、わずかに高い価格（売り気配）で売ろうとする。「**スキャルパーは卸売価格で買い、小売価格で売ろうとする**」と言えば、スキャルパーが何をしているのかということを納得していただけるだろう。

卸売価格から小売価格への利幅が非常に大きい商売もあるが、スキ

ャルピングにおいてはそれほど高くない。たいてい１～２ティック程度である。しかし、Ｔボンド先物では、１ティック当たり30ドル以上になるとスキャルピングで利益を上げる見通しは相当高くなる。トレーダーが支払う手数料が非常に安い（１トレード当たり14ドル以下）場合、１枚当たりの値幅のうち利益になる部分は大きい。値動きの点で満足できない分は、ポジションのサイズで埋め合わせることができる。スキャルパーの立場で考えると、500枚で２ティックの利益があるトレードは1000ティックになり、約15ドルのコスト（フロアトレーダーにとっては非常に高いコストであるが）を差し引くと1000ティックは約１万6000ドルの利益になる。手数料が８ドルだとすると（フロアトレーダーについては、これよりずっと安いことが多い）、利益分はもっと大きくなる。

　現在、フロアトレーダーでないトレーダーも、フロアトレーダーがマーケットで利ザヤを稼ぐのと同じような方法でトレードすることができる。本書で紹介するテクニックを使用すれば、コンピューターの前に座って気配値を１日中見ている普通のトレーダーでも、フロアトレーダーと同じように利ザヤを稼ぐことができるのだ。ここ２～３年のうちに、フロアにいなくてもスキャルピングができることに気づいた多くのフロアトレーダーが「アップステアーズ・トレーダー」になった。アップステアーズ・トレーダーは、フロアにいるかのようにトレードするが、実際にはオフィス（取引所の建物内にあることが多い）でトレードしている。

スキャルピングのルール

　マーケットで効果的に利ザヤを稼ぐには、特定のルールに従わなければならない（このルールは、必ずしもほかの形式のデイトレーディングには当てはまらない）。スキャルパーとして成功したいと考える

ならば、次のルールをしっかりと理解して一貫して実施する必要がある。

　1．**値動きの小ささを埋め合わせるには、相当大きなポジションでトレードする必要がある。**

　2．**大きなポジションでトレードするというリスクを冒したくないと考えるなら、あまり大きな利ザヤを稼ぐことはできない。** 1日に3回も4回も1～2ティックの利ザヤを稼ごうとしていて、そして1日に1～2回は失敗に終わっていたら、1単位当たりの最終結果は1ティックにしかならないだろう。ここから手数料コストを差し引くと、時間を浪費しただけでなく、スキャルピングで負けているか、最小限の利益しか上げられていないことが判明する。このようなわけで、大きなポジション（一度に5枚とか10枚）で売買する必要がある。そして、この章で紹介するさまざまなスキャルピングテクニックを身につけたら、ポジションサイズをさらに大きくする必要がある。

　3．**スキャルパーとして成功するには、損失も利益も素早く確定する必要がある。** 例えば、105.20ドルのTボンドが105.22ドルになることを期待して買い持ちしている場合、2ティックの目標を定めたため105.22ドルで売り注文を置かなければならない。105.23ドルとか105.24ドルを期待することはスキャルピングの目標に矛盾することになる。このアイデアは、1日で大きなポジションをとって2～3ティックといった小さな利益をたくさん稼ぐ、ということである。この目標に従うことが、スキャルパーとしての成功につながるのだ。

　4．**マーケットに常に注意を払っていなければならない。** つまり、ティックごとにスクリーンを見ていなければならないため、一度にひとつのマーケットでしかトレードできないということである。モニターをいくつも持っている人は、一度に複数のマーケットで稼ぐこともできるだろう。しかし、現実問題として、これは難しいと私は考える。

方法論というよりは実務的なものであるが、これらのルール以外の重要なテクニックについては次の項目で説明する。

スキャルピングの方法

　マーケットで効果的に利ザヤを稼ぐには、まず、トレードする範囲を特定しなければならない。これは、支持と抵抗の点から、あるいは買い気配と売り気配の点から、明確に定義しなければならない。すでにご存じのように、買い気配とは買い手が進んで買おうとする価格のことであり、売り気配とは売り手が進んで売ろうとする価格のことである。たいていは、スプレッドつまり買い気配と売り気配には価格差があり、マーケットによって1ティックであったり、数ティックであったりする。Tボンドでは、買い気配と売り気配のスプレッドは1ティックであることが多い。したがって、買い気配と売り気配を知ることで、スキャルパーは買い気配で買おうとして売り気配で売ろうとする（ビッド買い、オファー売り）。

　ではここで、買い気配と売り気配のスプレッドを利用するテクニックを紹介しよう。寄り付きのボラティリティが消化されてから、相当狭い範囲でTボンド先物がトレードされていた、と仮定する。103.15ドルと103.17ドルの範囲（2ティック）でトレードが始まった。この範囲でトレードされているかぎり、安値圏で買い、高値圏で売りたいと考えるだろう。そのためには、103.15ドルで買い注文を仕掛ける。可能な場合には必ずフィルオアキル・オーダー（即時執行注文）にしなければならない。その結果、1993年3月限のTボンドを103.15ドルの即時執行注文で買う。注文が執行されたかどうかは、数分以内に知ることができる。執行されていたら、反対の売り注文を103.16ドルか103.17ドル（売り気配の範囲内）に置く。

　これは、ビッドで買いオファーで売るという非常に基本的なテクニ

図表14.1　5/4移動平均チャネルとTボンド先物5分足

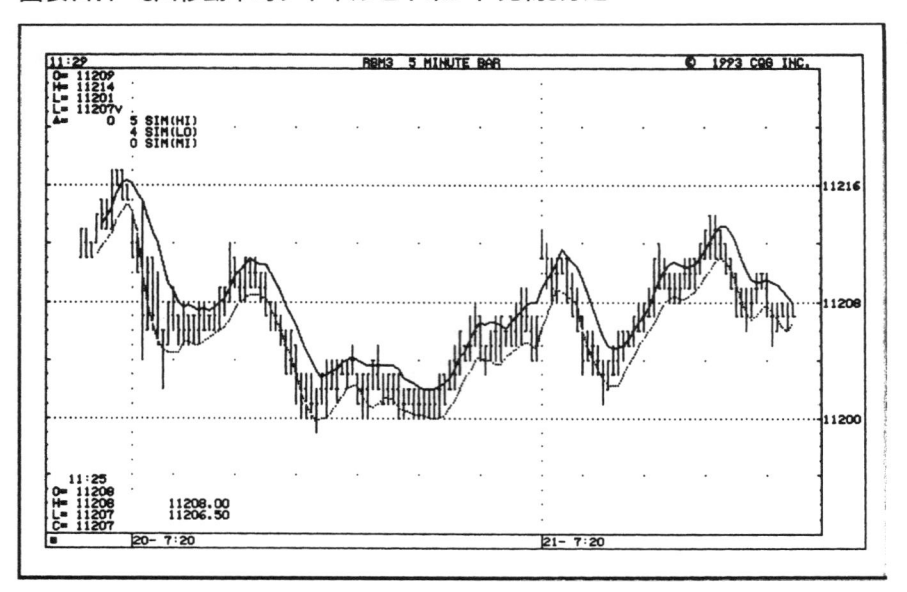

ックである。フロアにいるときよりもフロア以外でトレードするほうがずっと難しい。というのも、フロアトレーダーは、第三者の執行確認を待たなくても執行の有無をすぐに知ることができるからだ。フロアトレーダーは、オフ・ザ・フロアのトレーダーよりもずっと素早くトレードすることができる。取引している証券会社によって異なるが、即時執行注文を頻繁に使用しすぎるとフロアトレーダーだけでなくブローカーとも疎遠になってしまう。したがって、即時執行注文を使用するのは、絶対に必要な場合か、取引しているブローカーが異議を唱えない場合に限ること。

　別のテクニックとして、指値注文を使用することと、注文を執行するのに十分な時間をとることが挙げられる。この場合は、執行の有無

についてできるだけすぐに報告してくれるブローカーを選ぶことを勧める。ピットから離れてスキャルピングすることの問題は、執行したかどうかが分からないということなのである。

移動平均チャネル

すでに説明した手法のひとつ、移動平均チャネル（MAC）は、スキャルパーが簡単に使用できる手法である。移動平均チャネルのパラメータとしては、10期間の高値と8期間の安値を推奨する。スキャルパーはこのパラメータを長いと感じるかもしれない。その場合は、5期間の高値と4期間の安値を推奨する。

図表14.1では、Tボンド先物5分足で移動平均チャネルがどのような形になるかを示している。図表14.2（KEEP SELLING AGAINST CHANNEL TOP、SELL AT CHANNEL TOP＝チャネルの上で売る、BUY AT CHANNEL LOWS＝チャネルの下で買う）と図表14.3（SELLING AT CHANNEL TOP＝チャネルの上で売る、BUYING AT CHANNEL BOTTOMS＝チャネルの下で買う）は、スイス・フランとS&Pについて示したものである。

これらの図は単なる例としてここに載せたわけだが、典型的な構造であり、上昇トレンドにおいてチャネルの安値で買ってチャネルの高値で売るというスキャルピングの手順を明確に表している。逆に言えば、下降トレンドではチャネルの高値で売ってチャネルの安値で買えば利ザヤを稼ぐことができる。

一方、保ち合いのマーケットでは、チャネルの安値で買ってチャネルの高値でポジションをドテンして売り、その後チャネルの安値で買い戻して再度ポジションをドテンして買う。

理論的には、特定のチャネル関係が確立されたマーケットであれば、このテクニックはうまくいく。どのマーケットがスキャルピングに適

図表14.2　5/4移動平均チャネルとスイス・フラン先物5分足

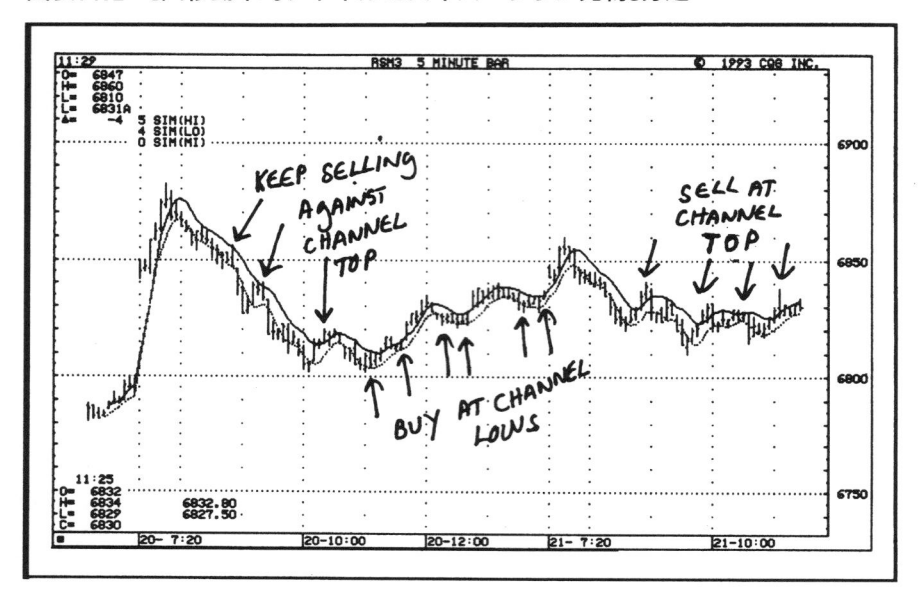

図表14.3　5/4移動平均チャネルとS&P先物5分足

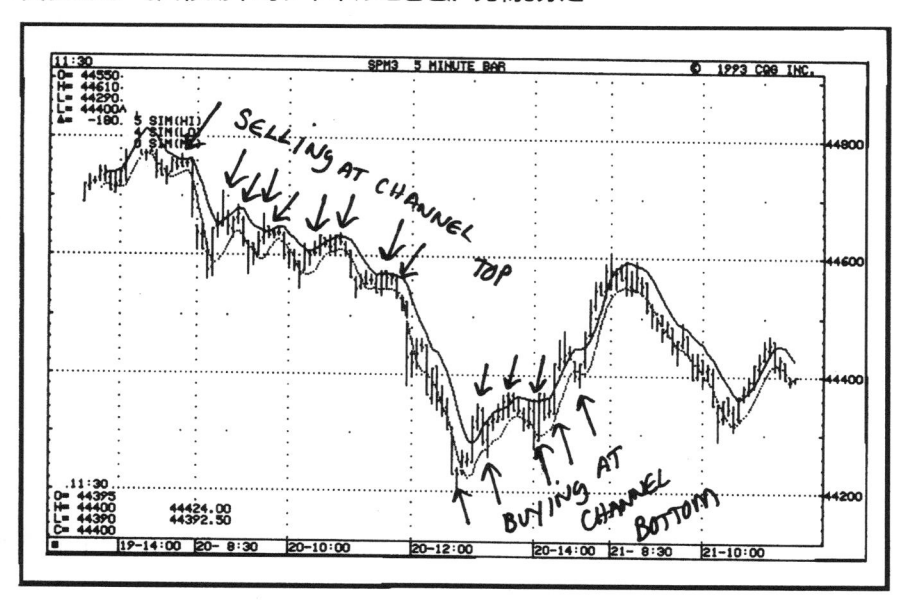

しているかどうかを判断するのは皆さんの役目である。スキャルピングをするマーケットを見極めることができるように、いくつかの例を紹介しておく。ただし、毎日の価格変動を利用するために素早くポジションを整理することは皆さんの役目だ、ということを覚えておいてもらいたい。大きな損失を1回出したばかりにたくさんの小さな利益が無効になることがないように、素早く損切りすることは非常に重要なことである。しかし残念ながら、このような失敗はよく見られる。効果的に利ザヤを稼いだのに、大きな損失を1回出したためにその日の全体の利益を帳消しにするばかりか、マイナスになることもあるのだ。したがって、スキャルパーはうまくいっていないポジションを素早く、躊躇せずに、断固として処分することに慣れなければならない。

ポイント・アンド・フィギュア・チャート

このテクニックもスキャルパーに役立つ。本書ではこのテクニックについて詳しく説明しないが、私が知っているフロアトレーダーの多くがポイント・アンド・フィギュア・チャートを使用して成功を収めている。彼らは、トレードするたびにチャートを常に新しいものにしている。図表14.4（BUY＝買い、OUT＋SELL＝手仕舞いし、ドテン売り）と図表14.5（SELL＝売り、BUY＝買い）では、日中のポイント・アンド・フィギュア・チャートと、買いと売りのために支持と抵抗の水準を判断する方法について、2つの例を示している。ポイント・アンド・フィギュアに関しては優れた本がたくさんあるので、それを読むとよいだろう。

マーケットプロファイル

マーケットプロファイルもスキャルピングに役立つ。J・ピーター

※参考文献　トーマス・J・ドーシー著『最強のポイント・アンド・フィギュア分析』
　　　　　　（パンローリング刊）

図表14.4　日中のポイント・アンド・フィギュアのシグナル

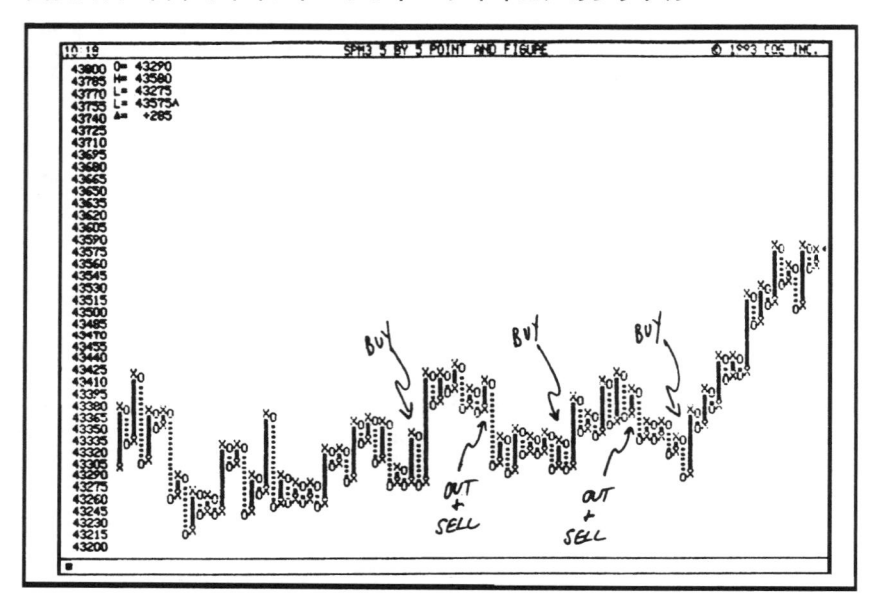

図表14.5　日中のポイント・アンド・フィギュアのシグナル

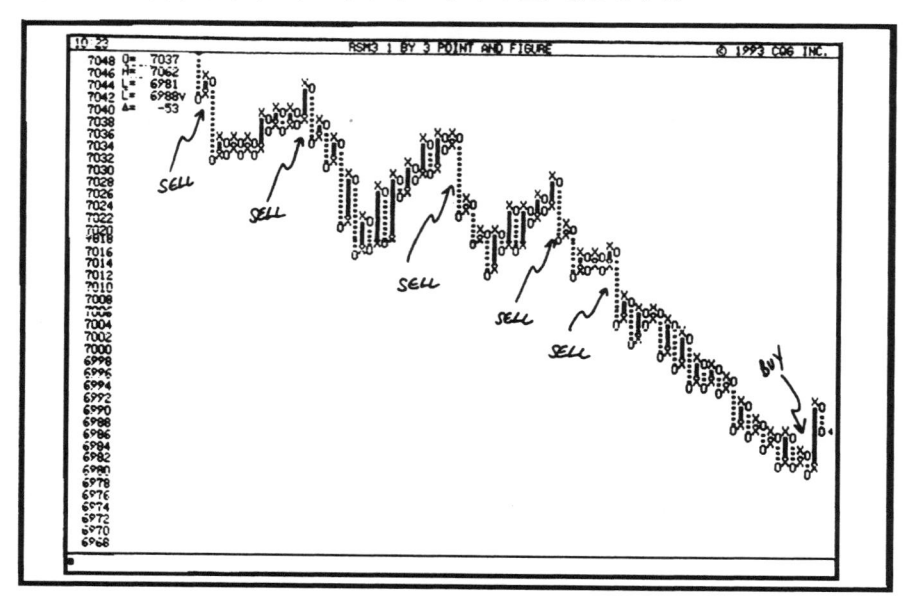

・ステイドルマイヤーはCBOT（シカゴ商品取引所）と共同でこのテクニックを開発した人物であり、優れた記事や本を多数出版している。このほかに、ドルトンとジョーンズは『マインド・オーバー・マネー（Mind Over Money）』という本のなかで、マーケットプロファイルのテクニックについて非常に詳しく説明している。マーケットプロファイルは非常に奥が深く、かつ間口が広いテーマであるため、ここで説明することは避けるが、マーケットプロファイルについて理解できたらデイトレーディングで成功するのに非常に役立つだろう、とだけ言っておく。プロファイルを使用するときに特に重要なことは、TPOカウントとマーケットバランスのコンセプトである。利ザヤ稼ぎに最適な日について、ステイドルマイヤーは「正規分布の日」であるとしている。前に述べたように、ステイドルマイヤーの素晴らしい著書やドルトンとジョーンズによる『マインド・オーバー・マネー』など、マーケットプロファイルについて書かれた優れた本を読むことをお勧めする。

上昇マーケットや下降マーケットでのスキャルピング

既存のトレンドにおけるスキャルピングの手順について説明しよう。支持線と抵抗線の間で動く保ち合いのマーケットで成功するスキャルパーは多いが、素早い動きのなかでも利益を上げることができる。このような動きは、政府レポートの公表や、関係閣僚の発言や、国際的なニュースのリリースのあとに生じることが多い。有利な動きが起こり始めているときに適切なポジションを持っていたら、ポジションをすぐに手仕舞いしてその動きを利用する。有利な値動きのなかでポジションを手仕舞いするほうが、動きが転換し始めたときに手仕舞いするよりも簡単である。したがって、成功を収めるスキャルパーというのは、有利に動いているマーケットで注文を出して、価格の一方的な

図表14.6　ティックデータ——時間と売買

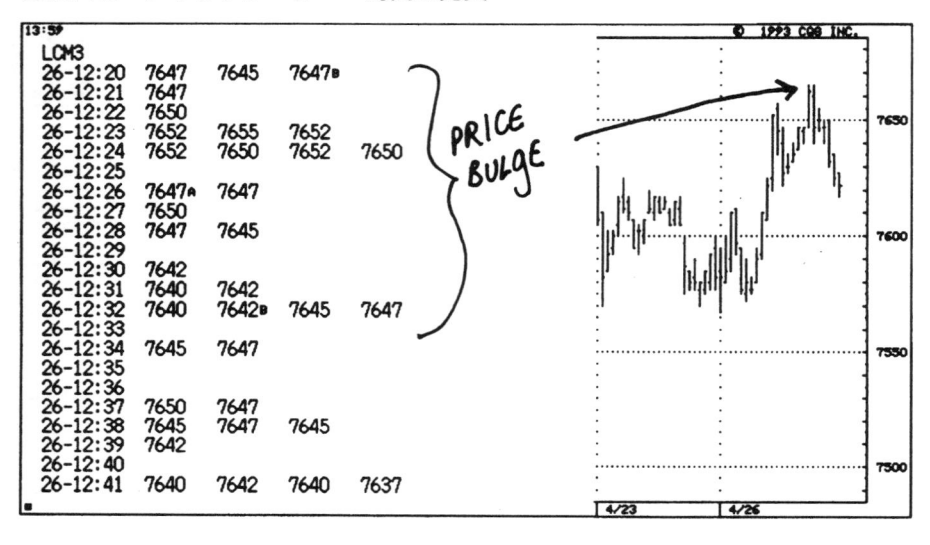

動き（私は「クレーター」と呼ぶほうが好きである）を利用しようとするのだ。トレンドの動きがゆっくりになったり、モメンタムを失ったり、方向転換したりするまで待っていてはならない。

　テープリーディングのスキルがある程度必要になるが、これは経験を積めば身につけることができる。図表14.6（PRICE BULGE＝価格の一方的な動き）のように、チャートとティックのプリントアウトに注目する。このマーケットは、一方的な動き、急速な上昇、ピーク、方向転換、という動きをしている。一方的な動きを利用して手仕舞いしたスキャルパーはうまくいっている。しかし、手仕舞いしなかったスキャルパーは利益を上げることができなかった。

まとめ

　スキャルパーは、デイトレーダーのなかでも特有のカテゴリーである。1日の時間枠でトレードするだけでなく、分単位の動きでも利益を上げようとする。スキャルパーとして成功を収めるには、特定のスキルを身につけたり、それを伸ばしたりしなければならない。スキャルパーは非常に小さな値動きでのみ利益を上げようとするため、素早く売買することと、値動きの小ささを埋め合わせるような大きなサイズでトレードすることが最も重要である。スキャルパーとして本当に成功したいならば、大きなポジションでトレードし、マーケットの小さな値動きで利益を上げ、毎日それを繰り返す必要がある。私は、ある意味ではスキャルパーの仕事は従来型のデイトレーダーの仕事よりも明確で簡単に実施することができると考えている。しかし、大きなポジションがスキャルパーの意思に反して動くと失敗することもあるため、大変な労力を要する仕事でもある。したがって、スキャルパーになりたいと考えている方は、ポジションのサイズを徐々に大きくしていくとよいだろう。

大幅下落で買い、大幅上昇で売る

　多くのトレーダーは、強気トレンドでの大幅下落で買ったり、弱気トレンドでの大幅上昇で売ったりすれば、数ティックで利ザヤを稼ぐことができると考えている。理想的な考え方としては理にかなっているが、実際には非常にリスクが高い。なぜならば、価格の大幅下落は理論上の支持水準を超えて継続し、弱気トレンドでの大幅上昇は理論上の抵抗水準を超えて継続することがあるからである。それにもかかわらず、そのような動きがあると素早く儲けることができる。特定のルールに従っていれば、このような動きを利用することができる。

まずは、短期ベースでの支持線と抵抗線のトレードの手法として、私の著書『ショートターム・トレーディング・イン・フューチャー(Short Term Trading in Futures)』を読むことをお勧めする。特に、スパイク（価格の突出高・突出安）とプローブ（試し）に関する項目を読んでもらいたい。2つのテクニック、つまり支持線へのプローブで買って抵抗線へのプローブで売るというテクニックは、支持線への大幅下落または抵抗線への大幅上昇でポジションを建てようとするのが、良かれ悪しかれそのポジションを素早く手仕舞いしなければならないスキャルパーにとって、非常に効果的である。図を見れば、私が推奨している内容を理解していただけるだろう。スパイクとプローブに関する私の説明を思い出してもらいたい。下方向に素早くスパイクを形成するような値動きは、その後長い時間をおかずして、急速な修正が入ることになる。政府レポートやその他のニュースに反応して起こる動きを期待しているスキャルパーにとって、このことは特に有利に働く。

結論

　マーケットでのスキャルピングにどのような手法を使用したとしても、スキャルパーは次の目標を達成しようとしているということを覚えておいてもらいたい。
　1．1日の時間枠で小さいけれども確かな値動きを利用して、できるだけ多くの利益を蓄積するために、できるだけ頻繁にトレードする。
　2．利益を上げていても損を出していても、素早くポジションを手仕舞いする。
　3．マーケットの事実に反する見解の影響を制限するために、マーケットの方向に関して強い見解を持たないようにする。

第15章
注文の重要性
The Importance of Orders

　デイトレーダーにとって（実際にはすべてのトレーダーにとって）、正しい注文を出すということは、修理工や大工が正しい道具を使用するのと同じくらい重要なことである。正しい注文を出すということは、利益と損失の違いについて正しく理解しているということである。ストップオーダー（逆指値注文）やストップリミット・オーダー（指値条件付逆指値注文）を出さなければならないのに成行注文を出すと、執行価格の条件が悪くなることがある。デイトレーダーにとっては最終結果が非常に重要であるため（おそらく、スキャルパーを除くトレーダーと比べて、その重要性は高いだろう）、値幅を節約するとそれが利益に結び付くのだ。注文は、タイミングとトレーディングシステムという点で各自の目的に適したものでなければならない。注文は、資金を蓄えるためのものであって資金を浪費するためのものではない。条件の悪い執行を減らし、失点や連敗を避けるのに役立つだろう。しかし、注文をうまく利用するには、注文の種類やそれを使用するタイミングを詳しく知っておく必要がある。また、どの注文を避けるか、いつその注文を避けるか、ということも知っておかなければならない。

成行注文

　成行注文はできるかぎり避けなければならない。私が考えるかぎり、成行注文は、資金が逃げていくのをみすみす見逃しているようなものである。希望している価格で成行注文が執行されることはまずない、と言ってよいだろう。通常は、1ティック、ときには2ティックも3ティックも無駄にしてしまう。閑散としたマーケットでは1～2ティックの出費が普通であるが、S&P先物などでは2～3ティックの出費ではすまないこともある。仕掛け時に2ティック、手仕舞い時に2ティック無駄にすると、トレード当たりのコストは確実に増えてしまう。しかし、成行注文にしないと、ポジションを建てられないとか、ポジションを手仕舞えないといったリスクが生じることもある。では、成行注文を出すときのガイドラインを紹介しよう。

- ●本当に必要なときにだけ成行注文を出すこと。日中オシレーターのタイプのシグナルを使用して、一定の時間枠の終わりにポジションを建てる場合は、成行注文を出しても構わない。それでも、成行注文より指値注文のほうが望ましい。シグナル出現のあとに動きがあるのは珍しいことではないが、すぐに建玉時の価格に戻って指値注文が執行されることも多い。そうすると、相当の出費を避けることができる。
- ●多くの含み益があり、指標が転換したらすぐにでもポジションを手仕舞いしようと考えている場合、そのポジションを確実に手仕舞いして利益を確定するとよい。
- ●引成注文（MOC）を避けること。引成注文は最後の数分の値段で執行されるため、資金が逃げていくのをみすみす見逃しているようなものである。薄商いのマーケットで引成注文を出すとトラブルのもとになる。本当に必要な場合以外は引成注文を出さない

こと。引成注文は手が良くないことが多いため、トレーダーたちは、冗談で「引成注文（market - on - close）」を「引け地獄（murder-on-close）」と呼んでいる。
- ●スプレッドでは成行注文を出さないこと。仕掛けたり手仕舞いしたりするのに特定のスプレッド水準を使用するほうがずっと賢明である。つまり、各マーケットで指値注文を使用して、スプレッドでポジションを買ったり売ったりすることができるのだ。スプレッドの成行注文では、相当のスリッページがあるのは当たり前のことである。残念ながら、スプレッドで使用できる注文は成行注文か指値注文しかないが、指値注文のほうが圧倒的に望ましい。

条件付き成行（MIT）注文

　買いの条件付き成行（MIT）注文とはある価格を下回ったら買い、売りのMIT注文とはある価格を上回ったら売る、というものである。その価格に達したとき、MIT注文は成行注文になる。したがって、4150で買うというMIT注文を出している場合、4150になった時点で成行注文になる。この注文を保有しているピットブローカーは、すぐに買いを入れる。注文は価格にかまわず執行されるのだが、通常は注文価格近辺で執行されることが多い。注文価格よりも安いこともあれば高いこともあるが、それは運による。一定の建玉価格を心のなかで描いていて、執行されないという危険を冒したくないとき、MIT注文を出す。通常は、相場を上回る抵抗線で売り、相場を下回る支持線で買う。

　支持線と抵抗線の手法を使用しているデイトレーダーは、MIT注文を使用することもできる。しかし、2～3ティックの出費もあり得る、ということを覚えておいてもらいたい。支持水準と抵抗水準でトレードするとき、MIT注文は非常に優れた手法である。しかし、す

べての取引所でいつでもこの注文を認めているわけではない。ピットブローカーや取引所の判断でMIT注文が拒否されることもある。

フィル・オア・キル（FOK）注文（即時執行注文）

　即時執行（FOK）注文では、ピットブローカーが皆さんの注文を3回連続して執行しようとすることを承知したうえで、特定の価格を定める。例えば、4550で売るというFOK注文を出すと、その注文を受けたピットブローカーは4550で3回オファーする。執行されないと、ブローカーはその注文をすぐにキャンセルして、それを皆さんに折り返し報告する。この注文の利点は、指値注文を出せること、そして執行されたかどうかがすぐにフィードバックされることである。これは大切なことである。

　しかし、すべての取引所やブローカーがFOK注文を認めているわけではない。この注文が拒否されることもある。執行されないような注文を皆さんが出しすぎると、時間と労力ばかりかかると言って腹を立てるブローカーもいるだろう。特に、ディスカウントブローカーはこれを嫌がる。

　最後に、相場とあまりにもかけ離れた注文を出してはならない。執行されないからである。ブローカーをさらに怒らせることにもなりかねない。FOK注文を出そうと考えているなら、現在の価格に近い価格にすること。この注文を乱用すると、ブローカーをいらいらさせることになるだけでなく、ブローカーに関心を持ってもらえなくなる。

　FOK注文は、成り行きで仕掛けたくはないがポジションを建てたり整理したりする必要がある場合、基本的にすべての状況で役立つ。しかし、FOK注文を出しても執行されるという保証にはならない、ということを覚えておいてもらいたい。注文価格以上で執行されるか、あるいはまったく執行されないこともある。

ストップオーダー（逆指値注文）

　ストップオーダーは、現在価格よりも高く、あるいは安く出す。手持ちのポジションが不利な方に向かっているときやブレイクアウトで仕掛けるときに特に適している。ストップオーダーの問題点は、素早いマーケットでは必ずしも注文価格で執行されないということである。通貨、Tボンド先物、S&P先物などでは、急激で大幅な動きがあると、ストップの買い注文と売り注文のスリッページが相当大きくなる。これを避ける方法としては、次に説明するストップリミット・オーダーを使用するのが最適である。

ストップリミット・オーダー（指値条件付逆指値注文）

　ストップリミット・オーダーとは、価格に制限を定めたストップオーダーである。この注文を使用する理由は、注文成立のフレキシビリティがあるということである。したがって、6465という制限を付けて指値6450で買い注文を仕掛けた場合、この範囲内（6465も含む）での執行を認めるという意味になる。この注文の利点は、フロアブローカーに執行の幅を与えるため執行される公算が高くなる、ということである。また、大きなスリッページを回避することもできる。実際にストップリミット・オーダーを使用しているトレーダーは少ないが、トレーダーはもっと活用するべきである。

グッド・ティル・キャンセル（GTC）注文（オープン注文）

　グッド・ティル・キャンセル（GTC）注文は、まさにその名が示すとおりの注文である。取り消されるか執行されるまで注文は継続される。この注文は、「オープン注文」とも呼ばれる。通常、暦月末に

ブローカーがすべてのオープン注文を取り消し、元に戻される。実際には、デイトレーダーはその日のうちにポジションを整理するため、オープン注文を出す必要はない。

ワン・キャンセル・アザー（OCO）注文

これは、注文の「予選」のようなものである。トレーダーは2つの注文を同時に出し、一方の注文が執行されたら他方の注文が取り消される。そのため、両方の結果をひとくくりにして考慮することができる。ほかの種類の注文と同じく、この注文を認めない取引所もある。

注文をうまく利用する

さまざまな種類の注文についてひととおり説明が済んだところで、その使用方法をいくつか紹介しよう。指値注文の使用方法を学習する目的は明確である。デイトレードで利益を上げられるかどうかは、1ドルでも1ポイントでも大切にするということが影響するのだから。皆さんは、何事においても堅実であり、倹約しなければならない。次に挙げるのは、注文に関する鉄則である。

- ●本当に必要でないかぎり、成行注文を出さないこと。成行注文を出すと数ティック分が無駄になってしまう。仕掛けに2～3ティック、手仕舞いに2～3ティック無駄にすると、必要もないのに損を出してしまう。成行注文以外にも有効な注文はたくさんある（すでにいくつか説明しているものもあれば、これから説明するものもある）。
- ●引成注文を出さないこと。引成注文も数ティック分を無駄にしてしまう。その数ティックが積み重なると、相当な金額になる。引

成注文を出さなければならない場合は、ブローカーに引成注文を出すよりは大引けの数分前に売ってしまったほうがよいだろう。私が考えるかぎり、引成注文は資金が逃げていくのをみすみす見逃しているようなものである。

●ストップオーダーではなくストップリミット・オーダーを使用すること。そのほうが、執行される確率が高くなる。執行されるかどうかが心配なら、注文に１ティックか２ティックのリミットを設定するとよい。

●FOK注文をうまく利用すること。仕掛けたり手仕舞いしたりする必要があるが、執行されたかどうかを確認するまで待てない場合、FOK注文を使用する。すぐにフィードバックがあり、資金も節約することができる。これまでにこの注文を使用したことがないならば、実際に始めてみるとよいだろう。

●FOK注文を出して相場を試すこと。FOK注文は、マーケットの勢いを測る良い方法のひとつである。つまりこういうことである。S&P先物６月限を406.50と406.90の間でトレードしているとする。406.60で買いシグナルが出現した。売買高は少ない。買いシグナル後に価格は406.90まで急激に上昇し、深追いするつもりはなかった。すぐに元のブレイクアウトである406.50に戻ったため、シグナルが正しくないのではないかと心配になる。その結果、買うのをためらってしまう。こんなときはどうしたらよいだろうか？　最近のレンジを下回っているのを承知のうえで、406.45か406.40で買うためにFOK注文を出して相場を試してみるとよい。注文を出して、テープを見る。注文を出したときは406.55である。その後、406.55……406.50……406.55……406.50……406.50……406.45B（買い気配）……406.45と続いている。買い気配で執行される。これは、マーケットのどのような特性を意味しているのだろうか？　おそらく、マーケットが弱いと考えられる。安い買

い気配で執行されたということは、喜んで売る人がいるということだからだ。

　ここで、同じシナリオでも違う結果が生じる場合について考えてみよう。406.45でFOK注文を出す。テープは、406.55……406.50……406.55……406.50……406.50……406.55……406.55……406.60……406.65……406.60……406.55……406.60……406.65……406.70……406.75と続いたとする。注文に出した買い指値には近づかないため、注文はキャンセルされる。これはどういうことを意味しているのだろうか？　マーケットの需要が良好なことを示している。すぐにでも参入したほうがよい。そのためには成行注文を出してもよいだろう。

- 条件付き成行注文を利用できても必ずしも有効に働くというわけではない。支持線と抵抗線のチャネル内でトレードする場合には適しているが、数ティック分無駄にしてしまう。
- OCO注文が認められている場合は非常に役立つので利用すること。さまざまな戦略を使用しながら結果をひとくくりにすることができる。必要な場合はいつでもこれを使用すること。
- 最初の寄り付きだけを指定すること。寄り付きがずれるマーケットもある。つまり、日付順に各限月がオープンし、数分間トレードされ、そしてその限月が終わって次の限月が始まる。このプロセスが完了すると、すべての限月が同時に再度始まる。引けの場合もこれと同じ手順である。寄り付きでこのようなマーケットに参入する必要がある場合は、最初の寄り付きしか注文する気がないという意思を明確にすること。次の始値が最初の始値とまったく異なるということはよくある。これは資金を無駄にしてしまうことになりかねない。
- 執行の有無をすぐに報告するよう主張すること。執行されたか、執行されなかったかを知るのは非常に重要なことである。執行の

結果をすぐに知らせてくれるように、ブローカーに対して厳しく要求しなければならない。言い訳を認めてはならない。特に、通貨、Tボンド、S&P、原油先物では即執行されることがある。このような執行については、注文がピットにハンドシグナルで知らされるときに、ホールドしておくことができる。遅延しても仕方がないような状況もあるかもしれないが、デイトレーダーにとって遅延は呪いのようなものである。できるかぎり回避しなければならない。

●どの取引所がどの注文を認めているかを認識すること。ルールは適宜変更され、市況によっても変更される。ルールが分からなければ、それを見つけださなければならない。CME（シカゴ・マーカンタイル取引所）やIMM（国際通貨市場）では、たいていほぼすべての注文を認めている。CBOT（シカゴ商品取引所）はかなり厳しく、一定の注文しか認めていない（MIT注文は認められていない）。ニューヨークでも同様の制約がある。オレンジジュースは最も厳しいことで有名なマーケットであるが、皆さんはオレンジジュースのデイトレードをしたいとは思わないだろうし、するべきでもない。

●ブローカーが注文をどのように置くかを知ること。ブローカーはフロアに電話をかけるのだろうか？ 注文は電話で執行されるのだろうか？ ブローカーはだれかに電話をして、その人がまただれかに電話をして、さらにまただれかに電話をするのだろうか？ これでは時間がかかる。デイトレーダーは時間に余裕がない。ブローカーに手順を尋ねてみて、最も素早く執行できるブローカーとだけ取引をすること。それ以外のブローカーは、いくら手数料が安くてもコストを無駄にしてしまう。「安物買いの銭失い」になってはならない。

●GLOBEX（24時間）のトレードでは、慎重に注文を出すこと。ル

ールを学び、低い流動性にも対処する方法を学ぶこと。
- ●先物オプションでトレードするときは、常に指値注文を出すこと。オプションで成行注文を出すと、流動性が低いことからショッキングな結果になることが多い。先物オプションでは必ず指値注文を出すこと。
- ●注文の出し方を学ぶこと。専門用語を正確に理解し、自分の発言の意味を明確にし、復唱された注文を確実に聞き取ること。自分の注文に責任を負うこと。ミスを犯すと自分が損をするのだ。
- ●遠回しな発言をしないこと。注文を出すときは、迅速に、決定的で、明確に発言すること。
- ●注文を書面で保管しておくこと。1日に1つのマーケットだけでトレードしている場合でも、マーケットの種類、買い注文か売り注文か、注文の種類、数量、執行価格、注文番号（番号を知らされた場合）、注文を出した時間を忘れずに記録しておくこと。これを怠ってはならない。長期的に見て、必ず役に立つ。
- ●すべてのミスをすぐに報告すること。ミスの報告が遅れると、それを訂正することが難しくなる。
- ●大引けには必ずチェックアウトすること（特に、大きなトレードをしている場合）。「チェックアウト」とは、すべての執行結果を受け取り、すべてのトレードを手仕舞いすることである。多くのブローカーが、大引け後に仮の売買報告書をモデムで送信してくる。その気配値をプリントアウトして、オーダーシートに照らし合わせてチェックすること。すべてのミスをすぐに報告すること。
- ●大引け前にオーダーシートをチェックして、ポジションを手仕舞いするのに必要なステップを踏んでいるかどうか確認すること。トレード数が多くてポジションが大きいほど、この重要性は高い。

これらは鉄則のほんの一部にすぎないが、デイトレーディングの実

務面を理解するのに役立つだろう。適切な注文を出すことと手順に従うことの重要性を軽視してはならない。誤ったマーケットに誤った注文を置くことは、多くの損失につながるのだ。私は何度もミスを犯してきたが、皆さんには同じ過ちを繰り返してほしくない。私から学ぶのは非常に簡単な道のりであるが、損失を出して学ぶのは非常に険しい道のりである。

第16章
季節性がマーケットに及ぼす影響
How Seasonality Influences Markets

　季節的な価格傾向とは、1年の特定時期に特定の方向でマーケットが変動する傾向のことである。季節的な価格傾向は、あらゆるマーケットに大きな影響を及ぼす。ほかのマーケットと比べて季節に反応しやすいマーケットというのはあるが、まったく反応を示さないマーケットを私は見たことがない。季節性に詳しいと、それを有利に生かすことができる。季節的要因は、特定の週、月、日に特定の方向にマーケットを動かす。アート・メリルは、『ビヘイビアー・オブ・プライス・オン・ウォールストリート（The Behavior of Prices on Wall Street）』のなかで、この現象について統計的に例証している。ダウ工業株平均は特定の祝日の前に高値圏で引ける割合が大きい、と証明している。100年以上ものデータに基づく統計であり、この結果が無作為のイベントまたは偶然の結果であるという確率は、1万分の1以下である。

主な季節要因日の定義

　私はマーケットで長年仕事をしてきたが、基本的にメリルと同じような結果にたどりついた。この結果は、デイトレーダーにとって役立つことだろう。具体的に言うと、「主な季節要因日」を利用すること

図表16.1　銅先物3月限の季節的傾向

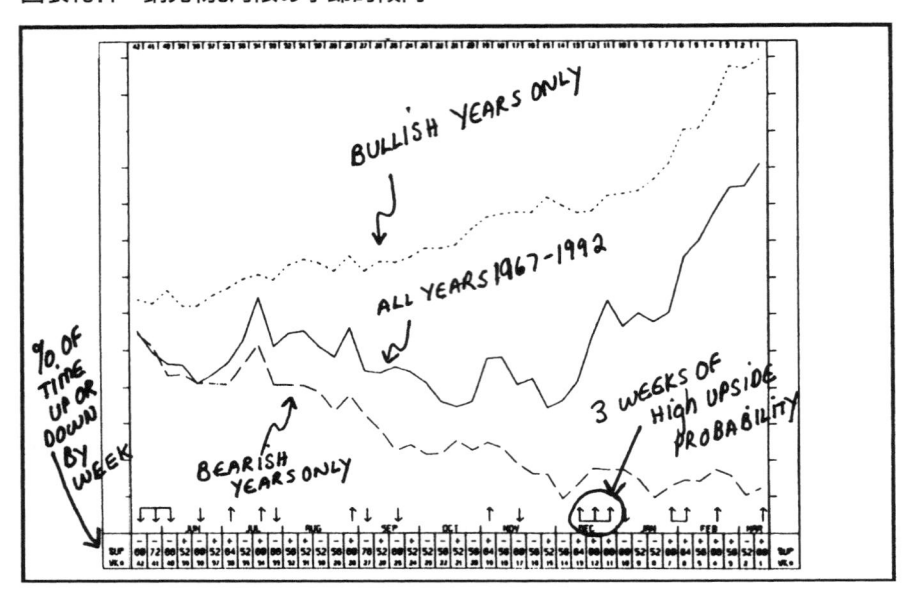

を勧める。主な季節要因日とは、特定のマーケットが高値圏で引けたり安値圏で引けたりする確率が高い日のことである。1年を通して見るとこのような日はたくさんあるが、すべてが信頼できるというわけではない。多くのケースを観測するほど、主な季節要因日の信頼性は高くなる。図表16.1（％ OF TIME UP OR DOWN BY WEEK＝週ごとのアップまたはダウンの割合、BEARISH YEARS ONLY＝弱気の年、BULLISH YEARS ONL＝強気の年、ALL YEARS 1967-1992＝1967〜1992年のすべての年、3 WEEKS OF HIGH UPSIDE PROBABILIRY＝上昇の確率が高い週が3週続く）を例にとって考えてみよう。銅先物3月限の日々の季節傾向を示している。矢印で特定の日をマークした。枠内の数字は日付、その上の数字は同日に特定

第16章●季節性がマーケットに及ぼす影響

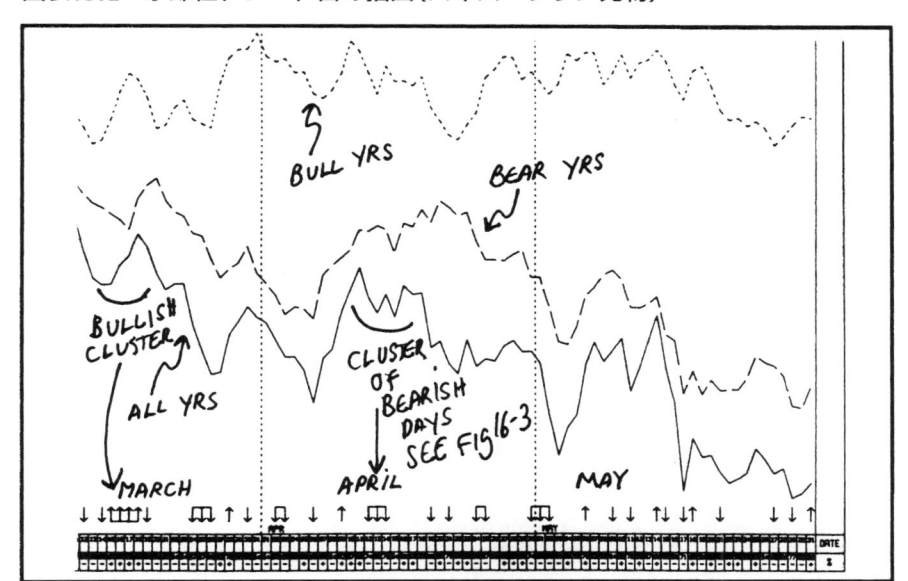

図表16.2　季節性トレード日の抽出（スイス・フラン先物）

［図：スイス・フラン先物の季節性トレードチャート。BULL YRS、BEAR YRS、ALL YRS、BULLISH CLUSTER、CLUSTER OF BEARISH DAYS SEE FIG16-3、MARCH、APRIL、MAYなどの注記あり］

のマーケットが高値引けまたは安値引けした割合である。当然、マーケットが立っていない日については、この年のトレードに指標を使用することはできない。

　実線は、季節的傾向を示している。矢印は、上昇または下落の割合が高い日である。つまり、上向き矢印は終値が高かった確率が高い日、下向き矢印は終値が安かった確率が高い日、ということになる。確率の数字は日付の上に記入している。矢印の数が多くても、この年にマーケットが予測する方向で動くということを保証するものではない。

223

主な季節要因日の活用方法

　主要日の傾向は、事前選択の要因や指針として役立つはずである。次のような特徴を見つけてみよう。

　１．75％以上が高値圏で引けている。
　２．75％以上が安値圏で引けている。
　３．実線で示したように、動きのサイズは相当大きい。

　図表16.2（BULL　YRS＝強気の年、ALL　YRS＝すべての年、BEAR　YRS＝弱気の年、BULLISH　CLUSTER＝強気の連続、CLUSTER OF BEARISH DAYS SEE FIG 16-3＝弱気の連続、図表16.3参照）、図表16.3（CLUSTER OF BEARISH DAYS SEE FIG 16-2＝弱気の連続、図表16.2参照、BULLISH CLUSTER SEE 16-2＝強気の連続、図表16.2参照）、図表16.4（APR　20　SELL DAY＝４月20日は売り日、USE INTRADAY TIMING TO GO SHORT＝日中にタイミングを計って売る）は、いくつかのマーケットで特定の日を選択して示したものである。このプロセスは非常にシンプルで、判断する必要はほとんどない。しかし、これは単なる第一ステップにすぎない。日付とマーケットを選択したら、タイミングを当てはめる必要がある。そうすることで、成功する確率が高くなる。また、予測した方向に動かないトレードを取り除くこともできる。
　季節要因日を選択するのに私が従ったステップとルールは、次のとおり。

　１．翌日のバイアスを調べる。
　２．買いの場合には、その日にポジションを建てる場合にかぎり、買いシグナルの確度を高めるためにそのバイアスを使用する。しかし、

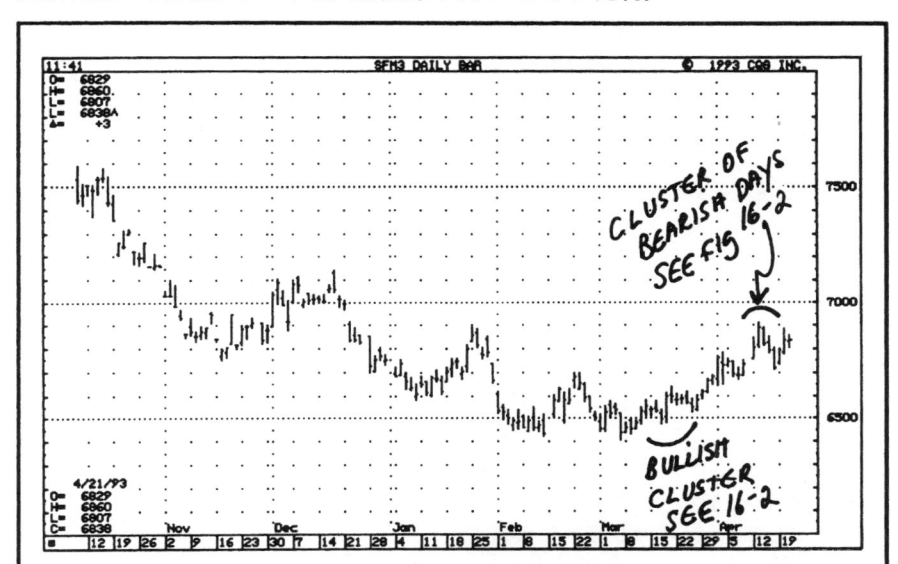

図表16.3　季節性トレード日の抽出（スイス・フラン先物）

図表16.4　季節性トレード日の抽出（Tボンド先物）

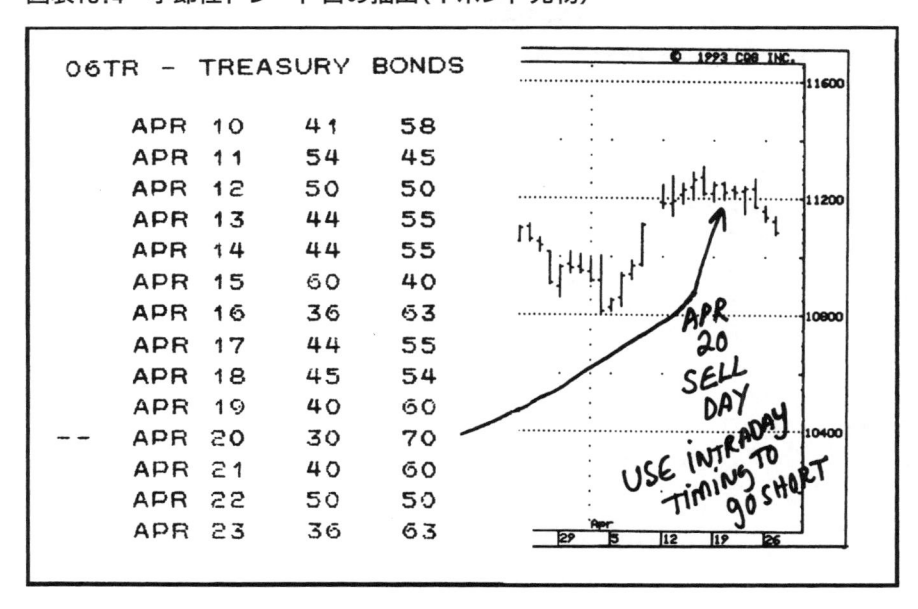

APR 10	41	58
APR 11	54	45
APR 12	50	50
APR 13	44	55
APR 14	44	55
APR 15	60	40
APR 16	36	63
APR 17	44	55
APR 18	45	54
APR 19	40	60
APR 20	30	70
APR 21	40	60
APR 22	50	50
APR 23	36	63

図表16.5 季節性トレード日のタイミング

```
06SF - SWISS FRANC

     Month     % Of Time
      Day      Up    Down
     ======   ====  ====
     FEB  9    61    38
     FEB 10    61    38
     FEB 11    57    42
     FEB 12    66    33
     FEB 13    56    43
     FEB 14    60    40
     FEB 15    50    50
  ++ FEB 16    70    30
     FEB 17    50    50
     FEB 18    60    40
     FEB 19    50    50
```

FEB 16TH BUY DAY

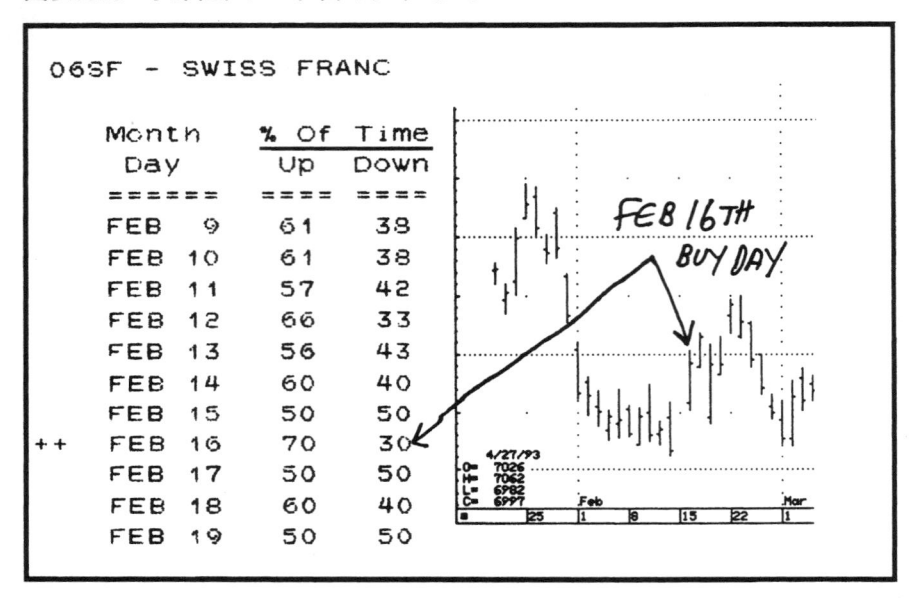

図表16.6 季節性トレード日のタイミング

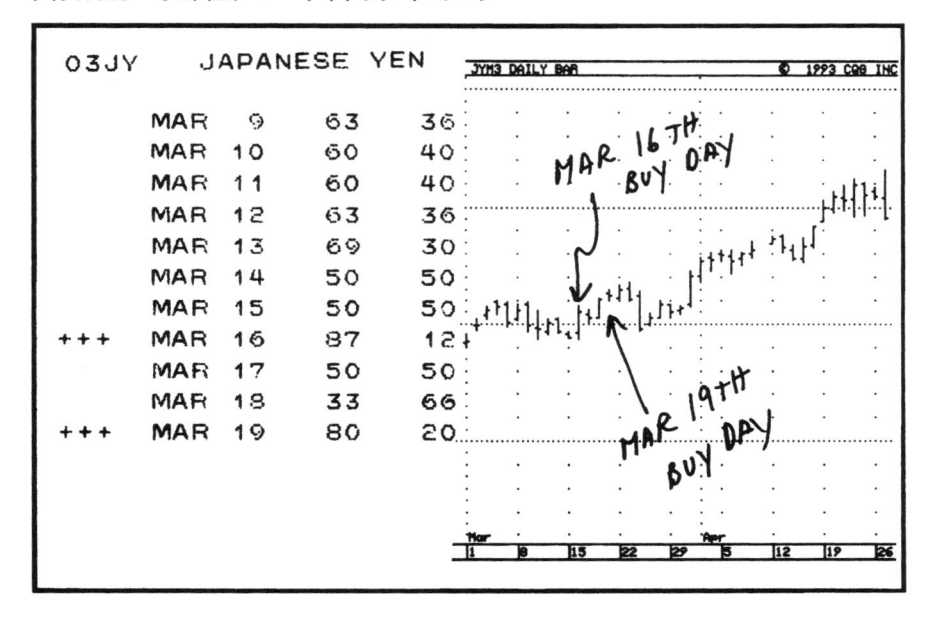

```
03JY      JAPANESE YEN

       MAR  9    63    36
       MAR 10    60    40
       MAR 11    60    40
       MAR 12    63    36
       MAR 13    69    30
       MAR 14    50    50
       MAR 15    50    50
  +++  MAR 16    87    12
       MAR 17    50    50
       MAR 18    33    66
  +++  MAR 19    80    20
```

MAR. 16TH BUY DAY

MAR. 19TH BUY DAY

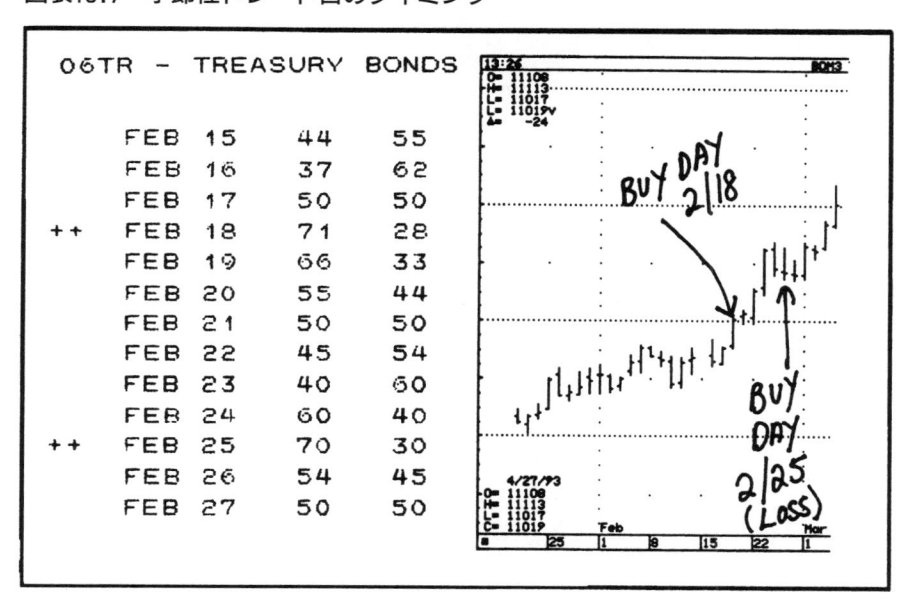

図表16.7 季節性トレード日のタイミング

```
O6TR  -  TREASURY  BONDS

        FEB  15    44   55
        FEB  16    37   62
        FEB  17    50   50
 ++     FEB  18    71   28
        FEB  19    66   33
        FEB  20    55   44
        FEB  21    50   50
        FEB  22    45   54
        FEB  23    40   60
        FEB  24    60   40
 ++     FEB  25    70   30
        FEB  26    54   45
        FEB  27    50   50
```

(チャート: BUY DAY 2/18、BUY DAY 2/25 (LOSS))

動きの方向を確認するまでは買わないこと。

3．売りの場合には、その日にポジションを建てる場合にかぎり、バイアスを利用する。しかし、動きの方向を確認するまでは売らないこと。

事前選択とタイミングの適用は簡単である。季節要因として使用できるタイミングシグナルは多い。図表16.5（FEB 16TH BUY DAY＝2月16日は買い日）、図表16.6（MAR 16TH BUY DAY＝3月16日は買い日、MAR 19TH BUY DAY＝3月19日は買い日）、図表16.7（BUY DAY 2/18＝2月18日は買い日、BUY DAY 2/25 LOSS＝2月25日は買い日、損失）は、タイミングと主要日を使用し

227

た私のアプローチである。

日々の季節傾向

　デイリーベースで季節性を示すマーケットは多い。統計的には、デイリーの季節性を調べるのに相当古いデータを集めなければならないと言われるが、季節性が存在するのは事実であるし、その信頼性についてはアート・メリルが『ビヘイビアー・オブ・プライス・オン・ウォールストリート』で実証し、認めている。

　デイリーの季節性が最も効果を発揮するのは、日中の動きが最大であるアクティブなマーケットであるため、そのようなマーケットに限定してトレードすることを強く勧める。それに役立つように、S&P、スイス・フラン、Tボンド先物に関する最新のデイリーの季節性リストを皆さんに紹介しよう（図表16.8、図表16.9、図表16.10）。ただし、リストのデータは毎年更新される。最新のリストが欲しい方は、私のオフィスまでご連絡をいただきたい（MBH Commodity Advisors, Inc., P.O. Box 353, Winnetka, Ill. 60093）。リストの解釈については、図表16.8の説明を参照願う。

第16章●季節性がマーケットに及ぼす影響

図表16.8　日々の季節性（S&P先物）

- 動く可能性 ↓
- 日付 ↓
- 62%以上を探す ↓（比率：上昇／下落）
- 動いた平均 ↓（平均：上昇幅／下落幅）

動く可能性	月日	比率 上昇	比率 下落	平均 上昇幅	平均 下落幅	サンプル年数 上昇	サンプル年数 下落	変化なし	合計
++	AUG 9	75	25	.26	-.08	6	2	0	8
	AUG 10	50	50	.38	-.06	4	4	0	8
(++)	AUG 11	(71)	28	.35	-.10	5	2	0	7 ← 良好
++	AUG 12	75	25	.35	-.10	6	2	0	8
+	AUG 13	62	37	.38	-.07	5	3	0	8
++	AUG 14	75	25	.40	-.02	6	2	0	8
(+++)	AUG 15	(87)	12	.26	-.04	7	1	0	8 ← 最適
+	AUG 16	62	37	.29	-.08	5	3	0	8
	AUG 17	50	50	.38	-.06	4	4	0	8
++	AUG 18	71	28	.36	-.06	5	2	0	7
+++	AUG 19	85	14	.34	-.09	6	1	0	7
	AUG 20	50	50	.46	-.05	4	4	0	8
++	AUG 21	75	25	.40	-.11	6	2	0	8
(+)	AUG 22	(62)	37	.36	-.08	5	3	0	8 ← まずまず
	AUG 23	50	50	.37	-.09	4	4	0	8
+	AUG 24	62	37	.31	-.13	5	3	0	8
++	AUG 25	71	28	.37	-.06	5	2	0	7
++	AUG 26	75	25	.37	-.05	6	2	0	8
	AUG 27	50	50	.51	-.07	4	4	0	8
+	AUG 28	62	37	.51	-.08	5	3	0	8
++	AUG 29	75	25	.33	-.07	6	2	0	8
+	AUG 30	62	37	.32	-.07	5	3	0	8
+	AUG 31	62	37	.31	-.08	5	3	0	8
	SEP 1	50	50	.52	-.03	3	3	0	6
+++	SEP 2	83	16	.29	-.04	5	1	0	6
+++	SEP 3	83	16	.39	-.04	5	1	0	6
	SEP 4	57	42	.37	-.08	4	3	0	7
+	SEP 5	66	33	.41	-.08	4	2	0	6
++	SEP 6	71	28	.32	-.10	5	2	0	7 ← 2連続
+	SEP 7	66	33	.21	-.10	4	2	0	6 　 良好
+++	SEP 8	(85)	14	.31	-.08	6	1	0	7
+++	SEP 9	(87)	12	.31	-.06	7	1	0	8
+	SEP 10	62	37	.36	-.08	5	3	0	8
+	SEP 11	62	37	.43	-.08	5	3	0	8 ← 4連続
++	SEP 12	75	25	.27	-.10	6	2	0	8 　 で良好
+++	SEP 13	(87)	12	.21	-.20	7	1	0	8
+++	SEP 14	(87)	12	.23	-.22	7	1	0	8
+++	SEP 15	(85)	14	.28	-.03	6	1	0	7

AUG＝8月、SEP＝9月

229

図表16.8　日々の季節性（S&P先物）

	月日	比率 上昇	比率 下落	平均 上昇幅	平均 下落幅	サンプル年数 上昇	サンプル年数 下落	サンプル年数 変化なし	合計
+++	SEP 16	87	12	.28	-.03	7	1	0	8
++	SEP 17	75	25	.26	-.12	6	2	0	8
+++	SEP 18	87	12	.29	-.20	7	1	0	8
++	SEP 19	75	25	.27	-.12	6	2	0	8
++	SEP 20	75	25	.27	-.14	6	2	0	8
+	SEP 21	62	37	.32	-.10	5	3	0	8
+++	SEP 22	85	14	.30	-.05	6	1	0	7
+++	SEP 23	87	12	.30	-.05	7	1	0	8
+	SEP 24	62	37	.34	-.14	5	3	0	8
+	SEP 25	62	37	.40	-.14	5	3	0	8
++	SEP 26	75	25	.27	-.17	6	2	0	8
+++	SEP 27	87	12	.22	-.39	7	1	0	8
+	SEP 28	62	37	.33	-.14	5	3	0	8
+++	SEP 29	85	14	.30	-.05	6	1	0	7
+++	SEP 30	87	12	.29	-.04	7	1	0	8
+	OCT 1	62	37	.34	-.11	5	3	0	8
+	OCT 2	62	37	.43	-.14	5	3	0	8
++	OCT 3	75	25	.28	-.17	6	2	0	8
++	OCT 4	75	25	.26	-.16	6	2	0	8
+	OCT 5	62	37	.35	-.16	5	3	0	8
+++	OCT 6	85	14	.33	-.16	6	1	0	7
+++	OCT 7	87	12	.30	-.19	7	1	0	8
+	OCT 8	62	37	.33	-.15	5	3	0	8
+	OCT 9	62	37	.40	-.21	5	3	0	8
++	OCT 10	75	25	.31	-.23	6	2	0	8
++	OCT 11	75	25	.30	-.25	6	2	0	8
+	OCT 12	62	37	.35	-.20	5	3	0	8
+++	OCT 13	85	14	.29	-.13	6	1	0	7
+++	OCT 14	87	12	.30	-.14	7	1	0	8
+	OCT 15	62	37	.33	-.17	5	3	0	8
+	OCT 16	62	37	.35	-.19	5	3	0	8
++	OCT 17	75	25	.30	-.23	6	2	0	8
+++	OCT 18	87	12	.26	-.34	7	1	0	8
	OCT 19	50	50	.26	-.20	4	4	0	8
++	OCT 20	71	28	.26	-.18	5	2	0	7
+++	OCT 21	87	12	.25	-.07	7	1	0	8
	OCT 22	50	50	.27	-.09	4	4	0	8
	OCT 23	50	50	.34	-.10	4	4	0	8

SEP＝9月、OCT＝10月

図表16.8　日々の季節性（S&P先物）

	月日	比率 上昇	比率 下落	平均 上昇幅	平均 下落幅	サンプル年数 上昇	サンプル年数 下落	サンプル年数 変化なし	合計
++	OCT 24	75	25	.29	-.13	6	2	0	8
++	OCT 25	75	25	.28	-.17	6	2	0	8
	OCT 26	50	50	.24	-.17	4	4	0	8
++	OCT 27	71	28	.22	-.10	5	2	0	7
++	OCT 28	75	25	.25	-.08	6	2	0	8
+	OCT 29	62	37	.23	-.15	5	3	0	8
+	OCT 30	62	37	.30	-.14	5	3	0	8
++	OCT 31	75	25	.30	-.19	6	2	0	8
++	NOV 1	75	25	.29	-.17	6	2	0	8
+	NOV 2	62	37	.22	-.10	5	3	0	8
+++	NOV 3	85	14	.22	-.03	6	1	0	7
+++	NOV 4	87	12	.25	-.07	7	1	0	8
+	NOV 5	62	37	.28	-.11	5	3	0	8
++	NOV 6	75	25	.23	-.18	6	2	0	8
++	NOV 7	75	25	.29	-.18	6	2	0	8
++	NOV 8	75	25	.29	-.17	6	2	0	8
+	NOV 9	62	37	.19	-.11	5	3	0	8
++	NOV 10	71	28	.24	-.05	5	2	0	7
++	NOV 11	75	25	.29	-.01	6	2	0	8
++	NOV 12	75	25	.24	-.12	6	2	0	8
++	NOV 13	75	25	.26	-.14	6	2	0	8
++	NOV 14	75	25	.31	-.12	6	2	0	8
++	NOV 15	75	25	.27	-.14	6	2	0	8
+	NOV 16	62	37	.17	-.10	5	3	0	8
++	NOV 17	71	28	.21	-.03	5	2	0	7
+++	NOV 18	100	0	.19	.00	8	0	0	8
+	NOV 19	62	37	.23	-.11	5	3	0	8
+	NOV 20	62	37	.27	-.11	5	3	0	8
++	NOV 21	75	25	.28	-.15	6	2	0	8
+++	NOV 22	100	0	.26	.00	6	0	0	6
	NOV 23	57	42	.12	-.10	4	3	0	7
+++	NOV 24	100	0	.18	.00	5	0	0	5
+++	NOV 25	83	16	.23	.00	5	1	0	6
+	NOV 26	66	33	.31	-.14	4	2	0	6
	NOV 27	57	42	.31	-.11	4	3	0	7
+	NOV 28	66	33	.25	-.14	4	2	0	6
++	NOV 29	75	25	.27	-.16	6	2	0	8
+	NOV 30	62	37	.21	-.13	5	3	0	8

OCT＝10月、NOV＝11月

図表16.9　日々の季節性（Tボンド）

	月日	比率 上昇	比率 下落	平均 上昇幅	平均 下落幅	サンプル年数 上昇	サンプル年数 下落	サンプル年数 変化なし	合計
	AUG 9	50	50	.04	-.04	5	5	0	10
--	AUG 10	27	72	.05	-.05	3	8	0	11
-	AUG 11	40	60	.08	-.06	4	6	0	10
	AUG 12	50	50	.06	-.06	5	5	0	10
	AUG 13	45	54	.06	-.06	5	6	0	11
	AUG 14	41	50	.07	-.07	5	6	1	12
	AUG 15	36	54	.08	-.05	4	6	1	11
	AUG 16	40	50	.05	-.04	4	5	1	10
-	AUG 17	27	63	.06	-.05	3	7	1	11
-	AUG 18	40	60	.09	-.06	4	6	0	10
	AUG 19	44	55	.08	-.07	4	5	0	9
	AUG 20	45	54	.08	-.06	5	6	0	11
	AUG 21	41	58	.08	-.06	5	7	0	12
-	AUG 22	36	63	.09	-.04	4	7	0	11
-	AUG 23	40	60	.06	-.04	4	6	0	10
--	AUG 24	27	72	.06	-.05	3	8	0	11
-	AUG 25	40	60	.09	-.06	4	6	0	10
	AUG 26	50	50	.07	-.07	5	5	0	10
	AUG 27	45	54	.07	-.08	5	6	0	11
	AUG 28	41	58	.08	-.07	5	7	0	12
-	AUG 29	36	63	.10	-.05	4	7	0	11
-	AUG 30	40	60	.06	-.04	4	6	0	10
-	AUG 31	36	63	.04	-.06	4	7	0	11
	SEP 1	50	50	.04	-.08	4	4	0	8
	SEP 2	50	50	.07	-.10	4	4	0	8
+	SEP 3	62	37	.07	-.12	5	3	0	8
-	SEP 4	40	60	.07	-.08	4	6	0	10
	SEP 5	44	55	.08	-.05	4	5	0	9
	SEP 6	44	55	.05	-.04	4	5	0	9
-	SEP 7	37	62	.06	-.04	3	5	0	8
	SEP 8	50	50	.07	-.09	5	5	0	10
+	SEP 9	60	40	.06	-.10	6	4	0	10
	SEP 10	45	54	.06	-.08	5	6	0	11
	SEP 11	41	58	.07	-.07	5	7	0	12
	SEP 12	45	54	.07	-.05	5	6	0	11
	SEP 13	50	50	.05	-.04	5	5	0	10
-	SEP 14	36	63	.06	-.06	4	7	0	11
	SEP 15	50	50	.07	-.09	5	5	0	10

AUG＝8月、SEP＝9月

第16章●季節性がマーケットに及ぼす影響

図表16.9　日々の季節性（Tボンド）

	月日	比率 上昇	比率 下落	平均 上昇幅	平均 下落幅	サンプル年数 上昇	サンプル年数 下落	サンプル年数 変化なし	合計
+	SEP 16	60	40	.06	-.10	6	4	0	10
	SEP 17	45	54	.06	-.08	5	6	0	11
	SEP 18	41	58	.07	-.07	5	7	0	12
	SEP 19	54	45	.05	-.06	6	5	0	11
+	SEP 20	60	40	.05	-.05	6	4	0	10
-	SEP 21	36	63	.06	-.06	4	7	0	11
	SEP 22	45	54	.07	-.08	5	6	0	11
	SEP 23	54	45	.06	-.09	6	5	0	11
	SEP 24	45	54	.07	-.09	5	6	0	11
	SEP 25	41	58	.07	-.09	5	7	0	12
	SEP 26	41	58	.07	-.05	5	7	0	12
	SEP 27	54	45	.05	-.04	6	5	0	11
-	SEP 28	33	66	.06	-.06	4	8	0	12
	SEP 29	45	54	.07	-.09	5	6	0	11
	SEP 30	54	45	.07	-.09	6	5	0	11
	OCT 1	45	54	.08	-.09	5	6	0	11
	OCT 2	41	58	.08	-.08	5	7	0	12
	OCT 3	41	58	.08	-.05	5	7	0	12
	OCT 4	45	54	.06	-.04	5	6	0	11
-	OCT 5	33	66	.06	-.06	4	8	0	12
	OCT 6	45	54	.08	-.08	5	6	0	11
	OCT 7	54	45	.07	-.08	6	5	0	11
	OCT 8	45	54	.08	-.09	5	6	0	11
	OCT 9	41	58	.07	-.08	5	7	0	12
	OCT 10	41	58	.08	-.05	5	7	0	12
	OCT 11	45	54	.08	-.05	5	6	0	11
-	OCT 12	33	66	.08	-.07	4	8	0	12
	OCT 13	45	54	.09	-.08	5	6	0	11
	OCT 14	54	45	.07	-.09	6	5	0	11
	OCT 15	45	54	.08	-.09	5	6	0	11
	OCT 16	41	58	.07	-.09	5	7	0	12
	OCT 17	50	50	.06	-.06	6	6	0	12
	OCT 18	54	45	.07	-.05	6	5	0	11
	OCT 19	41	58	.07	-.08	5	7	0	12
	OCT 20	45	54	.08	-.09	5	6	0	11
	OCT 21	54	45	.07	-.09	6	5	0	11
	OCT 22	54	45	.07	-.11	6	5	0	11
	OCT 23	50	50	.07	-.10	6	6	0	12

SEP＝9月、OCT＝10月

図表16.9　日々の季節性(Tボンド)

	月日	比率 上昇	比率 下落	平均 上昇幅	平均 下落幅	サンプル年数 上昇	サンプル年数 下落	サンプル年数 変化なし	合計
	OCT 24	50	50	.07	-.07	6	6	0	12
	OCT 25	54	45	.07	-.06	6	5	0	11
	OCT 26	41	58	.06	-.08	5	7	0	12
	OCT 27	45	54	.09	-.09	5	6	0	11
	OCT 28	54	45	.07	-.09	6	5	0	11
	OCT 29	54	45	.07	-.11	6	5	0	11
	OCT 30	50	50	.08	-.10	6	6	0	12
	OCT 31	50	50	.08	-.08	6	6	0	12
	NOV 1	54	45	.08	-.06	6	5	0	11
-	NOV 2	36	63	.05	-.08	4	7	0	11
	NOV 3	45	54	.10	-.08	5	6	0	11
+	NOV 4	60	40	.09	-.06	6	4	0	10
	NOV 5	54	45	.08	-.10	6	5	0	11
	NOV 6	41	58	.09	-.08	5	7	0	12
	NOV 7	54	45	.08	-.08	6	5	0	11
	NOV 8	54	45	.08	-.06	6	5	0	11
-	NOV 9	33	66	.08	-.06	4	8	0	12
	NOV 10	45	54	.09	-.08	5	6	0	11
	NOV 11	54	45	.08	-.07	6	5	0	11
	NOV 12	54	45	.08	-.09	6	5	0	11
	NOV 13	50	50	.08	-.08	6	6	0	12
	NOV 14	50	50	.08	-.07	6	6	0	12
	NOV 15	54	45	.08	-.05	6	5	0	11
	NOV 16	41	58	.07	-.06	5	7	0	12
	NOV 17	45	54	.09	-.07	5	6	0	11
	NOV 18	54	45	.09	-.07	6	5	0	11
	NOV 19	54	45	.09	-.09	6	5	0	11
	NOV 20	50	50	.09	-.08	6	6	0	12
	NOV 21	50	50	.09	-.07	6	6	0	12
+	NOV 22	62	37	.09	-.04	5	3	0	8
-	NOV 23	40	60	.06	-.06	4	6	0	10
	NOV 24	50	50	.12	-.09	4	4	0	8
	NOV 25	50	50	.07	-.07	5	5	0	10
+	NOV 26	62	37	.10	-.09	5	3	0	8
	NOV 27	50	50	.07	-.06	5	5	0	10
-	NOV 28	40	60	.09	-.07	4	6	0	10
	NOV 29	54	45	.08	-.05	6	5	0	11
	NOV 30	41	58	.07	-.05	5	7	0	12

OCT=10月、NOV=11月

第16章●季節性がマーケットに及ぼす影響

図表16.10　日々の季節性（スイス・フラン）

月日	比率 上昇	比率 下落	平均 上昇幅	平均 下落幅	サンプル年数 上昇	サンプル年数 下落	サンプル年数 変化なし	合計
- AUG 9	33	66	.06	-.08	4	8	0	12
- AUG 10	38	61	.06	-.08	5	8	0	13
- AUG 11	38	61	.06	-.08	5	8	0	13
- AUG 12	38	61	.05	-.09	5	8	0	13
AUG 13	46	53	.07	-.08	6	7	0	13
AUG 14	46	53	.08	-.08	6	7	0	13
- AUG 15	30	69	.10	-.07	4	9	0	13
- AUG 16	33	66	.08	-.08	4	8	0	12
- AUG 17	38	61	.08	-.08	5	8	0	13
- AUG 18	38	61	.07	-.08	5	8	0	13
- AUG 19	33	66	.05	-.09	4	8	0	12
AUG 20	46	53	.08	-.08	6	7	0	13
AUG 21	46	53	.09	-.07	6	7	0	13
- AUG 22	30	69	.10	-.07	4	9	0	13
AUG 23	41	58	.06	-.09	5	7	0	12
AUG 24	46	53	.07	-.09	6	7	0	13
AUG 25	46	53	.06	-.09	6	7	0	13
AUG 26	46	53	.06	-.10	6	7	0	13
AUG 27	46	53	.08	-.08	6	7	0	13
AUG 28	46	53	.09	-.07	6	7	0	13
- AUG 29	38	61	.08	-.08	5	8	0	13
AUG 30	41	58	.06	-.10	5	7	0	12
AUG 31	46	53	.07	-.10	6	7	0	13
SEP 1	50	50	.06	-.11	5	5	0	10
SEP 2	45	54	.06	-.09	5	6	0	11
SEP 3	50	50	.07	-.09	5	5	0	10
SEP 4	45	54	.09	-.08	5	6	0	11
- SEP 5	40	60	.09	-.07	4	6	0	10
- SEP 6	40	60	.07	-.09	4	6	0	10
- SEP 7	40	60	.06	-.09	4	6	0	10
SEP 8	46	53	.07	-.08	6	7	0	13
SEP 9	46	53	.05	-.09	6	7	0	13
SEP 10	46	53	.07	-.08	6	7	0	13
SEP 11	46	53	.08	-.07	6	7	0	13
- SEP 12	38	61	.07	-.08	5	8	0	13
SEP 13	41	58	.06	-.09	5	7	0	12
SEP 14	46	53	.07	-.10	6	7	0	13
SEP 15	46	53	.06	-.09	6	7	0	13

AUG＝8月、SEP＝9月

図表16.10　日々の季節性（スイス・フラン）

月日	比率 上昇	比率 下落	平均 上昇幅	平均 下落幅	サンプル年数 上昇	サンプル年数 下落	サンプル年数 変化なし	合計
SEP 16	46	53	.05	-.09	6	7	0	13
SEP 17	46	53	.08	-.07	6	7	0	13
SEP 18	46	53	.09	-.07	6	7	0	13
SEP 19	38	61	.08	-.08	5	8	0	13
SEP 20	41	58	.06	-.09	5	7	0	12
SEP 21	46	53	.07	-.09	6	7	0	13
SEP 22	46	53	.07	-.09	6	7	0	13
SEP 23	46	53	.05	-.09	6	7	0	13
SEP 24	46	53	.08	-.07	6	7	0	13
SEP 25	46	53	.10	-.07	6	7	0	13
SEP 26	38	61	.09	-.08	5	8	0	13
SEP 27	41	58	.08	-.09	5	7	0	12
SEP 28	46	53	.08	-.09	6	7	0	13
SEP 29	46	53	.08	-.09	6	7	0	13
SEP 30	46	53	.06	-.09	6	7	0	13
OCT 1	46	53	.09	-.07	6	7	0	13
OCT 2	46	53	.10	-.06	6	7	0	13
OCT 3	38	61	.09	-.07	5	8	0	13
OCT 4	41	58	.07	-.09	5	7	0	12
OCT 5	46	53	.08	-.08	6	7	0	13
OCT 6	46	53	.07	-.08	6	7	0	13
OCT 7	46	53	.06	-.09	6	7	0	13
OCT 8	46	53	.08	-.07	6	7	0	13
OCT 9	46	53	.10	-.06	6	7	0	13
OCT 10	38	61	.09	-.08	5	8	0	13
OCT 11	41	58	.08	-.09	5	7	0	12
OCT 12	46	53	.08	-.09	6	7	0	13
OCT 13	46	53	.07	-.08	6	7	0	13
OCT 14	46	53	.06	-.08	6	7	0	13
OCT 15	46	53	.08	-.08	6	7	0	13
OCT 16	46	53	.10	-.07	6	7	0	13
OCT 17	38	61	.10	-.08	5	8	0	13
OCT 18	41	58	.08	-.09	5	7	0	12
OCT 19	46	53	.08	-.09	6	7	0	13
OCT 20	46	53	.07	-.08	6	7	0	13
OCT 21	46	53	.06	-.09	6	7	0	13
OCT 22	46	53	.08	-.08	6	7	0	13
OCT 23	46	53	.10	-.07	6	7	0	13

SEP＝9月、OCT＝10月

第16章●季節性がマーケットに及ぼす影響

図表16.10　日々の季節性（スイス・フラン）

月日	比率 上昇	比率 下落	平均 上昇幅	平均 下落幅	サンプル年数 上昇	サンプル年数 下落	サンプル年数 変化なし	合計
- OCT 24	38	61	.09	-.08	5	8	0	13
OCT 25	41	58	.08	-.09	5	7	0	12
OCT 26	46	53	.08	-.09	6	7	0	13
OCT 27	46	53	.07	-.08	6	7	0	13
OCT 28	46	53	.06	-.09	6	7	0	13
OCT 29	46	53	.08	-.08	6	7	0	13
OCT 30	46	53	.10	-.07	6	7	0	13
- OCT 31	38	61	.10	-.08	5	8	0	13
NOV 1	41	58	.08	-.09	5	7	0	12
NOV 2	41	58	.09	-.08	5	7	0	12
NOV 3	46	53	.06	-.08	6	7	0	13
NOV 4	50	50	.06	-.09	6	6	0	12
NOV 5	46	53	.08	-.07	6	7	0	13
NOV 6	46	53	.09	-.06	6	7	0	13
- NOV 7	33	66	.09	-.07	4	8	0	12
NOV 8	41	58	.08	-.09	5	7	0	12
NOV 9	46	53	.08	-.08	6	7	0	13
NOV 10	46	53	.06	-.08	6	7	0	13
NOV 11	46	53	.06	-.08	6	7	0	13
NOV 12	46	53	.08	-.07	6	7	0	13
NOV 13	46	53	.09	-.06	6	7	0	13
- NOV 14	38	61	.09	-.07	5	8	0	13
NOV 15	41	58	.07	-.09	5	7	0	12
NOV 16	46	53	.07	-.08	6	7	0	13
NOV 17	46	53	.05	-.08	6	7	0	13
NOV 18	46	53	.06	-.08	6	7	0	13
NOV 19	46	53	.08	-.07	6	7	0	13
NOV 20	46	53	.09	-.06	6	7	0	13
- NOV 21	38	61	.08	-.07	5	8	0	13
NOV 22	44	55	.05	-.09	4	5	0	9
NOV 23	45	54	.07	-.09	5	6	0	11
NOV 24	44	55	.06	-.07	4	5	0	9
NOV 25	50	50	.07	-.07	5	5	0	10
- NOV 26	40	60	.09	-.08	4	6	0	10
NOV 27	50	50	.09	-.06	5	5	0	10
- NOV 28	36	63	.09	-.07	4	7	0	11
NOV 29	41	58	.07	-.08	5	7	0	12
NOV 30	46	53	.07	-.07	6	7	0	13

OCT＝10月、NOV＝11月

第17章
日中のスプレッド取引
Intraday Spread Tading

　先物のスプレッド取引は、先物取引において最も使用頻度が少なく最も理解度が低い手段だろう。ほとんどのトレーダーが、マーケットでサヤ取りをするということをまったく知らない。1日の時間枠でスプレッド取引をすることを私が推奨したら、トレーダーたちはどんなに驚くだろうか？　スプレッドは中長期的な手段であると考えているトレーダーが多いが、私は、デイトレーディングができるスプレッドもあると考えている。正しいスプレッドを選択すれば、仕掛けと手仕舞いとして本書で紹介したテクニカルツールを使用することができる。

　すでにご存じのように、「先物のスプレッド」とは、ある限月を買って別の限月で売ることである。ショートとロングを同時に執行することである。同一マーケットで取引する場合もあれば、別のマーケットで取引する場合もある。言い換えると、生牛6月限の買いと生牛10月限の売りを同時に行い、商品内のスプレッド（価格差）に注目するということである。小麦7月限の買いとトウモロコシ7月限の売り、という組み合わせもある。これは商品間のスプレッドに注目した例である。一般的に、デイトレーダーにとっては商品間スプレッドのほうが適している。というのも、商品間スプレッドは、デイトレードのサヤ取りに欠くことのできない特徴を示す傾向があるからである。

事前選択──スプレッド・デイトレーディングで利益を上げる秘訣

スプレッド取引で成功する秘訣は、事前選択のプロセスにある。つまり、次の基準に合ったデイトレーディングのスプレッドを選択する必要がある。

１．ボラティリティが高いこと。つまり、実際のトレード手段となるには、１日のうちに十分な値動きを示すスプレッドでなければならない。
２．１ティック当たりの損益変化が大きいこと。すると、デイトレーディングにとってスプレッドが価値のあるものとなる。
３．流動性が高いこと。流動性があると簡単にポジションを仕掛けたり、手仕舞いしたりできる。

これらの要因を念頭に置いていただいたところで、スプレッドのデイトレーディングのプロセスと手法について簡単に説明する。

スプレッド・デイトレーディングの手法

支持と抵抗の水準

最も明確で基本的なデイトレーディングのスプレッドの手法は、大引けに支持と抵抗の水準を定め、翌日の仕掛けポイントと手仕舞いポイントにその水準を使用する、というものである。図表17.1（SPREAD SUPPORT LINE＝スプレッド支持線、RESISTANCE＝抵抗線。SUPPORT BROKEN＝支持線をブレイク）は、従来型の支持線と抵抗線を使用して支持と抵抗の売買ポイントを簡単に示したものである（売買ポイントとは、スプレッドの仕掛けと手仕

図表17.1 支持と抵抗のポイント——日中のスプレッドチャート

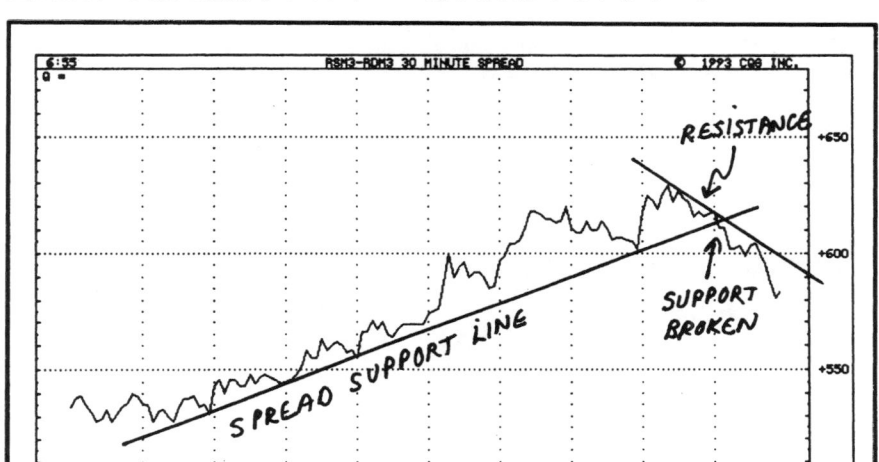

図表17.2 ストキャスティックスとストキャスティック・ポップを追加した日中のスプレッドチャート（売買のシグナル）

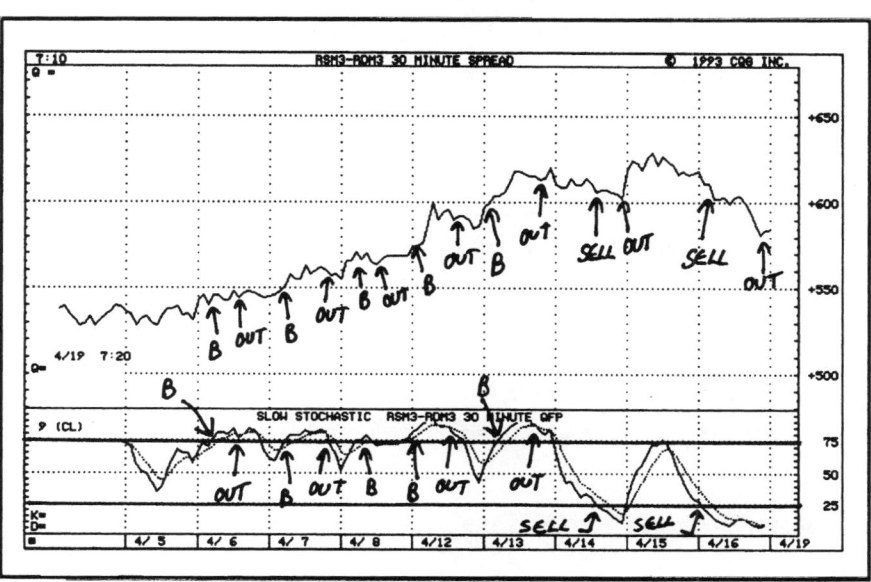

舞いのポイントのことを意味する)。これは、デイトレーディングのスプレッドとして非常にシンプルであるが非常に効果的な手法である。

　スプレッドを利用してデイトレーディングをしている場合、同じ日に売買を行わなければならない。スプレッドを翌日に持ち越してはならない。これはデイトレーディングの目的に反することだからである。スプレッドをデイトレーディングする理由はボラティリティがあるからである。したがって、危険なサプライズを回避するためにもそれを翌日に持ち越さないこと。

ストキャスティックスを示した30分足のタイミング

　図表17.1と同じチャートに9期間のスロー・ストキャスティック指標を追加したものについて考えてみる（第5章で説明したストキャスティック・ポップと従来型のストキャスティック・タイミングシグナルを使用している）。図表17.2（B＝買い、SELL＝売り、OUT＝手仕舞い）と図表17.3（B＝買い、S＝売り、OUT＝手仕舞い）に記した私のコメントに注目してもらいたい。スプレッド取引にストキャスティック・タイミング手法を使用すると、利益を上げられる可能性が相当高くなる。ただし、日中にトレードできるくらい、スプレッドの動きは十分なものでなければならない。

RSI（相対力指数）とスプレッドタイミング

　14期間と9期間の相対力指数を使用して、スプレッドの売り買いのタイミングを示す手法もある。図表17.4（B＝買い、S＝売り）、図表17.5（B＝買い、S＝売り）、図表17.6（B＝買い、S＝売り）、図表17.7（B＝買い）は、手法のさまざまな適用例を示したものである。この手法の概要は次のとおり。

●RSIが50を境にしてクロスオーバーするとき——これはシンプル

図表17.3 ストキャスティックスとストキャスティック・ポップを追加した日中のスプレッドチャート(売買のシグナル)

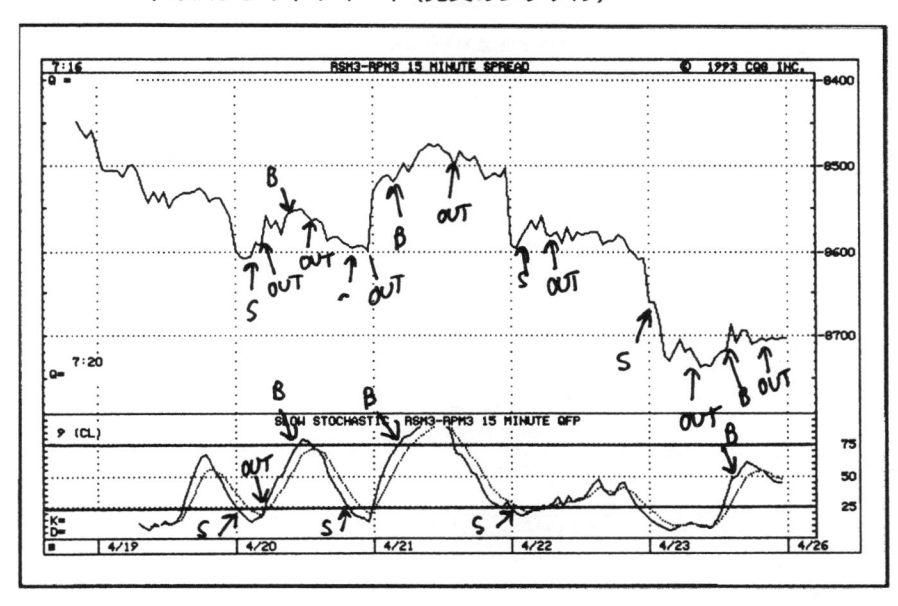

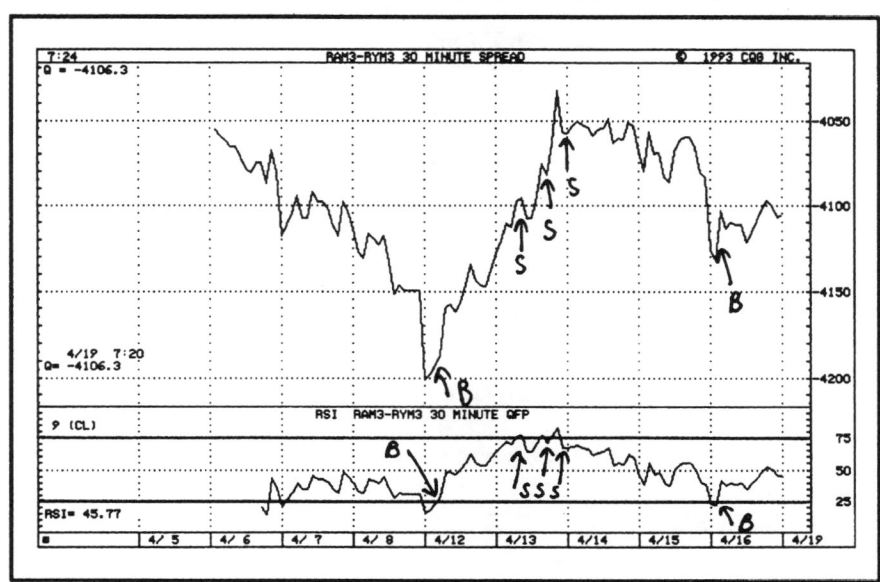

図表17.4 日中のスプレッドチャート——相対力指数の売買シグナル

図表17.5　日中のスプレッドチャート――相対力指数の売買シグナル

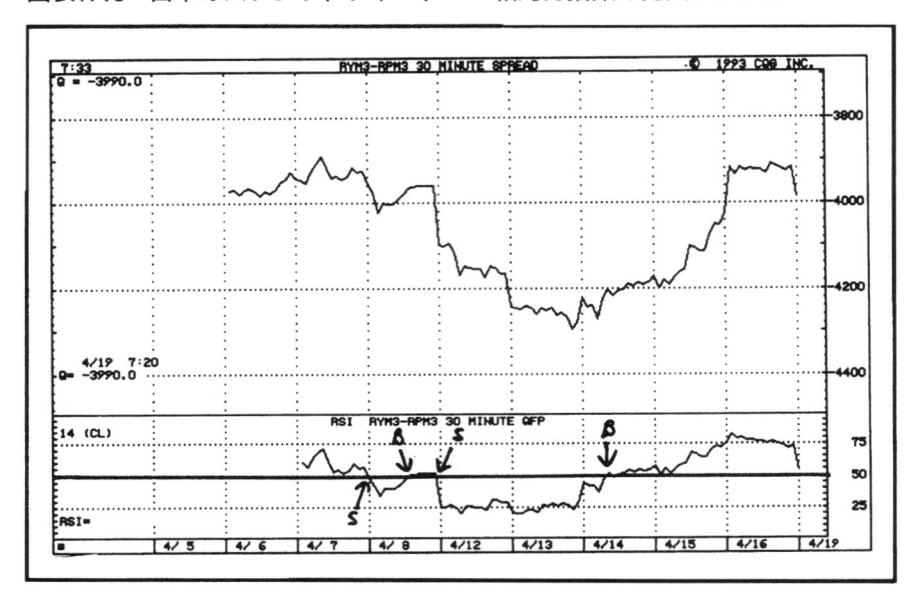

図表17.6　日中のスプレッドチャート――相対力指数の売買シグナル

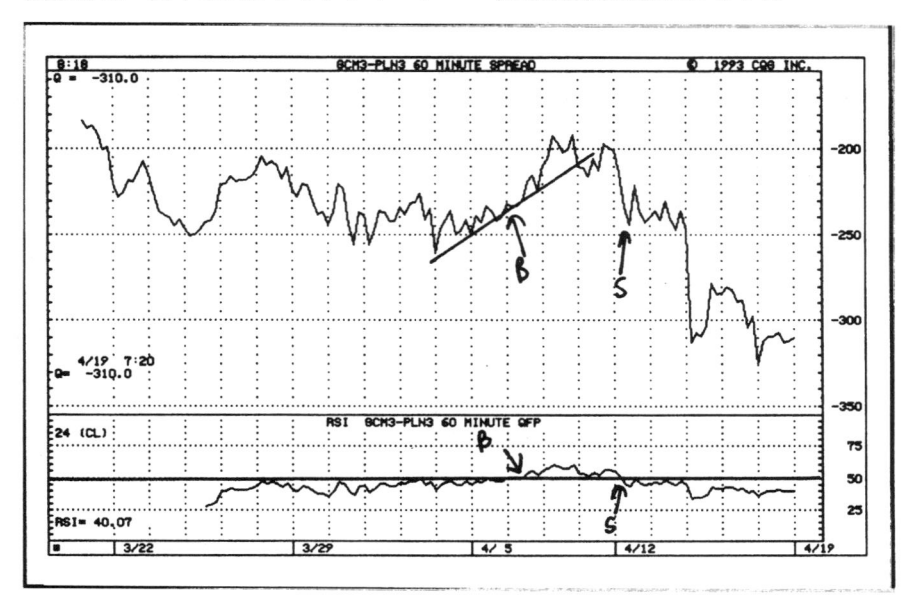

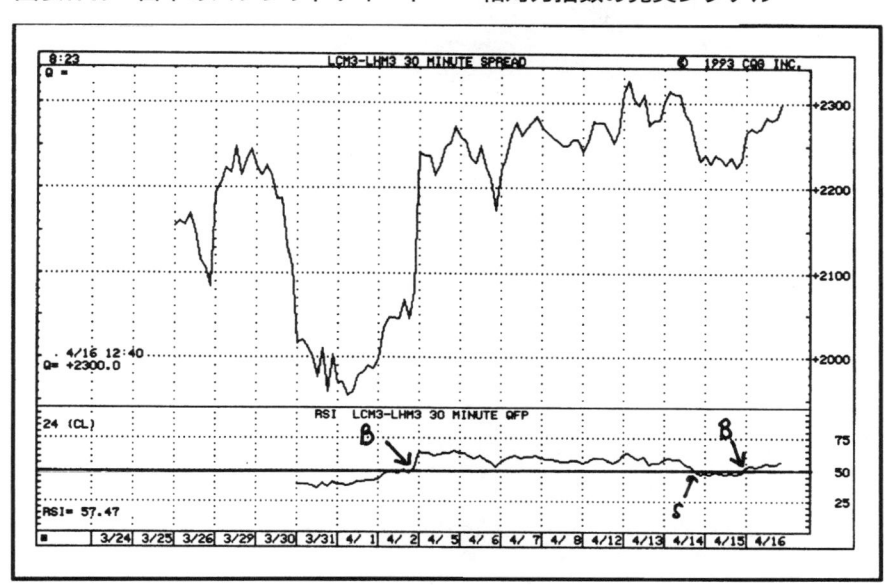

図表17.7　日中のスプレッドチャート——相対力指数の売買シグナル

な手法である。RSIが50以上になると、ブルスプレッドのポジションをとろうとする（つまり、期近買いと期先売り）。一方、50を上回っていたRSIが50を下回ると、ベアスプレッドのポジションをとろうとする。日中にクロスオーバーが生じたが、まだ時間が十分に残っている場合、新規でポジションを仕掛けたり、保有しているポジションを手仕舞いしたりできる。ただし、その日のうちに手仕舞いしなければならない。翌日には、RSIに従って新規のポジションを仕掛けることができるが、この場合もその日のうちに手仕舞いするか、反転シグナルで反対売買を行う。時には50％のラインをはさんで、RSIが揺れ動くこともある。このような動きが頻繁に見られる場合には、もっと長い期間（18期間や24

期間）を使用する。

- **RSIが25以下と75以上でクロスオーバーするとき**——これもシンプルな手法である。RSIが75以上になると、ブルスプレッドのポジションをとり、期近を買って期先を売る。一方、75を上回っていたRSIが75を下回ると、ベアスプレッドのポジションをとったほうがよい。日中にクロスオーバーが生じたが、まだ時間が十分に残っている場合、新規でポジションを建てたり、保有しているポジションを手仕舞いしたりできる。ただし、その日のうちに手仕舞いしなければならない。翌日には、RSIに従って新規のポジションを仕掛けることができるが、この場合もその日のうちに手仕舞いするか、反転シグナルで反対売買を行う。RSIが50％のライン付近で揺れ動くこともある。このような動きが頻繁に見られる場合には、もっと長い期間（18期間や24期間）を使用する。RSIが25以下の場合、ベアスプレッドのポジションをとる。その後、25を上回った場合、大引けか、反転シグナルで反対売買を行って手仕舞いする。翌日の寄り付きには、RSIに従って再度ポジションを建てる。

- **RSIの一番目の派生指標がクロスオーバーするとき**——この手法は非常に明確であり、前に説明したRSIの移動平均（派生指標）手法と同じである。適用ルールはシンプルである。RSIがその派生指標を下回る場合はベアスプレッドになる。一方、派生指標を上回る場合はブルスプレッドである。その日の大引けに手仕舞いするか、クロスオーバーシグナルが出現した場合には反対売買を行う。そして、最新のシグナルに従い、翌日の寄り付きか、寄り付き近辺でポジションを再度仕掛けることもできる。

現実的な期待

　長年にわたり、私はスプレッドを好み、そしてスプレッド取引で成功した人を尊敬してきた。スプレッドは、保守的な機会を提供し、成功する可能性も高い。しかし、日中のスプレッドトレーディングで利益を得るには、変動の大きなスプレッドを選択する必要があるだろう。その多くは通貨間のスプレッドであるが、穀物、畜産、綿、金利、貴金属間のスプレッドでも非常に効果的にトレードできることがある。デイトレーディングをするのに十分なボラティリティと流動性があるスプレッドを認識する必要がある。最後になったが、スプレッドでは指値注文を出すのがベストの方法である。成行注文では、仕掛けでも手仕舞いでもコストがかかってしまう。スプレッドのリスク、ボラティリティ、流動性を認識していれば、日中のスプレッド取引で非常に良い結果を残すことができるだろう。

第18章
CCシステム
The Consecutive Closes System

　デイトレードで利益を上げる可能性を見つける手法に、「CC（連続終値）システム」というのがある。このアプローチはシンプルである。その名のとおり、連続する高い終値か、連続する安い終値に基づいて売買のシグナルを出現させる手法である。マーケットは大引けに本当の終値を付けるが、日中ベースではそうはならない。そこで、5分足の最後の価格を「5分足の終値」と呼ぶ。実際の終値ではなく、単に5分ごとの終値である。30分足の終値とは、30分ごとの最後の価格のことである。このコンセプトは非常に簡単であるが、驚いたことに、ほかの点では聡明で知的であるのに、このアイデアを理解できないトレーダーが多い。このことをしっかりと理解してから、次を読み進めてもらいたい。

定義とシグナル

　CC（連続終値）システムはシンプルであるが、利益が見込め、実用性のあるコンセプトに基づいている。そのコンセプトとは、トレンドが確立されたらそのトレンドが変わるまでそれに乗るべきである、というものだ。ただし、問題が2つある。1つは、トレンドを見極める必要があるということ、もう1つは、トレンドに参加する時期を知

図表18.1　基本的なCC買いシグナル

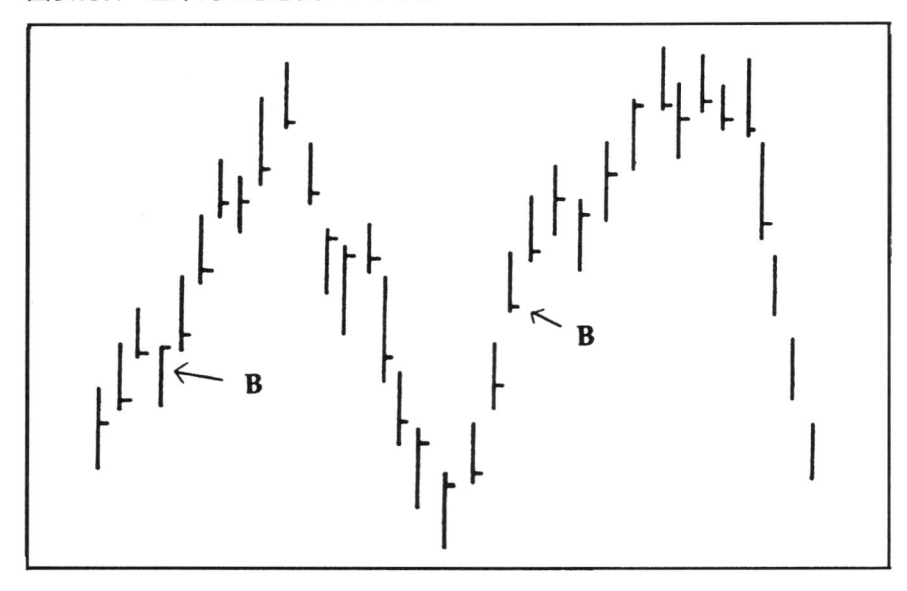

るということである。そのためには次の手順に従う。

　1．一定数連続して上昇して引けたら、買いシグナルと上昇トレンドという定義を下す。例えば、5連続の上昇して引けるというシグナルを使用している場合は、5CCU（5連続上昇して引ける）買いシグナルを使用している、という。

　2．一定数連続して下落して引けたら、売りシグナルと下降トレンドという定義を下す。例えば、5連続の下落して引けるというシグナルを使用している場合は、5CCD（5連続下落して引ける）売りシグナルを使用している、という。

　基本的なシグナルとトレンドの認識はこれだけである。図表

第18章●CCシステム

図表18.2　基本的なCC売りシグナル

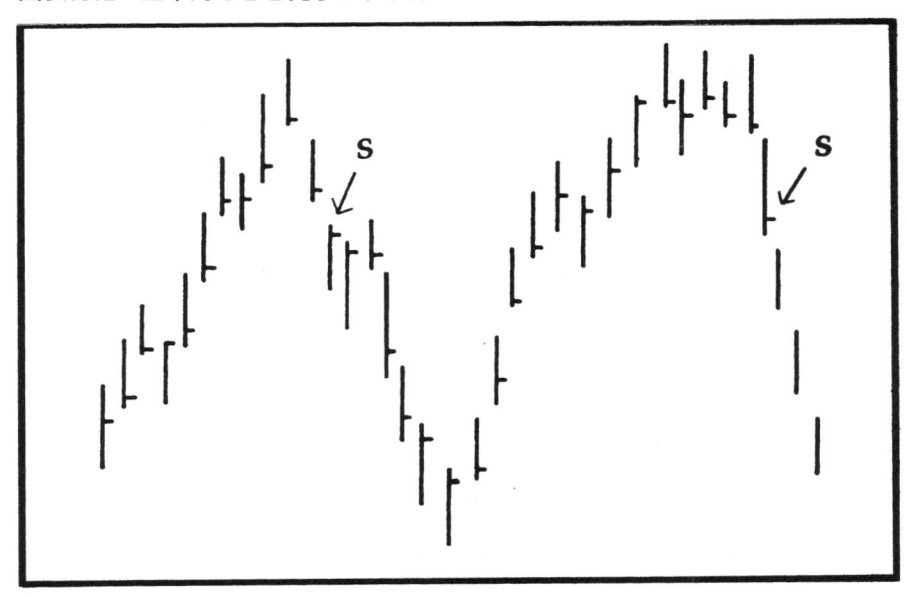

図表18.3　実際の5分足CC買いシグナル

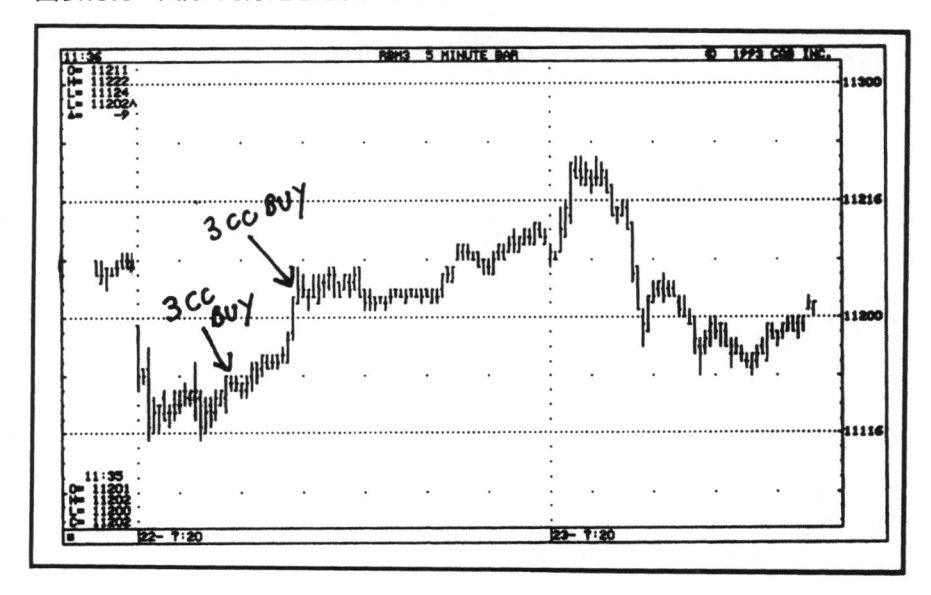

図表18.4　実際の5分足ＣＣ売りシグナル

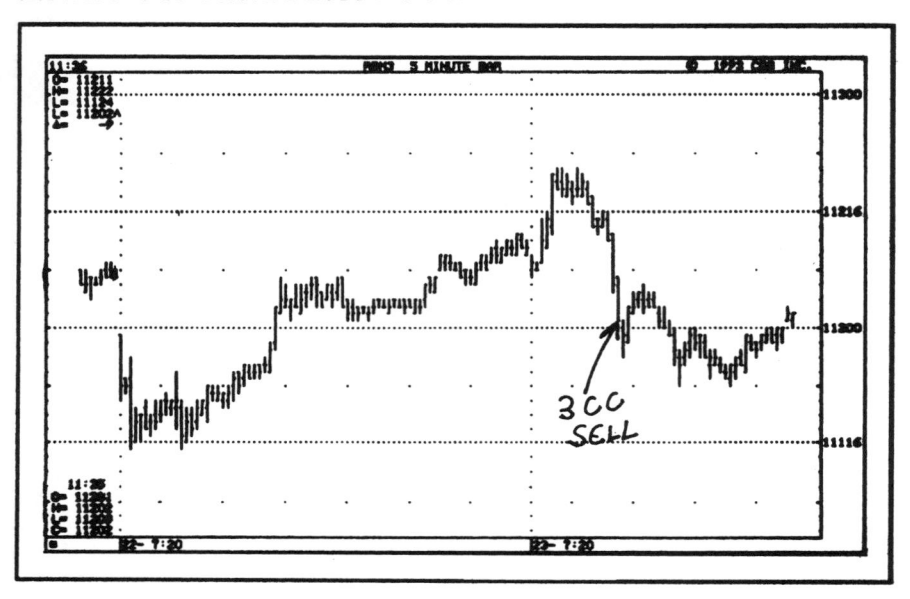

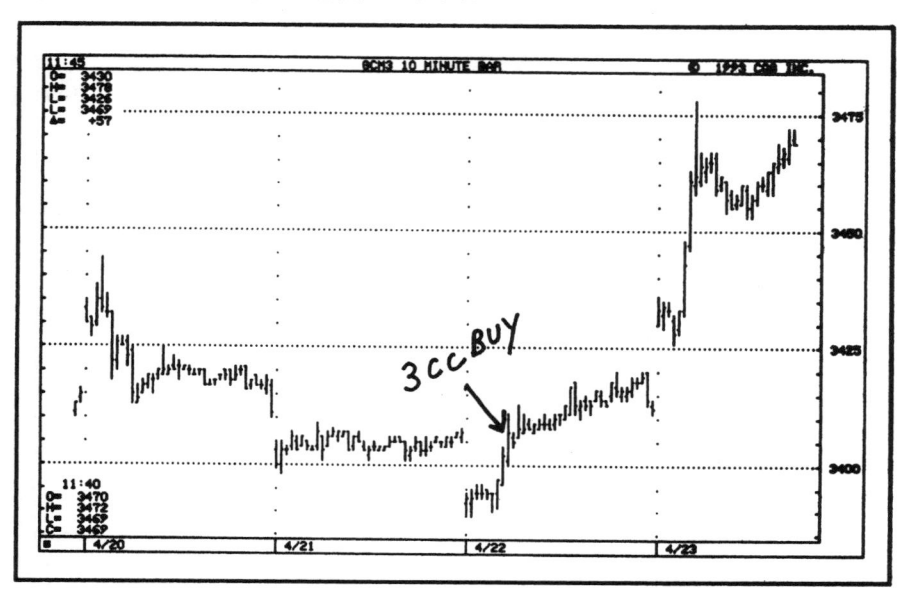

図表18.5　実際の10分足ＣＣ買いシグナル

図表18.6　実際の10分足CC売りシグナル

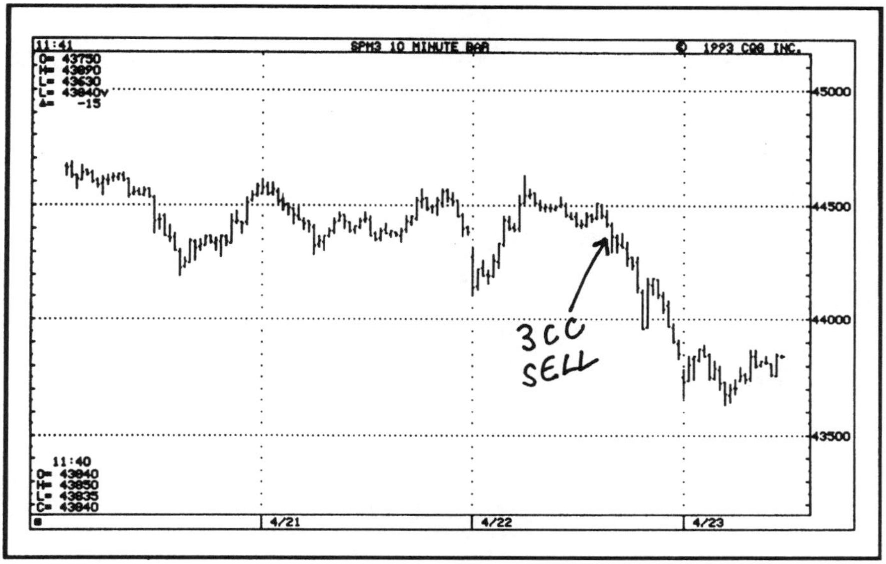

18.1（B＝買い）と図表18.2（S＝売り）では典型的なフォームのシグナルを、図表18.3（3CC　BUY＝3CCで買い）と図表18.4（3CC　SELL＝3CCで売り）では5分足チャートのリアルタイムでのシグナルを示している。CCUシグナルでは買いを仕掛け、CCDシグナルでは売りを仕掛ける。図表18.5（3CC BUY＝3CCで買い）と図表18.6（3CC　SELL＝3CCで売り）では、10分足チャートのCCUとCCDを示している。

CCシステムの効果

CCUとCCDは簡単に使用することができる。5CCU買いシグナル

を使用している場合、五番目の高い終値（図を参照）で買う。ストップロスを定めてポジションを保有するか、CCD売りシグナルが出現したら売りにドテンする。実際には、買いシグナルを出す終値の連続数は、必ずしも売りシグナルを出す連続数と同じではない。

CCシステムを実施するには、3つの方法がある。

- 目標を定めてポジションを手仕舞いする。このアプローチの問題点は、利益が限定されてしまうということである。マーケットが急騰した場合にその流れに乗れない。トレーダーとして成功するには、できるかぎり利益に乗らなければならない。
- ドテンのシグナルが出現した場合や大引けには、ポジションを手仕舞いするか、反対売買を行う。
- トレイリング・ストップロスを使用する。トレイリング・ストップロスを使用してポジションを手仕舞いしてマルにすると、厳密なドテンのシステムを使用するよりうまくいく可能性がある、ということが分かるだろう。

まとめと結論

CCシステムは、短期トレーディングやデイトレーディングにとって現実的で効果的なテクニックである。デイトレーディングよりも、ポジションを数日間保有する短期トレーディングのほうがうまくいくようである。しかし、このシステムがほかのシステムよりも効果的な場合もあること、ボラティリティの高いマーケットでよりうまくいくこと、そしてドテンのシグナルを待つよりもトレイリング・ストップロスを使用したほうがよいことを覚えておいてもらいたい。

第19章
センチメントの支配
Sentiment Reigns Supreme

　おそらく、短期トレーディングで最も見過ごされている指標は、マーケットセンチメントだろう。私はこのトピックについて論文を書いたり研究を進めたりしてきた。初めてトレードした1968年以来、株式市場と先物市場における大衆心理と、トレーダーの心理を測る客観的な手法としてのマーケットセンチメントに関心を持っている。私の元の職業が臨床心理学者だったせいもあるだろうが、コントラリーオピニオンとマーケットセンチメントの概念に非常に興味を持った。今でも関心を持ち続けている。実際、マーケットセンチメントとトレーダー心理は単なる一時的な関心事ではなく、それを短期トレーディングに適用して私は成功することができたのだ。

　マーケットセンチメントを研究するうち、ほぼ例外なく、**マーケットがある方向に進むだろうと大多数のトレーダーが予測するとき、それは間違っていることが多い**、ということを発見した。多数派が常に間違っているというのではない。**短期間であれば多数派が正しい場合のほうが多い**。しかし私の研究では、**多数派が一定のオピニオンを確信する度合い（ブルでもベアでも）が強ければ強いほど、それは間違っている場合が多い**、という結論に至った。

　私は、マーケットセンチメントをトレーダー心理の「ものさし」として定量化したいと考え、短期トレーディングに役立つと思われるマ

ーケットセンチメントに関するデータをあまねく調査しようとした。しかし、マーケットセンチメントのデータは収集・配布方法に問題があったため、長い間、このような情報を見つけることはできなかった。カリフォルニア州パサデナのR・アール・ハダディは、強気のコンセンサスの概念を普及させたということで信頼できるが、彼のデータはデイトレーダーである私には役に立たなかった。何しろ、私が受け取ったデータは1週間も前のものであったのだから。

　アールは、ブローカーや新聞記者やその他のマーケット専門家のセンチメントを集計するという偉業を成し遂げたが、情報収集の機械的プロセスのせいでデータの配布はいつも遅れていた。マーケットセンチメントに関する正確なデータを日々に受け取ることができなかったため、1987年、私は数人の仲間と一緒に、日々のセンチメントを収集する独自のプログラムを開発した。この「デイリーセンチメント指数」は、アクティブなすべてのマーケットで、強気のマーケットセンチメントに関してトレーダーを日々、評価するものであった。データの収集に着手してから、デイリー・マーケットセンチメントに関する過去のデータベースをたくさん蓄積してきた。そのデータは、短期トレーディングやデイトレーディングに非常に役立つものであることが分かった。

センチメントの定義

　マーケットセンチメントについて説明するには、簡単ではあるが実用的な定義から始めるのが最もよいだろう。本当に簡単に言うと、マーケットセンチメントとは、あるグループ内の強気派と弱気派の意見の割合を数字で表したものである。私たちが開発したデイリーセンチメント指数（DSI）サービスに意見を寄せている人は、全員、マーケットに関する知識を持つトレーダーだということを前提としている。

スタッフが毎日評価し、その結果をシカゴ時間の午後4時までにまとめている。

　デイリーセンチメント指数を基礎として、トレーダーのサンプルがマーケットについてどの程度強気なのか、あるいは弱気なのかを判断することができる。したがって、**デイリー・マーケットセンチメントは、何％のトレーダーがマーケットの上昇を期待しているかを測る尺度なのである**。経験に基づき、私は、デイリーセンチメント指数が90％以上の場合はそのマーケットが今後数日間のうちに下落するか、今後数日間に高値を付ける可能性が高いことを示している、ということが分かった。マーケットセンチメントは非常に短期の指標であるという特徴があるため、短期の変動を判断する場合にのみ使用される。私が使用するデイリーセンチメント指数は、**短期的なマーケットセンチメントや感情以外の何ものでもない**。

　デイリーセンチメント指数が高いとはどういうことを意味するかが分かったところで、今度は低い場合について調べてみよう。マーケットセンチメントが非常に低い水準（15％以下）に落ち込んだ場合、そのマーケットが翌日か翌々日には安値を付ける可能性があることを示している。センチメントが非常に高いとか低いといった特徴を持つ場合、そのマーケットはセンチメント指数が極端な水準に達したらすぐに転換する、という傾向が見られる。

デイリーセンチメント指数──短期トレーディングに最適

　マーケットの先行きに関する感情は非常に変わりやすいものであるため、翌日にはまったく異なる状況になっていることもある。ある日のデイリーセンチメント指数が非常に強気であっても、マーケットが下落したり、弱気なニュースが発信されたりすると、翌日にはいとも簡単に極端な弱気になることがある。デイリーセンチメントは非常に

変わりやすいため、使用する場合は超短期のトレードでなければならない。

デイリーセンチメントは非常に敏感で反応しやすいということを考えると、短期のタイミングに適用するのが理想的である。具体的には、本書で説明した日中テクニックのフィルターとして使用するのがよい。これをデイトレーダーのレパートリーに加えられるかどうか検討してみよう。しかしその前に、デイリーセンチメント指数の適用例について簡単に説明する。

これまでの経緯

皆さんもご承知のように、この5年間のS&P先物はとても単調とは言えない状況だった。1987年と1990年には厳しい下落があったが、その後、両期ともに新高値を記録している。この2回の大きな反落を除き、トレンドは上昇基調を維持してきた。マーケットは苦難に耐えつつ高く推移し、苦しみながら壁を登り、弱気のファンダメンタルに屈服するのを拒んできた。まるで、価格を低下させるファンダメンタルなどないようである。

それでも、1987年にさかのぼって調査を実施したところ、非常に興味深いことが明らかになった。その結果をぜひ皆さんにもご紹介したい。ただしその前に、デイリーセンチメントと価格の関係について簡単に説明しよう。

簡単に言うと、高いセンチメント（90％以上の強気）は天井のシグナルにつながり、低いセンチメント（15％以下）は底のシグナルにつながる。ここでは長期的な天井のことを意味しているのではない。数週間や数日間の目先の天井と目先の底のことを指している。

ほかのマーケット指標と同様、センチメントは完璧な指標ではない。欠点もあるが、強みもある。最大の強みは、「遅行指数ではなく、先

行指数である」ということだ。目先が利くトレーダーは、あまり頼りにならない1000の遅行指数を持つよりは、頼りになる先行指数を１つ持とうとする。何をするべきだったかが２日後になって分かっても、意味がないからだ。１日か２日前、いやたとえ２時間前であっても、あらかじめ何をするべきかを知っているほうがずっと役に立つ。

デイリーセンチメント指数のデイトレード適用例

　デイリーセンチメント指数とS&P先物における短期の価格変動を関連づける例として、図表19.1のリストについて考えてみることにする。このリストは、90％以上（天井になると予測される）と10％以下（底になると予測される）のデイリーセンチメント指数と、次の数回のトレードセッションの価格変動を表したものである。このリストを評価してみよう。皆さんは、極端な指数と短期価格変動についてどのような結論を導き出しただろうか？

マーケットセンチメントの関係を図示する

　デイリーセンチメント指数のフィルターとしての適用について徹底検証する前に、まずは、デイリーセンチメント指数、価格、天井、底の典型的な関係と実際の関係について調べてみる。
　図表19.2は、マーケットセンチメントとトレンドの典型的な関係を表している。マーケットセンチメントは、上昇トレンドと並んでアップし、下降トレンドと並んでダウンしている。実際、マーケットセンチメントはほぼすべてのマーケットでトレンドとよく似た動きをしている。しかし、デイリーセンチメントとトレンドが著しく異なることもある。
　特に、天井と底ではそれがはっきりと分かる。図表19.3（TOP＝

図表19.1　S&P先物のデイリーセンチメント指数(1982-1993)

日付	DSI%	価格	日付	価格	結果
10/19/87	07	201.50	10/23/87	253.00H	＋5200ポイントもの高値回復
11/04/87	04	250.15	11/06/87	258.20H	＋翌日の日中高値へと800ポイント上昇
03/24/88	10	264.10	04/08/88	271.95H	＋日中高値に向かって700ポイント上昇
03/25/88	09	257.75	04/08/88	271.95H	＋高値に向かって1400ポイント以上回復
07/12/88	09	269.35	07/15/88	273.70H	＋回復はわずかだが翌日から3日間上昇
09/14/89	09	348.30	09/19/89	353.30H	＋低いセンチメントに続いてわずかな上昇
11/03/89	10	339.40	11/17/89	344.20H	＋低DSIに続いて約480ポイント回復
11/06/89	05	333.40	11/17/89	344.20H	＋翌数日間で1000ポイント以上のプラス
06/19/90	05	363.60	06/22/90	368.45H	＋約400ポイントの上昇で翌日に高値
06/20/90	08	364.40	06/22/90	368.45H	＋低いDSIに続いてわずかに翌日の高値回復
07/23/90	06	357.80	07/26/90	360.35H	＋低いDSIに続いてわずかに上昇
08/16/90	09*	331.75	08/21/90	326.60H	－低いDSIにもかかわらず損失
09/27/90	07	302.70	10/02/90	323.50H	＋前回の埋め合わせ以上のプラス
10/01/90	**92**	318.25	10/12/90	297.50L	＋おみごと－2000ポイント以上の下落
10/09/90	07	305.75	10/22/90	318.65H	＋目先の天井に向かって大きく回復
10/11/90	07	302.20	10/22/90	318.65H	＋低いDSI後、上昇
11/07/90	07	307.25	11/14/90	323.75H	＋低いDSIに続いて1600ポイント以上のプラス
01/14/91	06	316.85	01/17/91	339.50H	＋低いDSIに続いて約2200ポイントプラス
02/04/91	**92***	351.70	02/06/91	353.50L	－高いDSIに続いてわずかな損失
02/05/91	**93***	355.60	02/06/91	353.50L	－DSIは93％だが損失
02/13/91	**93**	373.10	02/26/91	365.90L	＋700ポイントのプラス
02/27/91	**93**	372.30	03/19/91	368.00L	＋これもうまくいった！
03/05/91	**93**	380.80	03/22/91	368.10L	＋高いDSI後、勝ち
03/26/91	**92**	379.70	04/10/91	372.75L	＋高いDSIに続いて約700ポイントの下落
04/16/91	**90**	389.15	04/30/91	374.20L	＋素晴らしい－1500ポイント近い下落
04/17/91	**92**	392.15	04/30/91	374.20L	＋ダブルパンチ！　高いDSIに続いて2日間の大幅下落
05/15/91	07	369.65	05/31/91	391.00H	＋低いDSIに続いて大幅上昇
05/30/91	**91**	387.50	06/12/91	374.20L	＋91％のDSIから1300以上の下落

第19章●センチメントの支配

日付	DSI%	価格	日付	価格	結果
06/12/91	05	374.20	06/14/91	382.90H	＋5%のDSIから800ポイント以上の上昇で日中高値
06/24/91	07	373.50	07/02/91	380.90H	＋低いセンチメントからの上昇
07/31/91	**92**	**388.40**	08/06/91	385.20L	＋DSIは92%だがそれほど下落は大きくない
08/16/91	10	386.85	09/03/91	398.60H	＋10%のDSIから1100ポイントの大幅上昇
08/19/91	08	378.85	09/03/91	398.60H	＋2日間の低いDSIに続くダブルパンチ
11/19/91	08	380.95	11/21/91	382.15H	＋低いセンチメントからわずかな回復
12/26/91	**93***	**407.25**	01/02/92	413.80L	－明らかに負け
12/31/91	**93**	**419.70**	01/13/92	416.45L	＋非常に高いDSIに続いてわずかな下落
03/05/92	08	408.85	03/19/92	412.50H	＋低いDSIからわずかな上昇
04/08/92	08	395.25	04/16/92	417.30H	＋低いDSIから2200ポイント以上の素晴らしい上昇！
05/04/92	**94**	**416.50**	05/15/92	410.00L	＋高いDSIに続く下落
06/22/92	06	405.00	07/02/92	417.20L	＋6%のセンチメントから1200ポイント以上の上昇
10/02/92	07	409.90	10/20/92	418.00H	＋低いDSIに続いて好結果
10/07/92	08	403.75	10/20/92	418.00H	＋低いDSIからの上昇
10/09/92	04	403.10	10/20/92	418.00H	＋ダブルパンチ。大幅上昇。これまでで最低のDSI
11/02/92	**96**	**422.05**	11/05/92	415.70L	＋96%のDSIに続いて下落
11/11/92	**90**	**422.55**	11/17/92	418.05L	＋90%のDSIからわずかな下落
11/24/92	**91***	**428.10**	12/01/92	428.70L	－DSIは91%だがわずかな負け
12/01/92	**96**	**431.10**	12/04/92	429.55L	＋数日間のちょっとした下落
12/04/92	**92**	**433.55**	12/16/92	431.40L	＋日中安値まで下落
12/07/92	**93**	**436.10**	12/16/92	431.40L	＋高いDSIに続いて好結果

＊＝明かに負けのDSIトレード
H＝高値
L＝安値
＋＝予測した方向に変動した
－＝予測した方向に変動しなかった
太字＝高いDSI指数

目先天井、BOTTOM＝目先底）は、デイリーセンチメント指数、天井、底の典型的な関係を表している。図表19.3の典型的なトレンドと天井－底の関係と、図表19.4（TOP＝目先天井、BOTTOM＝目先底）、図表19.5、図表19.6（B＝センチメントのトップと価格の天井、A＝センチメントのボトムと価格の底、C＝天井を形成つつある）の実際のチャートを比較してみよう。これらのチャートは特殊なものではない。デイリーセンチメント指数が90％以上になると多くの天井が現れ、15％以下になると多くの底が現れているのが分かる。この関係は重要なものである。では、デイトレーダーはどのようにしてこれを利用したらよいのだろうか？

マーケットセンチメントの重要性

デイトレーディングで利益を上げる可能性を見つけるための手法のなかで私が好きなもののひとつに、デイリー・マーケットセンチメントをフィルターとして使用することを挙げた。一般的に、デイリー・マーケットセンチメントが非常に高いとマーケットは天井圏にいる傾向があり、センチメントが低い（つまり弱気）と底値圏にいる傾向がある。多くの場合、マーケットセンチメントの高低は、非常に安値でロングポジションをとる、あるいは非常に高値でショートポジションをとるという、まれに見る機会と強い連関性がある。

多くのトレーダーは、S&P先物はコントラリー・マーケットであると考えている。ほかのマーケットではうまく機能するトレーディングシステムも、S&P先物市場では失敗に終わることが多いようだ。ほぼすべてのマーケットで信頼性が高いマーケットパターンも、S&P先物ではまるでよそ者である。どうして、このようなことが起こるのだろうか？　確かなことは分からないが、私なりの考えがある。最も説得力があると思われる理由は、S&P先物市場は株式と先物の両

第19章●センチメントの支配

図表19.2　トレンドとDSIの典型的な関係

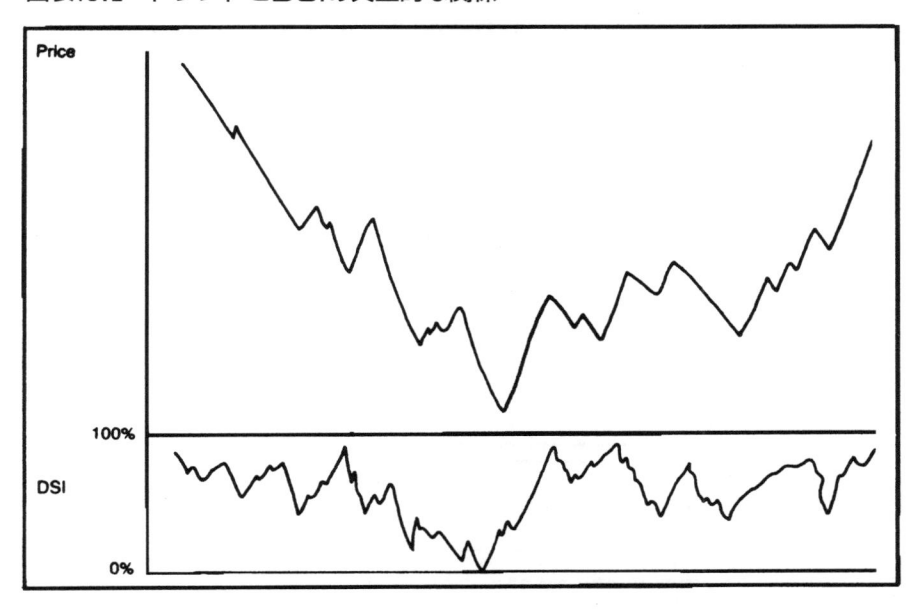

図表19.3　DSI、天井、底の典型的な関係

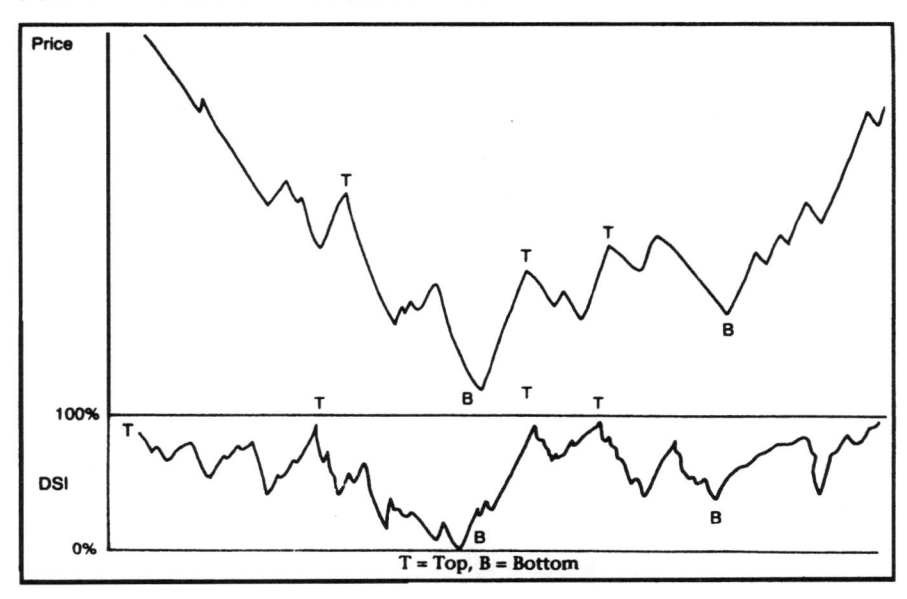

T = Top, B = Bottom

図表19.4　DSIと価格の実際の例

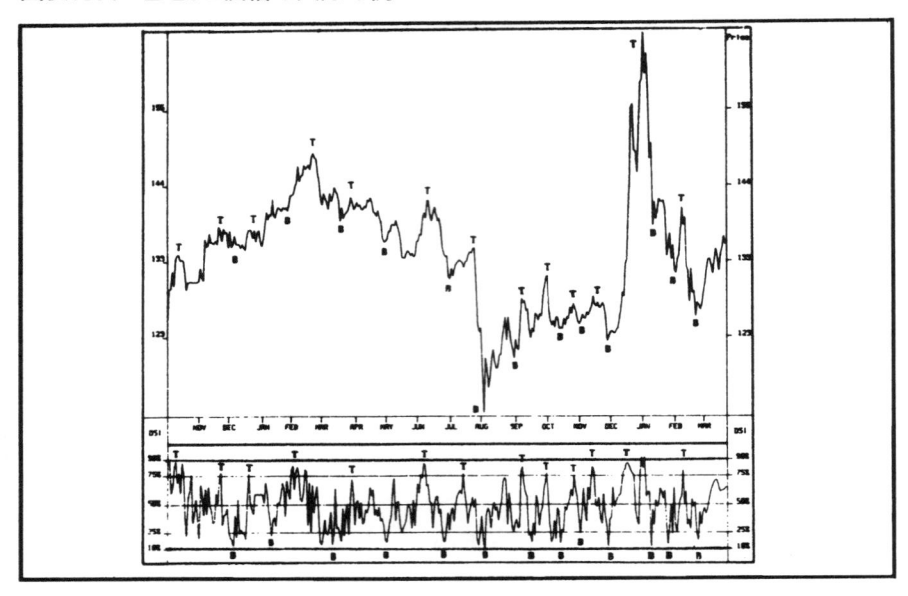

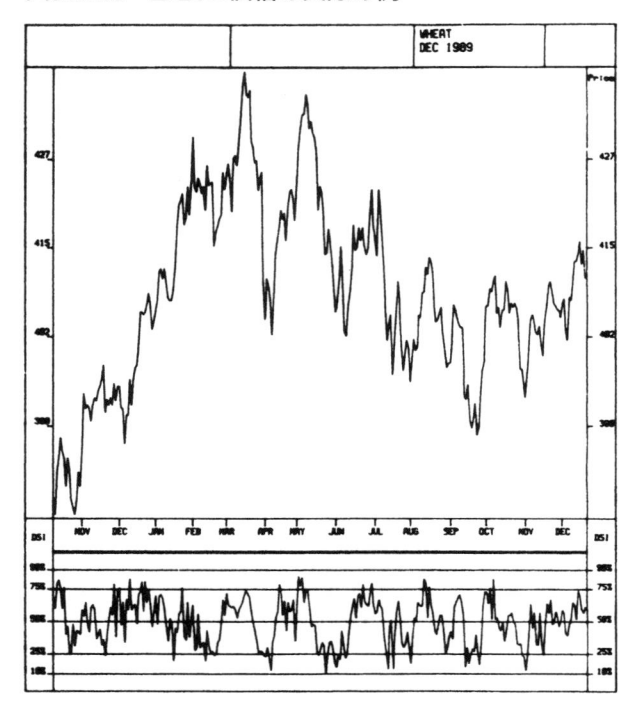

図表19.5　DSIと価格の実際の例

図表19.6　DSIと価格の実際の例

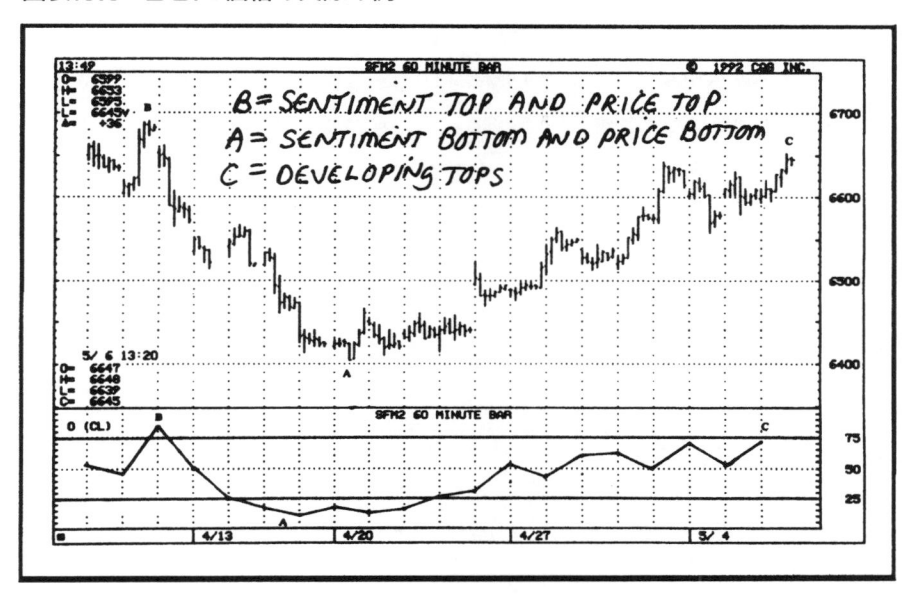

図表19.6　DSIと価格の実際の例（続き）

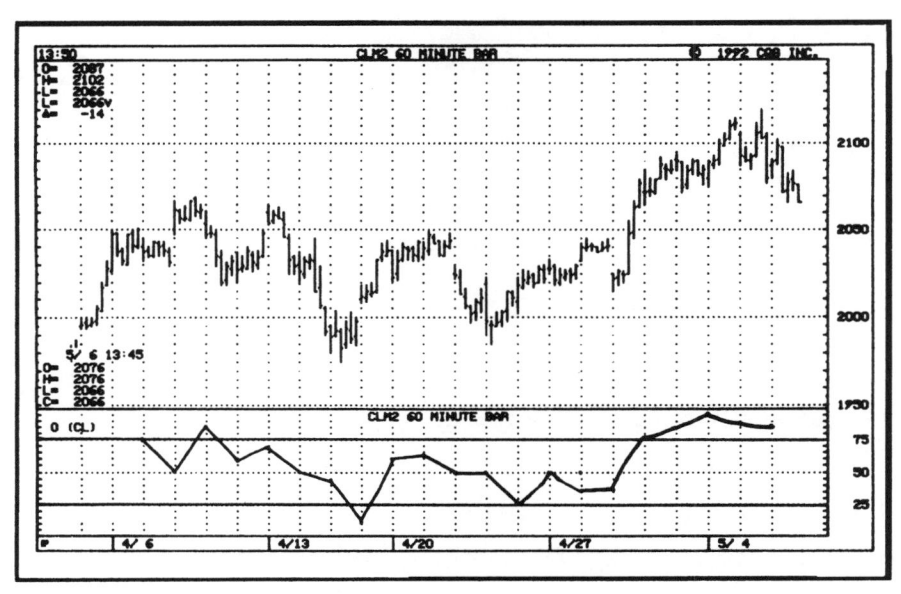

方の特徴を持つハイブリッドタイプのものである、ということではないだろうか。アンバランスがないかどうか、コンピューターとマネーマネジャーがマーケットを監視している。さらに、株式ファンドマネジャーはS&P先物をヘッジの手段としている。投機的なマーケットではあるが、多くの変数の影響を受けている（ほかのマーケットではこのような影響を受けない）。

とはいうものの、ほかのマーケットよりもS&P先物のほうで役に立つと思われる変数もある。それが、デイリー・マーケットセンチメントなのだ。S&Pが（たいていは）非常に流動的なマーケットであること、株式トレーダーと先物トレーダーが追跡していること、あらゆる金融セクターのプロがS&Pでトレードしていること、究極の投機マーケットであること、そして1ティック当たりの売買代金変化が大きいことから、現存するほかのマーケットと比べてトレーダーの感情の影響を受けやすい。次に挙げる事柄は、トレード判断のサポートとして信頼できる指数を持っている人にとっては、非常に励みになるだろう。

- デイリーセンチメント指数とギャップシグナル——私は、ギャップトレードにマーケットセンチメントを適用する方法が気に入っている。極端なセンチメント指数に接近したときにベストのギャップトレードが生じることは珍しいことではない。両タイプの買いギャップトレードについて最高の勝ち目は、センチメントが15％以下になるときである。これに対し、ベストの売りギャップトレードは、センチメントが90％以上になるときである。
- 移動平均チャネルとデイリーセンチメント指数のコンビネーション——デイリーセンチメント指数が非常に高いとき、移動平均チャネルの売りシグナルが日中チャートに現れると予測できる。このような場合、安値の移動平均（MAL）だけでなく高値の移動

平均（MAH）に逆らって売っても（当然、チャネル中間点に対しても）比較的安心できる。一方、デイリーセンチメント指数が非常に低いとき、移動平均チャネルの買いシグナルが日中チャートに現れると予測できる。このような場合、MALだけでなくMAHに逆らって買っても（当然、チャネル中間点に対しても）比較的安心できる。

- **デイリーセンチメント指数を使用してストキャスティック・ポップ・シグナルをフィルタリングする**——センチメントが90％以上のときにストキャスティック・ポップの買いシグナルが現れた場合か、センチメントが15％以下のときにストキャスティック・ポップの売りシグナルが現れた場合、特に注意してほしい。ストキャスティック・ポップ・シグナルは、デイリーセンチメント指数が極端な水準に達しなかったときに最も効果を発揮すると思われるからだ。
- **CTOD（決定的瞬間）シグナルとデイリーセンチメント指数との関係**——判断するケースが少ないため、この推測を裏づける確固たる証拠があるわけではない。デイリーセンチメント指数が非常に高いとき、CTOD売りシグナルの信頼性は高くなる。デイリーセンチメント指数が非常に低いとき、CTOD買いシグナルは有効である（CTOD手法については第20章で詳しく説明する）。
- **オシレーターシグナルもデイリーセンチメント指数でフィルタリングできる**——デイリーセンチメント指数が高すぎると、オシレーターでの買いシグナルの信頼性が低くなる傾向があるのに対し、オシレーターでの売りシグナルは大幅な変動に対して有効になる。逆に言えば、デイリーセンチメント指数が低すぎると、オシレーターでの買いシグナルの精度は高くなる傾向があり、大きな変動につながるため、売りシグナルの使用には十分注意しなければならない。

つまり、マーケットセンチメントは、本書で紹介するさまざまなデイトレーディングの手法やシグナルのフィルターとして使用することができる。デイリー・マーケットセンチメントはトレーダーの反応に基づき、トレーダーの反応はマーケットイベントに対するトレーダーの理解力に基づいているため、センチメントは大きく変動しやすい。トレーダーの理解力は感情に左右される。そのため、デイリーセンチメント指数は感情をよく表す指標と言える。日中に大幅な値動きがあった場合、その多くは感情に基づいているため、デイリーセンチメント指数は、信頼できる日中の値動きを支配する感情の状態を判断する手法として優れている。このような理由から、私は、デイリー・マーケットセンチメントについて認識してそれを使用することを、すべてのデイトレーダーに勧めているのだ。

デイリーセンチメント指数の過去のデータ

私は、1987年以来デイリー・マーケットセンチメントのデータを集めている。過去のデータベースは、徹底的な調査ができるほど十分な量になっている。デイトレーディング、短期トレーディング、ポジショントレーディングにデイリーセンチメント指数を使用する方法について定期的に研究をしているが、この強力なツールの使用に関して何でも知っているというわけではない。独自で調査をしたい方（できれば皆さんにお勧めしたい）のために、過去のデータについてハードコピーでもディスクでも無料で用意している。データが欲しい方は、送り先を書いた返信封筒に切手を張って、空のディスクと一緒に送ってもらいたい（ハードコピーが欲しい方は、送り先を書いた返信封筒に切手を張って送っていただきたい）。データについて質問がある方は、遠慮なくオフィスに連絡いただきたい（MBH Commodity Advisors, Inc., P.O. Box 353, Winnetka, Ill. 60093）。この貴重な指標を

調査するのに役立つのであれば、喜んで過去のデータを無料で提供する。

　デイリーセンチメント指数の最新データについては、直通電話サービス、ファクス、HPのBBSで提供している。ただし、データをデイリーに集めてそれを配布するにはコストがかかるため、このサービスには会費をいただいている。

第20章
CTOD（決定的瞬間）
Critical Time of Day (CTOD)

　おそらく、最も興味深く最も好奇心をあおるデイトレーディング手法の１つとして、「CTOD（決定的瞬間）」を挙げることができるだろう。私は、1970年代後半にこの手法を開発してからというもの、ずっと使用している。簡単に適用することができるが、トレーダーは５分おきに価格を追跡して１日中注意していなければならないことから、大変な労力を要する。そのため、この手法はすべてのトレーダーに適しているわけではない。

　CTOD手法は、基本的に開発したときから変わっていない。つまり、かなり効果的だという証拠だ。しかし、CTODはシステマチックでシステムとして使用することもできるが、あくまでも手法であってシステムではないということを皆さんに覚えておいてもらいたい。CTODは、取引日の最初の２時間の５分足の終値に基づいて、日中の値動きを見抜くことを目的としている。

基本的なCTODのシグナルとパラメータ

　CTOD手法を使用するときの基本的な方法論と手順は、次のとおり。

- どのマーケットについても(例外についてはあとで説明する)、トレードの最初の２時間の５分足の終値をグラフに表す。５分足の終値とは、５分ごとの終値のことである。使用する価格は最後の価格であって、５分足の高値や安値ではない。ルールに従って図示すると、図表20.1のようになる。同じ日の典型的な買いと売りのシグナルを図表20.2に示している。

重要──５分足の終値とは高値や安値ではなく、５分ごとの最後の価格

- 最初の２時間の５分足の終値データが集まったら、その最高値が買いのブレイクアウトポイント、最安値が売りのブレイクアウトポイントとなる。
- 上向きのブレイクアウトと買いシグナルは、価格が最初の２時間の５分足の終値の最高値を、５分足の終値が上回ったときに生じる。その場合、成り行きで買い、最初の２時間の５分足の終値の最安値より下にストップロスを置く。
- 下向きのブレイクアウトと売りシグナルは、価格が最初の２時間の５分足の終値の最安値を、５分足の終値が下回ったときに生じる。その場合、成り行きで売り、最初の２時間の５分足の終値の最高値より上にストップロスを置く。
- トレイリング・ストップロスを使用する場合は、ロングについては前の時間の５分終値の最安値を下回る５分終値、ショートについては前の時間の５分終値の最高値を上回る５分終値。
- 金額ベースのストップロス、あるいは本書で紹介したほかの指標(移動平均やオシレーターなど)に基づいたストップロスを使用することもできる。
- 大引けまでにポジションを手仕舞いするか、あるいは損失を出し

図表20.1　最初の2時間の終値──典型的な例

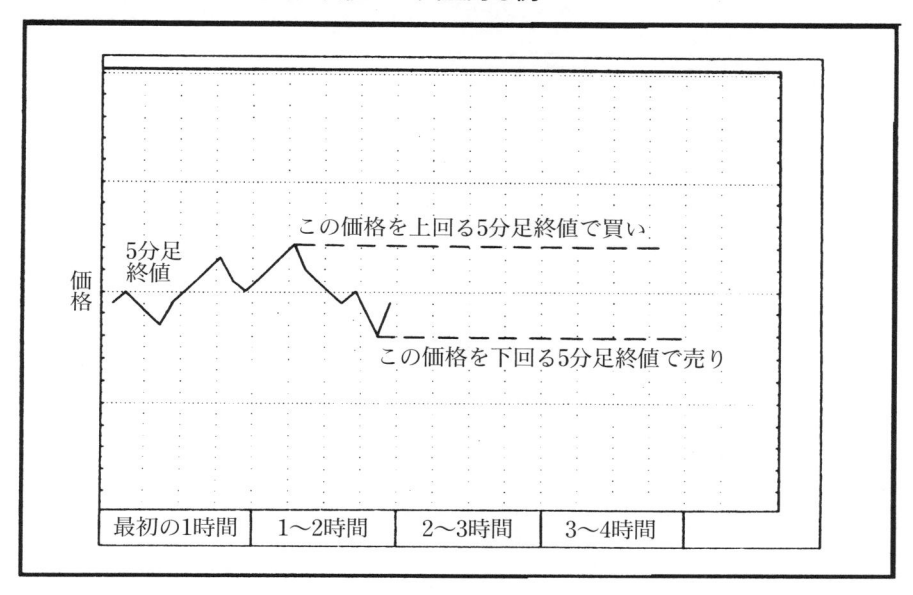

```
価格
    5分足
    終値
         ┈┈┈┈ この価格を上回る5分足終値で買い
         ┈┈┈┈ この価格を下回る5分足終値で売り

  最初の1時間 │ 1〜2時間 │ 2〜3時間 │ 3〜4時間
```

図表20.2　CTODの買いシグナルと売りシグナル

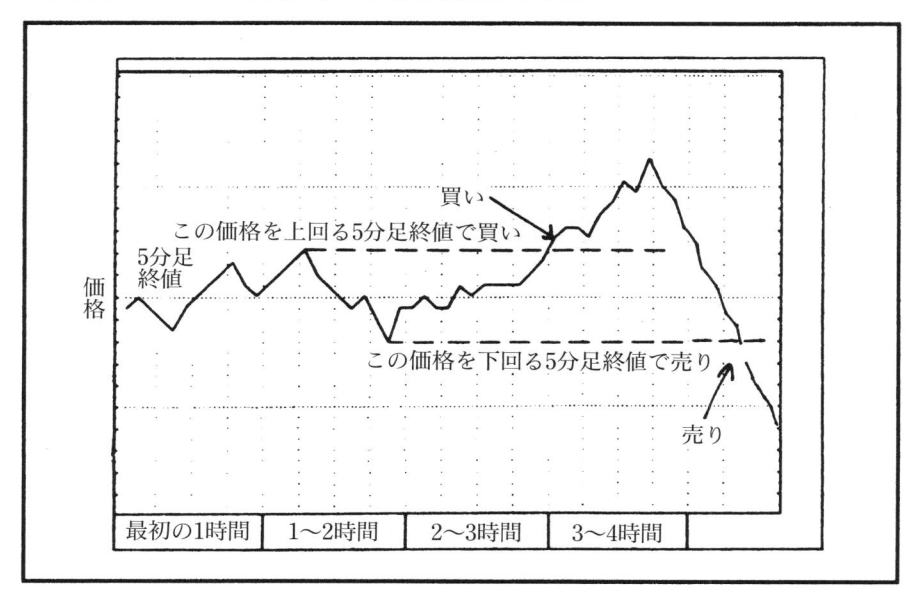

```
価格
    5分足
    終値              買い
         ┈┈┈┈ この価格を上回る5分足終値で買い ↘
         ┈┈┈┈ この価格を下回る5分足終値で売り
                                              ↘ 売り

  最初の1時間 │ 1〜2時間 │ 2〜3時間 │ 3〜4時間
```

図表20.3　CTOD売りシグナル

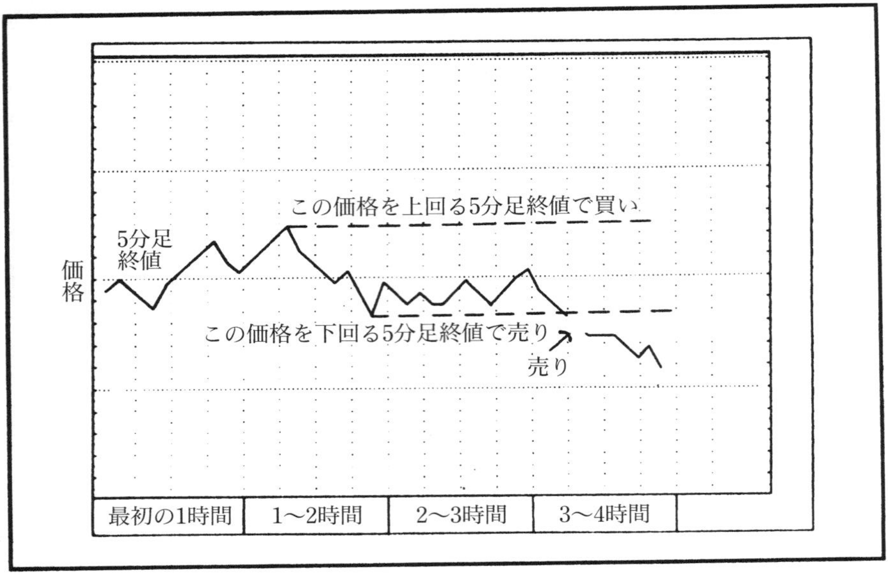
この価格を上回る5分足終値で買い
5分足
終値
価格
この価格を下回る5分足終値で売り
売り
最初の1時間
1～2時間
2～3時間
3～4時間

図表20.4　CTOD買いシグナル

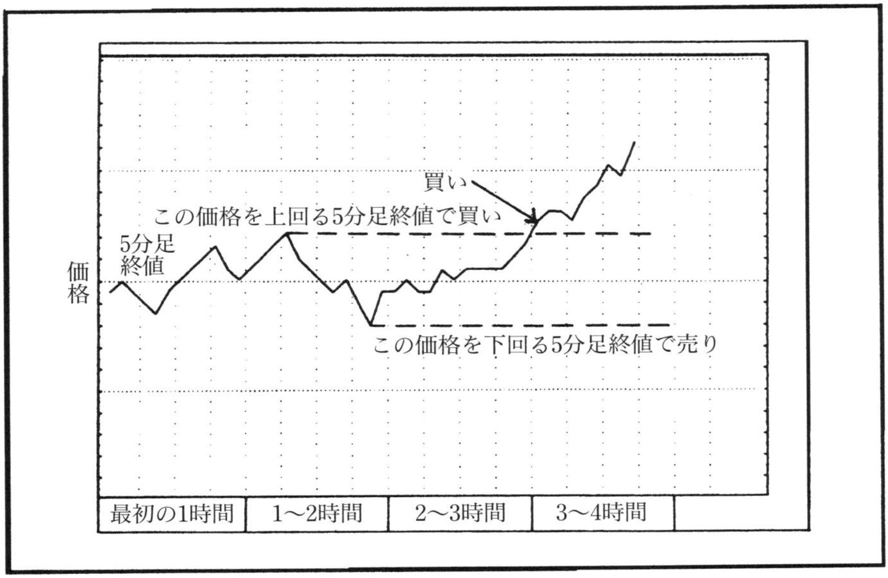
買い
この価格を上回る5分足終値で買い
5分足
終値
価格
この価格を下回る5分足終値で売り
最初の1時間
1～2時間
2～3時間
3～4時間

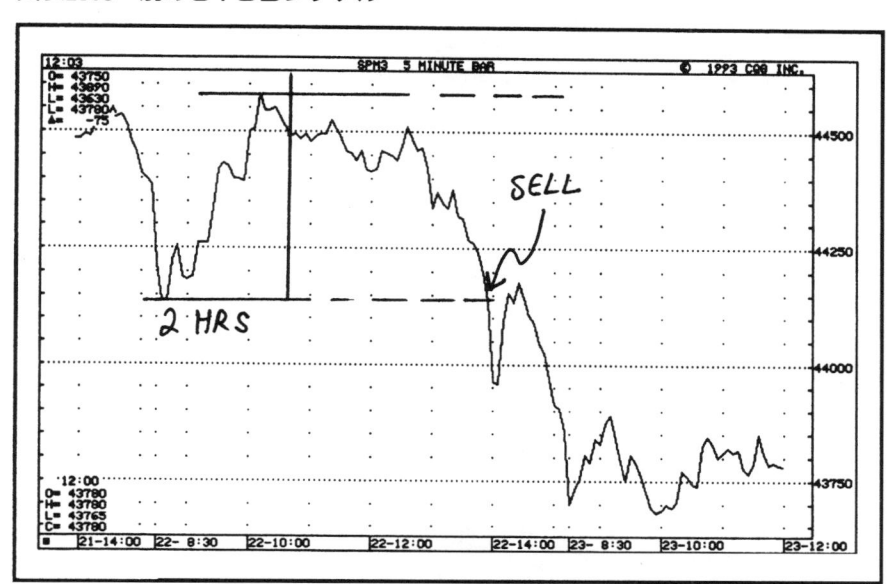

図表20.5　別のCTODシグナル

たり、トレイリング・ストップロスに達した時点でストップアウトしてポジションを手仕舞いする。

　図表20.3から図表20.5（2 HRS＝最初の2時間、SELL＝売り）は、2時間のCTODパラメータを使用した買いシグナルと売りシグナルを表した例である。

CTODを使用するときのコツと提案

●CTOD手法を使用するのに最適なマーケットは、日中に大きな値動きのあるアクティブなマーケットである。現在では、S&P

先物、(ほとんどの) 通貨、Tボンドがこのマーケットに当てはまる。しかし、現在アクティブでないマーケットがある日突然変動的になった場合などには、この例が変わることもある。
- ポジションを建てたら、トレイリング・ストップロスを使用すること。そうしないと、利益が急に減少することがある。CTODトレードの第一の目的は利益を得ることであるが、そのためには、マーケットに変動の余地を残す必要がある。
- 1時間や1時間半など、長短さまざまな時間枠で試してみること。よりうまくいくようなマーケット独自の時間枠について研究すること。
- CTODを使用する場合は、複数枚をトレードするとよい。例えば、最初に2枚でポジションを建てたら、マーケットが膨れ上がったり急下落したりして利益が出た時点で1枚を整理し、さらに動きがあるときまでルールに従って残りの単位を保有することができる。
- トレイリング・ストップロスはCTODに有効である。さまざまなストップロスの手法 (特に、本書で紹介した手法) を試してみること。
- CTODは毎日2つのシグナル (買いと売り) を出す可能性があるが、シグナルを出さない場合もあるということを覚えておくこと。

第21章
いろいろ組み合わせてトレードする
Putting It All Together

　さまざまなシステム、手法、指標について説明したところで、最終的な問題に取り組んでみよう。それは、トレーディングで利益を上げる戦略を立てるにはこれらをどのように組み合わせて利用したらよいのか、という問題だ。これはシンプルな問題のようであるが、残念ながらそれほど簡単ではない。トレーディングに何を期待するか、そして能力や有効な時間はトレーダーによって大きく異なるため、戦略や方法論の有利性や妥当性を絶対的に判断することは不可能なのだ。この件については、トレーダーが各自で取り組む必要がある。とは言うものの、私は、経験に基づいて皆さんにいくつか提案しようと思う。それはきっと皆さんの役に立つであろうし、これからのデイトレーディングでぜひ有効に活用してもらいたい。残念ながら、規制当局は利益を保証することを禁止している。しかし、次のことは保証できる。

**　トレードのルールや指標を学び、それに従ってマーケットに適用するならば、一貫して行動し、資金を十分に用意し、必要に応じて損失を認めるかぎり、デイトレーディングで利益を上げることができるだろう。**

　このことを念頭に置き、経験に基づく貴重な提案をいくつか紹介し

よう。ただし項目の並びは、実施する順番でも重要度の高い順番ということわけでもない。

デイトレーディングを始める前に

皆さんは、すでにデイトレーディングを始めているか、短期トレーディングを行っていることだろう。その結果に満足していない場合は、今していることをやめて、本書で紹介する提案や手法を取り入れることを考えてみてほしい。論理的な点で興味をそそられるだけでなく、トレーダーとしての能力に合ったトレーディングテクニックを見つけることが重要である。例えば、フルタイムの仕事を持っていて、5分とか10分ごとに値動きを見ることができない場合、本書のテクニックはあまり適切とは言えないものが多い。その場合、2つのギャップ手法のようなテクニックに限定してトレードしようと考えるだろう。しかし、日中のマーケットを見守ることができる場合は、トレーダーとしての能力に合ったテクニックを見つけなければならない。例えば、支持線と抵抗線の手法でトレードするために、マーケットを常に見守るよりもポップのようなテクニックでトレードしたいと考えるならば、シグナルが出現したときに知らせてくれる指標が組み込まれたソフトウエアを使用するとよい。確かに、特定の支持と抵抗の水準に達した時期を見分けるという点では、この方法も考慮に値する。多数のトレードソフトウエア・プログラムが開発されているため、いろいろ調べてみるとよいだろう。

すでにアクティブなトレーダーである場合

すでにデイトレーディングを行っている場合は、皆さんが現在行っている事柄を改善できるかどうか、本書で紹介しているテクニックを試してみるとよいだろう。しかし、今のテクニックに満足している場合は、本質的にそれを変えないほうがよいだろう。私の提案、指標、

手法によって利益を得る可能性がまだあると考えるならば、皆さんが現在行っているトレーディングを阻害したり混乱させたりせずに私のアイデアを実行できるように、別のデイトレーディングの口座を開設するとよいだろう。

1日の準備

　私は毎朝早くにトレードの準備をするが、これができないトレーダーや、前日の大引け後や前の晩に準備をするほうが好きなトレーダーもいる。ある程度系統化して準備をしていれば、どちらのやり方でも構わない。私の経験から言うと、衝動的な判断をすると大失態につながる。突然の判断をしてはならないと言っているのではない。しかし、トレーダーは、翌日何をするべきかということを大まかに考えておくことが大切である。

　ギャップシステムでトレードしている人は、事前の作業が非常にはっきりしている。寄り付き前（前の晩でも当日でもよい）にマーケットをよく調べ、その日の安値で引けたマーケットやその日の高値で引けたマーケットを見つける。マーケットと限月を急いでメモして、翌日の寄り付きギャップを期待する。このように準備をしておくと、ボラティリティがない、売買高が少ない、価格変動が小さいといった理由からデイトレーディングで利益を上げられないマーケットをフィルターにかけることができる。ただし、特定のマーケットについてギャップトレードができないなどと決めつけてはならない。眠っていると思われていたマーケットが、寄り付きのギャップ後に突然活発になることもあるからだ。

　移動平均チャネル手法（MAC）と日中チャートをあらかじめ使用しておけば、支持線と抵抗線を判断することもできる。この作業をしておくことをお勧めする。私は、前もってマーケットのシグナルを調べたり、チャートパターンを作成したり、支持と抵抗の水準を見つけ

たりするのが大好きである。

重要なレポートが予定されているかどうか判断する

　政府の報告やニュースに対するマーケットの反応を見ることに興奮を覚えるトレーダーは多いが、私はこのようなことに強い印象は受けず、むしろ報告発表後の騒ぎが収まるまでマーケットを避けるほうがよいと考えている。マーケットの反応からトレードの機会が生じることもあるが、私は、平均的なトレーダーはニュースが消化されるまで待ってから、デイトレーディングを行ったほうがずっと賢明だと考える。

　私は、トレードの最初の1時間後、夜間のニュースが消化された後、重要な報告の発表後、ならびに取引参加者が買いや売りのセンチメントを表明したあとに出現したトレードシグナルは信頼性が高い、ということを知った。さらに、トレードセッションの最後の1〜2時間くらいに出現したシグナルも信頼性が高い、ということも知った。この主張を裏づける統計的証拠はないが、マーケットを調べて皆さんなりの判断をしてほしい。

記録を残しておくこと

　トレードを始めたころに記録を取ることの重要性を学んでいたら、私はもっと大金持ちになっていただろう。このことは、特にデイトレーダーに当てはまる。ポジションを毎日管理すること、ブローカーの報告に従って執行価格を正確に把握すること、注文の取り消しや入れ替えを確実に覚えておくこと、注文の執行を確かめることは、アクティブなトレーダーにとって非常に重要なことである。誤りは頻繁に生じるため、すぐにそれを正さなければならない。そうしないと、手痛い失敗になりかねない。取引所で使用しているようなトレーディングカードを使用するか、あるいは図表21.1のようなスプレッドシートを

図表21.1　トレード記録のサンプル

買/売	市場/限月	仕掛け価格	現在の注文	手仕舞い価格	利益/損失	注記

作成するとよいだろう。もっと簡単なのは、一般的なスプレッドシートプログラムでスプレッドシートを作成し、ポジションを管理することだ。

　記録システムは、何も精巧である必要はない。機能的であればよいのだ。注文が執行されたら、注文にチェックをつける。注文が取り消されたら、注文を棒線で消す。注文が取り消されて、その後入れ替えられたら、それが分かるような印をつける。注文番号も必ず記入する。注文番号は、注文が置かれたときにブローカーから知らされる（ことが多い）。このようにしておくと、注文が執行されたか取り消されたかどうかが簡単に分かる。特に、アクティブなデイトレーダーには役に立つ。注文を出すたびに、ブローカーに注文番号を確認しておくこと。

　また、注文を出した正確な時間を書き留めておくか時間を刻印するスタンプなどを使用して、各注文について伝票を実際に記入しておくこと。この作業が細かすぎるとか強制的だと感じるかもしれないが、

私を信じてほしい。けっしてそのようなことはない。私のオフィスを見たことがある人なら、細かい点に注目するというのが私の性分に合っていないことがお分かりいただけるだろう。しかし、大失敗から身を守るためには必要なことなのだ。系統化すること、そして記録をつけることは、デイトレーダーにとって非常に重要なことである。

　毎日のトレードを始める前に、ポジションをチェックすること。前日の注文が事実どおり正しい価格で執行されているかどうか（つまり、報告を受けた価格かどうか）を確認すること。変更、漏れ、訂正、誤りがあったらブローカーにすぐに報告すること。報告が遅れると、実際のところはだれのミスかということは問題ではなく、すべて皆さんのミスになるのだ。アクティブなトレーダーに対して、大引け後に仮の売買報告書を発行してみようと提案する証券会社もある。コンピューターでダウンロードして、シカゴ時間の午後４時前にはプリントアウトすることができる。アクティブなトレーダーにとっては、仮の売買報告書は非常に有効である。私が推奨したスプレッドシートやトレーディングカード以外にも、ポケットサイズのノートパッドも大いに役立つだろう。

　注文の取り消しを忘れていないかどうか、あるいは注文番号の記入を忘れていないかどうか、１日のうちに何度も確認すること。不要なことに思えるかもしれないが、短期的にも長期的にも利益をもたらすことを約束する。デイトレーディングで成功するための基本として、記録保持は本当に重要なのである。

注文を迅速に正しく置くこと

　注文の出し方については、すでに提案や説明をしたとおりである。皆さんがすべての専門用語に精通しており、さまざまな注文をさまざまな目的でさまざまなタイプのマーケットに適用することを理解している経験豊富なトレーダーでないかぎり、私の定義や提案について検

討してほしい。デイトレーディングで成功するには、正しく注文を置くことが必要不可欠である。注文の置き方について検討し、ブローカーと適切なコミュニケーションを図っているかどうか確認すること。注文が正しくないと、失敗につながることが多い。

関係ない情報を避けること

このことは特に重要である。デイトレーダーは、たくさんの無関係の情報に囲まれている。このような情報は、トレーダーを混乱させ、躊躇させ、困惑させ、おじけづかせるだけで、何の役にも立たない。したがって、関係ない情報を最小限にとどめ、皆さんのトレーディング機会に影響を及ぼしたりトレードセッションを侵害しなりしないようにしたほうがよいだろう。的外れの情報に躍らされて判断すると、利益につながらない場合が多い。ニュースを利用してポジションの売買を行って利益を得るような特別な場合を除いては、無関係の情報はデイトレーダーの敵であり、最小限に抑えなければならない。雑誌を読んだり、ニュースに注目したり、寄り付きの兆候を調べたりして利益を上げるトレーダーもいるが、私は、このような情報はあまり生産的でないと考えている。

トレード日誌をつけること

長年にわたって私を助けてくれたのは、トレード日誌である。これも不要で強制的に思えるかもしれないが、強迫感にとらわれないでもらいたい。トレード日誌を詳しくつけることは（特にデイトレーディングの初心者にとっては）、最も効果的な学習ツールになるだろう。日誌には、すべてのトレード、仕掛けた理由、手仕舞いした理由、トレード判断に影響を及ぼしたであろうその他のコメント（特に、潜在的な感情についてのコメント）を記載すること。日誌はすぐに見直すことができるようにしておかなればならない。実際のところ、１日に

１回以上、できればトレードセッションの終わりか次のトレードの前に見直すと、失敗も成功も思い起こすことができる。自分のトレーディングを見直すとそこから学ぶことができ、負けにつながる行動を減らして勝つための行動を増やすこともできるようになるのだ。また、本書で紹介しているかどうかにかかわらず、皆さんが使用しているトレーディングのシステムやテクニックについて詳しく学ぶこともできる。

第22章
デイトレーディングの心理学
The Psychology of Day Trading

　長期、中期、短期、そしてデイトレーディングのいずれかを問わず、トレード方法論のなかで最も重要な部分はトレーダーの心理だろう。私がトレーダーの心理について調べ始めたのは、1968年に初めてトレードをしたころにさかのぼることができる。臨床心理学を学び、数年間開業した経験があるため、私は、トレーダーが自らの行く手に心理的な障害物を置いてしまうことや、トレーダーの限界についてたくさん見てきた。1980年に出版した私の著書、『インベスターズ・クオーシャント（The Investor's Quotient）』はロングベストセラーとなっているが、それはけっして私の文章が優れているわけではなく、むしろトレーダーが自らの限界を認識していて、それを克服する方法を知りたがっているという証拠だと思う。

　私の意見に賛成できない方もいるだろうが、この章は本書のなかで最も重要な事柄を説明している。この章で説明する内容を無視したり、この章を飛ばして読んだりしてもかまわないが、きっと大きなミスにつながるということを警告しておく。何冊もの本で説明している事柄を１つの章にまとめるのは至難の技であるが、デイトレーダーである皆さんに落とし穴が待ち受けていることを知らせるためにベストを尽くすつもりだ。

　デイトレーダーは、マーケットで活動する時間が非常に短いという

※参考文献　『文庫マンガ投資の心理学』（パンローリング刊）

特徴を持っている。長年にわたって、デイトレーディングは「投機のなかの投機」であると考えられていた。しかし私が思うには、それはデイトレードできない人やデイトレードすることを恐れている人が伝えた作り話ではないだろうか。デイトレーダーは有利な立場にいる、というのが真相だ。真のデイトレーダーは、1日の時間枠でできることが制約されているということを認識している。デイトレーダーはマーケットにおける射撃の名手のようなものなのである。有望なターゲットを見つけ、それに狙いを定め、引き金を引き、獲物を捕らえることに集中する。これがデイトレーダーなのだ。

　デイトレーダーは、一貫性があり、効率的で、順応性があり、忍耐強くなければならない。これらは、デイトレーダーにとって最も重要な資質である。デイトレーディングはトレーダーに開かれた道のなかでも特にユニークなトレードであるため、心理的な面でも独自の特徴を持っている。この章では、デイトレーダーが直面する主な問題について説明し、さらにその限界を克服して強みを最大限に伸ばすのに役立つであろう手法を提案する。

成功に必要な自己規律

　デイトレーディングの成功を制限している心理問題や行動問題について検討する前に、デイトレーディングの結果を促進したり向上させる資質について考えてみよう。何よりも、「規律」が大切である。これまでに、皆さんは規律という言葉を何百回、いや何千回と耳にしたことがあるだろう。これは、トレードにおいて最も使い古された言葉と言えるだろう。単にこの言葉を使うことと、本当の定義を行動レベルで理解することは違う。理解するほうがはるかに難しいのだ。では、「規律」とはどのようなことを意味するのだろうか？

- 規律とは、トレーディングプランを立ててそれを維持できるだけでなく、トレーディングプランがうまくいかない時期やそれを断念する時期を認識できることでもある。
- 規律とは、デイトレーディングのポジションが利益を上げているときに十分な時間をとり、さらに言えば、ポジションがうまくいっていないときにも十分な時間をとれることである。
- 規律とは、損失を出しても再度トレードできることである。関係のない情報を無視して、自分のシステムに関連しない意見を避けられることである。
- 規律とは、妥当なポジションサイズを維持し、資力を超えたトレードにつながる行動を避けられることである。
- 規律とは、自分のトレーディングシステムを維持し、必要なタイミング指標を算出する(コンピューターでも手計算でも)のに必要な根気強さである。
- 何よりも規律とは、前日に勝っても負けてもトントンでも、毎日トレーディングをすることである。

規律とは、さまざまな要素で構成されている。つまり、1つの特定のスキルではないのだ。トレーディングにおける規律を理解するのに最適な方法は、規律を構成する行動について調べることだ。では、その構成要素について調べることにしよう。

根気

これは、トレーダーが持つべき資質のなかで最も重要なものだろう。デイトレーディング、さらに言えばすべてのトレーディングでは、結果が良くなかった場合でもトレードを続けられるという能力が必要である。マーケットやトレーディングシステムの特性から、悪い時期の

※参考文献　マーク・ダグラス著『規律とトレーダー』(パンローリング刊)

あとには良い時期も訪れ、良い時期のあとには悪い時期が訪れるものだ。**損失が続いたあとに最大の成功が待ち受けていることもある。**このような理由から、自分のトレーディング手法を根気強く適用し、それを妥当な期間使用し続けることが重要なのだ。すぐにあきらめてしまうような人は、システムが機能し始めたころにはもうトレードから手を引いてしまっているし、あきらめが遅すぎても取引資金を使い果たしてしまう。そのため、根気強いことも重要であるが、手放す時期を知ることも重要である。

　根気強いことがそれほど重要であるなら、トレーダーはどのようにしてこの資質を作り出せばよいのか？　答えは簡単であるが、それを実行するのは簡単ではない。根気強く行動することで根気が形成されるのだ。循環論法のように聞こえるかもしれない。しかし、**根気を養う唯一の方法は、各自のシステムや手法の指図に従って実施するように自分に強いることである。**難しいと思ったら、まずトライしてみよう。トレーディングシステムや手法に責任を持つ。ルールに従ってそのアプローチを一定期間やり遂げる。あるいはそのシステムが主観的なものであれば、できるだけ堅実にそのシステムを使用してトレードしてみる。

　首尾一貫してルールを適用してみると、その一貫性が成果を上げていること、そして努力に見合った利益を上げていることに気づくだろう。トレーディングがうまくいかなかった場合でも、多くのことを学んでいるはずである。できるだけ多くのトレードやルールに従うと、システムや手法を守ること、規律を持ってトレードできること、そのためには根気が必要であることを学んでいるだろう。

　このような行動と、無計画にトレードしたり、ルールを首尾一貫せずに適用したりして、無知や混乱が生まれることを比べてみよう。皆さんのトレーダーとしての経験を振り返ってみてもらいたい。最悪の損失を出したときのことを思い起こしてみると、**システムや手法に従**

って損失を出したのであれば、心理的に受け入れることは簡単だ。しかし、損失を受け入れられないと厄介なことになり、最終的には、財政的にも心理的にも大きな大きな手痛い失敗となるだろう。根気というスキルを身につけたかったら、それを実践する必要がある。責任を持つことで、たとえ短期的なものであっても素晴らしい結果が得られるだろう。

損失を受け入れる

これも、トレーダーとして成功するのに持つべき、獲得するべき、そして開発するべき重要な資質である。どのトレーダーにも当てはまることであるが、失敗の最大の原因は、損切りするべき時に損失を受け入れることができない、ということだろう。損失というのは、改善するよりもむしろ、悪化するという厄介な習性を持つ。損切りをするべき時にしておかないと、好ましい結果は得られない。

（1日の大引けには損失を認めなければならないため）デイトレーダーのほうがポジショントレーダーより損切りは簡単であるが、それでも損失を認めたがらない多くのトレーダーが失敗している。有能なデイトレーダーというのは、損切りが妥当と思われるときには損切りすることができるのだ。各自のトレーディングシステムやリスク管理テクニックでそう指図しているのであれば、損切りは妥当なのだ。私の経験と観察から言わせてもらうと、**大きな損失の75％以上が、まだ損失が小さかったときに認めておかなかったことが原因となって生じている**。

私の最大の損失も、損切りに適した時期にそれを受け入れなかったことが原因であった。500ドルの損失が5000ドルにまで膨れ上がってしまったのだ。幸いにも、重大な罪を犯したのはそれが最初で最後であった。しかし残念ながら、損切りに適した時期にそれを認めないト

レーダーが非常に多いのが事実である。その点、デイトレーダーには損切りの機会が2回ある。1回目は、**システムで判断するストップロス・ポイント**か、前もって決めておいた金額ベースのリスクストップ。そして2回目は大引けである。デイトレーダーは大引けにすべてのポジションを整理しなければならないという点で幸運である。翌日にポジションを持ち越さないため、損失を小さく抑えることができるからだ。

うまく損切りできるようになるポイントをいくつかお教えしよう

1．**ストップロスのルールを具体的に定めること**。システムに従って判断するか、金額ベースのリスク管理で判断するかのいずれにしても、そのルールを大きな紙に書き表しておくこと。そしてコンピューターでも電話でも注文を出すときに、そのコピーを常に見ることができるように近くに置くこと。コンピューターやクオートシステムを使用しない場合は、インデックスカードを作成して手元に置き、1日のうちに何度も確認できるようにしておくこと。

2．**システムで指図した損失を今後10回認めること**。この行動が習慣的なものになると、損失を受け入れやすくなるだろう。

3．**フルサービスのブローカーやトレードパートナーと取引している場合は、ストップロスのポイントをブローカーやパートナーに認識させること**。それに従ってポジションを整理しなければならないと、念を押しておくこと。ブローカーやパートナーとの関係が緊密な場合には、ポジション整理の権限をブローカーやパートナーに委譲することもできる。

4．**ストップロスを定めること**。デイトレーディングの性質上いつも勧めるわけではないが、もっとシンプルな手順としては、仕掛けの注文が執行されたらすぐにストップロスを出すとよい。

これらのポイントを理解すれば、きっと皆さんはタイムリーで理にかなった方法で損切りすることができるだろう。

資力を超えた売買をしない

毎日トレードしなければならないと考えているトレーダーが非常に多い。トレード依存症になっているトレーダーもいる。トレードをしないと、まるで食事をとらなかったような気分になってしまうのだ。実際には、トレーディングの機会が少ない日もある。**資金を蓄えて不要な手数料や損失を避けたいと考えるデイトレーダーは、デイトレーディングが毎日のイベントではないということを認識しなければならない**。トレードのシグナルがない日もあるのだ。私の言うことを信じてほしい。

デイトレーダーが道に迷っていることを示す兆候の1つに、「良いトレードを求めるシンドローム」というのがある。コンピューターの前に座っていて、その日にトレードがなくて退屈な気分を味わったことはないだろうか？ チャートを探して無意味にキーボードをたたいたりしたことはないだろうか？ そうであれば、**それが最初の兆候である**。このような症状が出てきた人は、探すのをやめなければならない。1日のうちにはたくさんのデイトレーディングの機会があるが、毎日あるというわけではない。したがって、どのマーケットでデイトレードするかという基準を自分なりに定め、そのマーケットにデイトレーディングの機会がない場合は、オレンジジュースやパラジウムなどのマーケットでデイトレーディングの機会を求めてさまようようなことをしてはならない。うまくいく場合もあるが、成功する公算は非常に低い。私の言うことを信じてほしい。デイトレーダーとして成功する人は、ほんの一握りのマーケットに限定して、そこで成果を上げ

るのだ。トレーディング機会を求めて手を広げすぎてはならない。この件については、次の項目で詳しく説明する。

マーケットの限定

　デイトレーディングで成果を上げるということは、細心の注意を要し、時間のかかることである。つまり、努力、遂行、そして根気を必要とするのだ。本書で説明したデイトレーディングのテクニックのなかには厳密に言えばメカニカルなトレーディング（特にギャップ手法）もあるが、それはごくまれなケースである。マーケットを注意深く観察しなくても、ギャップトレードを行うことはできるだろう。しかし、ほとんどのテクニックが、細心の注意を必要としているのだ。したがって、デイトレーダーが一度にたくさんのマーケットに関与することなど不可能である。デイトレーディングには３つのマーケットで十分だと私は考える。もっと言えば、初心者のデイトレーダーに関しては、１つのマーケットに限定することを勧める。そして、スキルを伸ばして利益を増やすために、徹底的かつ慎重にそのマーケットに参加するのだ。

　では、初心者はどのようにトレードしたらよいのだろうか？　当然のことながら、その答えは市況によって異なる。過去の例からデイトレーディングに適していると言えるマーケット（通貨、S&P先物、Tボンドなど）もある。

　しかし、銀、大豆、原油関連商品などのマーケットも、一定の状況下にあればデイトレーディングに適している。したがって、私は、十分にアクティブでボラティリティがあるときにはこのようなマーケットにも注目する。ギャップトレードする場合、買いまたは売りのストップを明確に定義して大引けに手仕舞いするのであれば、デイトレーディングに適したマーケットはたくさんある。ギャップトレードでは

それほど慎重になる必要はないため、多くのマーケットでデイトレードを行うことができる。しかし初心者については、テクニックをマスターして自信をつけるまでは、トレードのポートフォリオを限定しておくことを勧める。

十分な資金で始める

　1日の時間枠でトレードする場合でもポジショントレーディングの場合でも、おそらく最大の失態は、不十分な資金でトレードしようとすることだろう。デイトレーダーは大引けまでには手仕舞いするので、オーバーナイトのポジションを維持するための証拠金が必要ないことから、十分な資金がなくてもよいという意見もあるだろう。

　しかし、限られた資金では多くの資金を持っている人と対等にゲームをすることができない、ということも事実である。パフォーマンスが良くない時期も乗り越えなければならないというプレッシャーを感じずに特定のトレーディングシステムや手法を使用するには、十分な資金を持って始めることが重要である。

　資金が限られたトレーダーは、現実的なラインを超えて損失を出さないように注意を払って神経質になるだけでなく、良い機会が現れる前に損失が続いて大打撃を受けてしまうこともある。したがって、トレーディング口座に十分な資金を準備しておくか、資金に見合ったポートフォリオでトレードすることを前もって決めておく必要がある。資金不足の口座で始めてはならない。これは失敗への招待状と言っても過言ではない。十分な資金で始めるためには、トレーダーは現実的でなければならない。そして何よりも、必要な投機資金が集まるまで我慢しなければならない。

ニュースの活用

　多くのトレーダーは、ニュースのあとを追うと損失につながりやすいということを学んでいる。私は、トレーダーがファンダメンタルのニュースや国内外や政治のイベントを強みとして利用できる方法を発見した。ニュースを自分の利益に結び付けるには、ニュースのあとを追うのではなく、ニュースの影響の減衰を利用することだ。つまり、ニュースが公になるずっと前に建てたポジションを、ニュースを利用して解消するのだ。私は、古いマーケットの格言「噂で買ってニュースで売る」を今でも信じている。

　場中には、ニュースが公になる前にマーケットがニュースに敏感に反応することが多い。インサイダーは期待で売買し、ときには噂で売買し、そして多くの場合は事実に基づいて売買する。一般の人がニュースを知る前にポジションを建てておき、ニュースが公になると急騰や急落を利用して手仕舞いする。

　したがって、ニュースを味方につけたいと思うなら、コントラリアンにならなければならない。特にデイトレーディングではこれが効果的である。日中のトレンドに従うことは間違いではないが、日中のトレンドはニュースの発生に反応することが多い。自分のトレーディングシステムや手法に従っていれば、そのようなニュースが発生したときでも正しいポジションをとることができる。価格の急騰や急落を利用してそのポジションを手仕舞いするのだ。それには、自制心だけでなく、ニュースを手仕舞いの機会だと考える能力が必要になる。もっと利益を得るためにポジションを保持する機会ではないのだ。

一瞬の値動きの利用

　デイトレーディングで利益を上げるには、一瞬の値動きを利用する

方法を身につけなければならない。前の項目では国内外、政治、経済のニュースに関連した価格の大変動について説明したが、ニュースがなくても、表面上急激に価格が変動することがある。そのような場合には、皆さんが知らないうちに、立会場で噂が立っていたり、皆さんが知らないうちに大量の買い注文や大量の売り注文があったりする。一瞬の値動きが起こったときというのは、値動きに合わせてポジションの整理を行う機会である。

　原因が何であれ、日中に急激な価格上昇や下落があったら、現在のポジションの利益を確定したり、支持線と抵抗線の手法を使用して新規にポジションを建てたりする機会であると考える。この資質は、デイトレーディングの目的に見合ったものであるため重要である。日中に生じた急激な価格上昇や下落は意味がない、と考えるデイトレーダーが多すぎる。しかし実際にはそうではなく、まさにデイトレーダーの目的にぴったりの動きなのである。毎日利益を上げるには、このような価格の動きを利用しなければならない。この方法を望まない方は、ストップロスを（ポジションに応じて）上下させるか、値動きに合わせたメンタルなストップロスを使用しなければならない。つまり、値動きが生じた直後にそれが無効になった場合、トレイリング・ストップロスを使用する、ということである。この方法を使用すると、本来なら得られないような大きな利益を確定することができる。

毎日の目標を忠実に守る

　何よりも、デイトレーダーとして大切な目標があることを覚えておかなければならない。それは、毎日利益を上げるということである。毎日利益を上げるためには、その日の純利益（費用控除後）について認識しなければならない。そして、毎日の儲けを増やすために、ますます純利益を上げる努力をするようになるだろう。

長年にわたる短期トレーディングとデイトレーディングの経験に基づき、私は、利益を確保するために大引けにかけてポジションを整理し始めるタイミングについて各自で基準を定める、ということを皆さんにアドバイスする。大引けの１時間くらい前が望ましいだろう。そのときにポジションを整理し始めることもできるし、あるいはフォローアップのストップロスを出して現在の利益を「確定する」こともできる。

　私のアドバイスに賛成できないトレーダーもたくさんいるだろう。しかし前に述べたように、これは長年の経験に基づくものであり、デイトレーダーの大切な目標を達成するためのアドバイスである。デイトレーダーは、どんなに少額でも、利益を出して１日を終えなければならない。それができるようになると、デイトレーダーとしてのスキルは明らかに強化されるだろう。これが自信につながり、トレーディングという職業に対してポジティブになれる。特に、損失が続いているような場合には、このような気持ちは非常に重要である。言い換えると、毎日わずかでも利益を上げることができたら、デイトレーディングに対する皆さんの態度はよりポジティブになり、自信がつき、どのトレーダーにも起こり得る一時的な失敗にも耐えられるようになるだろう。

　しかし、この目標を達成するには、この考えを最重要事項として取り入れて自己のものとする必要がある。ポジショントレーダーや短期トレーダーに適したことが、必ずしもデイトレーダーに当てはまるわけではない。利益や損失を翌日に持ち越したいと考えているなら、それはデイトレーダーとしての目標に忠実とは言えない。デイトレーディングもポジショントレーディングもしたい場合は、混乱を避けるために別の口座を持つことを強く勧める。目標を常に念頭に置くこと。そうすれば、目標からそれることもなくなるだろう。

マーケットセンチメントを利用してデイトレーディングの機会を見つける

　デイトレーディングで利益機会を見つけるためには多数派の意見に逆らうことが重要である、と前に説明した。これはデイトレーダーにとって最も大切な資質の１つである、と私は確信している。トレンドに従っていれば多くの儲けを得ることができるが、**トレンドの転換時期を見極めることも重要である**。その最適な方法の１つとして（もちろん、このほかにも方法はある）、マーケットセンチメントを使用することが挙げられる。

　マーケットセンチメントの適用についてはすでに説明しているため、ここで繰り返して説明はしない。しかし、その重要性については再度認識しておいてもらいたい。**デイトレーダーはコントラリアンでもなければならないのだ**。トレンドに逆らわなければならないと言っているのではない。**センチメントが非常に高いか非常に低いかということを常に認識していなければならない**、という意味である。これは、利益をすぐに確定するべきかどうか、利益を累積できるかどうか、トレンドに逆らってトレード機会を探すべきか、ということを判断する重要なヒントになるはずである。

まとめ

　デイトレーダーが身につけるべき重要な資質はこのほかにもたくさんあるが、特に有意義なものについて説明したつもりである。この資質を伸ばす努力をするなら、**デイトレーダーとして成功する可能性は確実に高くなる**。長年の経験から、私は、成功したデイトレーダーとそうでないデイトレーダーとの大きな違いは、トレーディングシステムではなく心理的な構造と身につけたスキルにある、ということを学

んだ。

　効果的なトレーディングシステムを知ることももちろん大切なことであるが、いくら最高のシステムでも訓練の足りないトレーダーが使用したら、それは破壊的な道具にしかならない。したがって、皆さんは、この章で紹介したガイドラインに従ってデイトレーダーとしてのスキルを伸ばす必要があるのだ。

　マーケットによっては、個別に取り組まなければならないような特殊な問題もあるだろう。そのような場合には、問題をできるだけ簡潔に認識することを勧める。問題を最小化するのに適した方法が考えつかない場合は（しかも皆さんに影響が及ぶ場合は）、専門家に相談するとよいだろう。良い相談相手が見つからない場合は、一筆お便りをいただければ何らかのお手伝いができるかもしれない（MBH Commodity Advisors, Inc., P.O. Box 353, Winnetka, Ill. 60093）。

第23章
24時間トレーディングの影響
The Impact of 24-Hour Trading on Day Trading

　欧州先物市場の取引が活発化したことやGLOBEXによる24時間取引が米国の先物市場に大きな影響を及ぼすようになった。デイトレーダーのなかには、これが自分のシステム、手法、手順、そして利益に不利な影響を及ぼすのではないか、と心配する人もいる。しかし私はそうは思わない。マーケットは24時間グローバルに取引されているのだ、ということを認識しているかぎり、それに応じて各自の手法を調整することができる。この章では、デイトレーダーである皆さんに関連する欧州マーケットや24時間トレーディングについて提案と意見を述べる。

　1．まず、「欧州マーケット」について定義しよう。時間がたてばこのリストも変わるかもしれないが、現時点では、主に、LIFFE（ロンドン国際金融先物取引所）とパリのMATIF取引所でトレードされるマーケットのことを指している。特に信頼できる指標や手法として本書で使用しているのは、ギルト債、ブンド債、イタリア国債、ユーロ・マルク、ポンド短期金利先物、FTSE（FT100種）、PIBOR（パリ銀行間出し手金利）、CAC40（フランス株価指数）、DAX（ドイツ株価指数）、そしてユーロ・ナショナル・ボンドである。

　2．本書で説明しているシステム、手法、指標は、どのような場所

図表23.1　ギルド9月限のCTOD手法

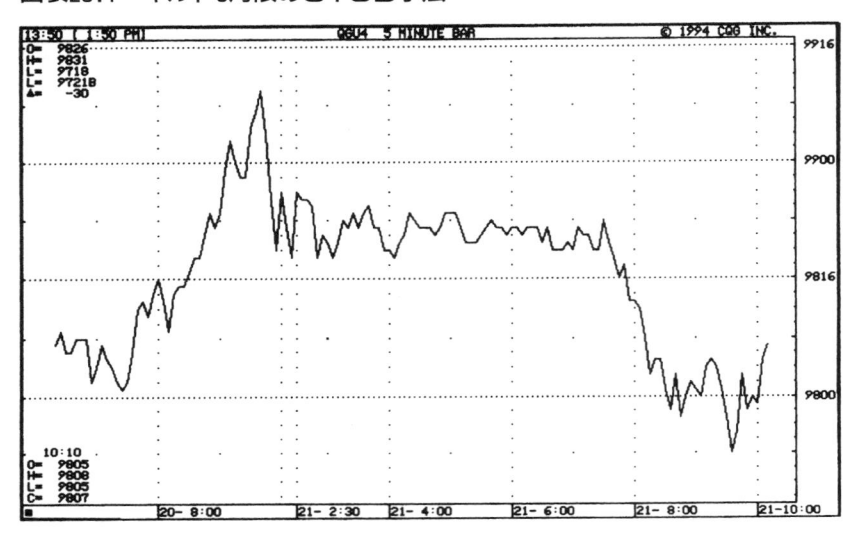

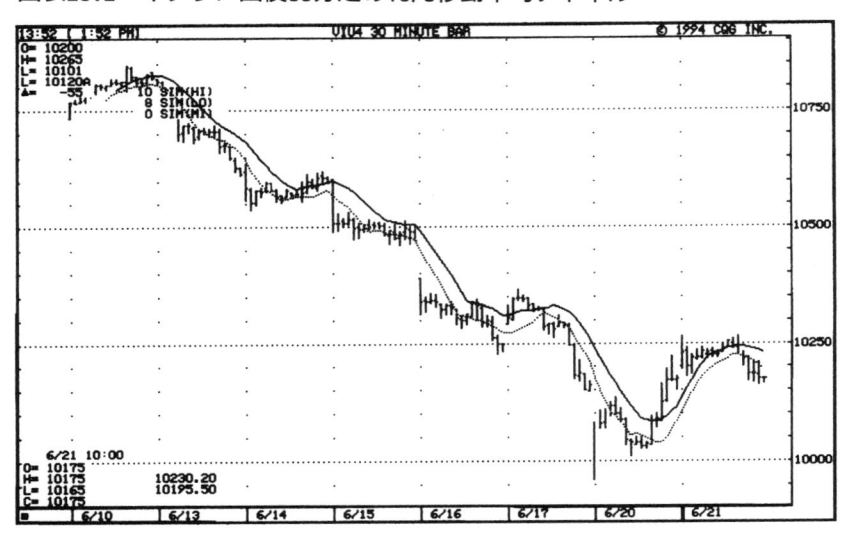

図表23.2　イタリア国債30分足の10/8移動平均チャネル

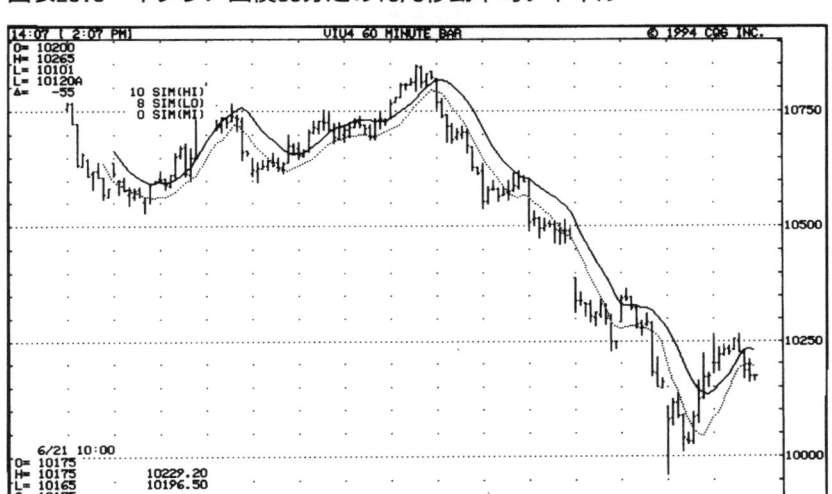

図表23.3　イタリア国債60分足の10/8移動平均チャネル

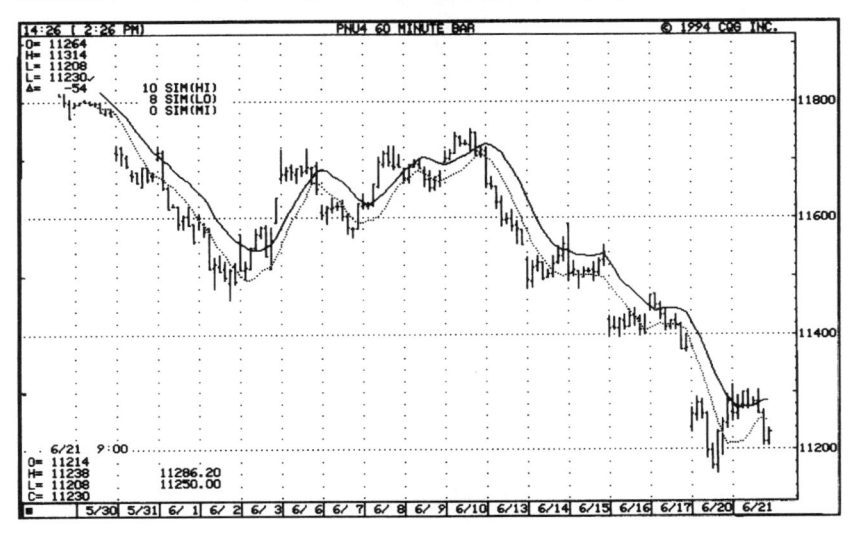

図表23.4　ユーロ・ナショナル・ボンド60分足の10/8移動平均チャネル

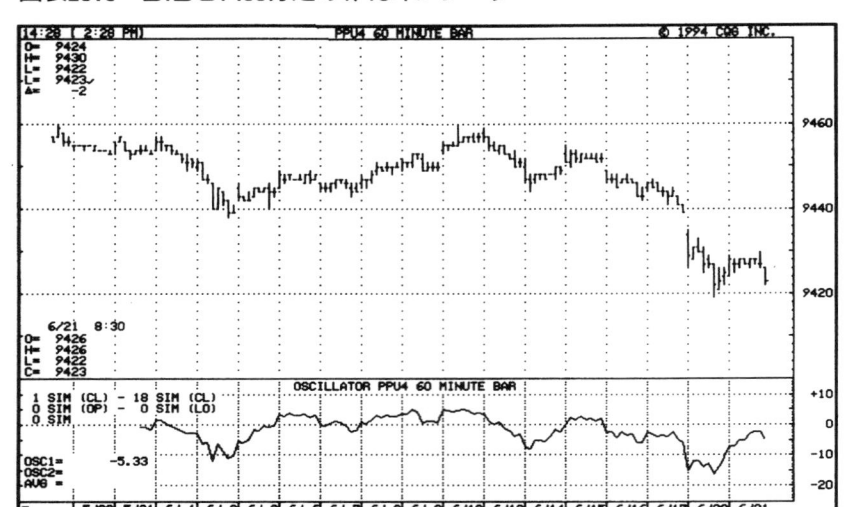

図表23.5　BIBOR60分足の1/18オシレーター

であってもすべてのマーケットで有効だと思われる。図表22.1から図表22.5では、これまでの章で説明してきたさまざまな指数を表している。これらの図から分かることは、手法は欧州マーケットでも同じように機能する（多少劣るとしても）、ということである。

　3．GLOBEXで夜間もトレードされる通貨、株式指数、金利先物マーケットにおいてギャップ・トレーディングシステムを使用するときは、夜間データを使用しないこと。夜間データはギャップがあいまいになる傾向がある。寄り付きのギャップアップまたはギャップダウンを計算するのにGLOBEXトレードを無視すれば、ギャップは非常に有効である。

　4．トレードの世界が小さくなると、世界中のニュースの影響を受

ける国際マーケットが自分の適所であるということに気づくだろう。値動きが大きくなりボラティリティも高くなるため、デイトレーダーにとってこのことは大きな強みになるものと考えられる。変化はデイトレーダーに収益機会をもたらすのだから。

第24章
デイトレーダーとして成功する20のヒント
Twenty Keys to Success as a Day Trader

　偉大なトレーダー（特に偉大なデイトレーダー）は、メカニカルなテクニックだけでなくトレードの規律を身につけていることが偉大たるゆえんである。本書のなかで、私は、規律を重視してきた。規律はトレード活動のチェーンのもろい部分であるため、規律がなければ堅実な成功はあり得ない、と感じているのだ。規律についてはさまざまな意見がある。また、いろいろなトレーダーや著者が皆さんに対してまったく異なる意見を述べるだろう。しかし私の考えは、25年にも及ぶトレード経験から強化され具体化されたものである。私は、考えられるあらゆるタイプのマーケットとあらゆるタイプのニュースイベントを経験してきた。そのような経験から時間をかけて手順を開発し、それを皆さんに紹介しようとしているのだ。この情報を皆さんと共有するのに最適な方法は、項目を箇条書きにすることだろう。ただし、ここで紹介する項目は必ずしも重要な順に書き出しているわけではない。

　1．自分にふさわしい場所を見つけること——デイトレーディングで考慮すべき最も重要な事柄のひとつに、トレーダーは巨大なデイトレーディングの世界のなかで自分にふさわしい場所を見つける、ということが挙げられる。デイトレーダーにできることはたくさんあるが、

一度にできることは限られている。自信を持ってうまく遂行できるテクニックを1つ（あるいは複数）に絞ることだ。そのテクニックを使用してトレードを行う。来る日も来る日もそれを使用すると、特定のマーケットでは特定のテクニックがうまくいく、ということが分かるようになる。例えば、S&P先物にはギャップシステムが適している。Tボンド先物には支持線・抵抗線やスキャルピングのタイプの手法が適している。また、通貨先物は値動きが急激なため、本書で紹介したヒットエンドラントレーディングが適している。ギャップ手法もうまくいくが、多少手を加える必要がある。このように、どのアプローチが最適かを判断し、その手法に時間を費やすこと。

　2．すぐに結果を期待しないこと――すぐに成功しないとひどくがっかりするトレーダー（実際にはデイトレーダー）が多い。そのような人には辛抱することを勧める。十分に時間をかけて堅実に成功を収めることだ。本を読んで自転車の乗り方を学ぶということ（今皆さんがしていること）と、本を読んでから実際に自転車に乗ってみることとはまったく別のことなのだ。

　本書を読んでいる方のほとんどが、すでにトレーディングの経験をかなり積んでいるだろう。その経験がトレーディングの役に立つと考えているかもしれないが、実は皆さんにとって好ましくないものである可能性が高いのだ。というのも、先入観を持ってマーケットに参入してくるからだ。私が説明した内容を了解したら、皆さんは本書で説明する考えを支持して、これまで持っていた先入観を捨ててもらいたい。ただし、このプロセスには時間を要する。最初は失敗がつきものである。自転車に乗れるようになるまでには何度となく転ぶだろう。最初は、よろよろしながらゆっくり進むかもしれない。ところがしばらくすると、デイトレーディングの自転車の居心地がよくなってきて、平坦な道であればどこへでも行けるようになる。それにはどのくらい

の時間がかかるのだろうか？　２週間以上２年以下としか言えないが、それも厳密な数字ではない。数週間で乗りこなす人もいれば、数年間かかってもデイトレーダーとして成功を収められない人もいる。

　３．期待を最小限に抑えること——ポジティブな心構えを推奨する本では、期待を大きく持つようにと言及しているかもしれないが、私はそれとは反対のことを忠告する。大きな期待を抱いてはならない。損失を覚悟すること。そのうちにトントンになるだろうと考えること。利益を期待してはならない。ゲームを学ぶには時間とお金の両方の授業料を払うものだ、と考えること。数百人、へたをすると何千人というトレーダーが、大きな期待と一握りの資金を持ってトレードを始め、打ちのめされてマーケットを去っていった。何らかの期待をするなら、努力することで失敗を最小限にして成功を最大限にすることを期待しつつも、失敗を予想しなければならない。

　４．自分のルールでゲームをすること——究極のトレーディングシステムや信じられないようなセミナーを幻想的に追い求めていたら、成功への道からはずれてしまう。自分の行動を改善しようとするのは間違いではないが、無限に探求するという行動をとると目標からはずれやすくなる。目標からはずれた道を進んではならない。できるだけ他人の主張に屈せず、それを無視することである。
　トレードの世界は、より良いシステム、より良い手法、絶対確実な指標、優れた結果、絶対安全な手法を宣伝する人であふれている。このようなことに目を向ける前に、皆さんが今していることが本質的に良いものかどうか確かめること。検証するすべてのシステム、参加するすべてのセミナー、購入するすべてのソフトウエア、進んでいるすべての道が、最終目的地から離れてしまっているかもしれないからだ。それには、時間や労力や資金を要する。しかし、それは最も価値があ

ることなのだ。資源は限られていて、ほかのものに簡単に置き換えることはできない。したがって、予定した時間内で方法論を見つけ、それに専念してほしい。たとえ雑誌や新聞や手紙を無視しなければならないとしても、その期間内はほかのことに気を取られてはならない。

　5．損失を受け入れること——繰り返し言っているが、デイトレーダーの最大の罪はポジションを翌日に持ち越すことである。それはデイトレーディングの本質に違反することであり、デイトレーダーを危険にさらすことになる。いかなる状況にあっても、いかなる言い訳があっても、この基本ルールに違反してはならない。ストップ高（安）のせいで「身動きできない」場合は、ほかに取り得る道はない。危険を避けるためにポジションをヘッジする（できれば、別の限月に反対ポジションを建てる）しかないのだが、ヘッジしたとはいえ、まだ危険である。皆さんは、デイトレーダーかそれ以外かのいずれかに分けられる。デイトレーダーを選ばなくても構わない。しかし、途中で計画を変えてはならない。それは長期的に見てプラスにならないからである。短期的な結果には満足できるかもしれないが、いずれは皆さんを悩ますことになるだろう。

　利益になるような値動きがあまりない場合には、翌朝には利益を上げるかもしれないと期待してポジションを持ち越そうとするだろう。しかしこれは危険な行動である。というのも、**ある日にいずれかの方向に限定的な値動きがあったとしても、翌日も同じ方向に動くという保証はないからである**。私が調査したところ、数日間は同じ方向の動きが続くかもしれないが、利益を帳消しにしてしまうこともある、ということが分かった。デイトレードを翌日に持ち越せる特定の条件について説明したが、デイトレーダーは大引けまでにポジションを整理しなければならないということをここでもう一度強調しておく。

6．デイトレーダーとしての毎日の目標を立てること——つまり、利益を上げてその日を締めくくる、ということだ。金額ベースでの利益目標を定めると、それに悩まされてしまうだろう。高すぎる目標は非現実的であり、低すぎる目標は公正さを欠くからだ。しかし、別の目標、つまり各自のルールに従って各自の手法に忠実に行動する、という目標を定めること。これがデイトレーダーの目標である。金額ベースの目標を立てる必要がある場合には、最小限でも利益を出して1日を締めくくる努力をしなければなければならない。

7．大引けに備えること——規律のあるデイトレーダーは、大引けにはその日のすべてのトレードを終了する、ということを認識している。利益の出ているトレードを保有するには時間の制約がある。最終的には、大引けにはポジションを整理しなければならない。私が説明したテクニックのなかには、非常に特殊な状況で手仕舞いするものもあれば、トレードの終了時に手仕舞いするものもある。理想としては、利の乗っているポジションをできるだけ長く持っていたい。値動きが大引けにかけて大きくなるのは珍しいことではないため、大引け間際に利益が膨らむことが多い。

　大引けのアプローチとしては、現在のトレンドが反転するかもしれないという指標がわずかでも現れた場合には利益を確定することに専念してもらいたい。残念ながら、これは客観的な手順というよりはむしろ主観的な判断である。この目標を達成するには直観を働かせる必要があるだろう。「素晴らしいシステムを開発した」と皆さんに教えてくれるトレーダーがいたとしても、ある程度の主観的判断がなければデイトレーディングを行うことはできないのだ。マーケットでは思いもよらないことも起こる。対応の仕方が規定されていないような偶然のイベントもあるだろう。今説明したことが、皆さんの主観的判断に大いに役立つことを心から願う。

このような見解から、大引けのアプローチとして、（頭のなかで、あるいは実際に）ストップロスを現在の価格まで上げ続けることが望ましい。そうすれば、トレンドが反転したときでもそこから抜け出すことができる。さらに、（前に説明したように）信頼できるタイプの注文を使用すれば、大いに役立つことになるだろう。ただし、**大引けまでに手仕舞いするという目標を忘れてはならない。**

8．利益を損失に変えないこと——日中のリスク管理が不十分なことから利益が損失に変わり、良いデイトレーディングだったのが最終的には悪いデイトレーディングになってしまうことはよくある。損益分岐点プラス手数料まで（頭のなかで、あるいは実際に）ストップロスを上げるというルールを覚えておいてもらいたい。これは、破ってはならない重要なルールである。資金を保護することは、デイトレーダーとして成功する神髄と言える。

9．無理にトレードしないこと——行動を無理に起こそうとするタイプのトレーダーが多い。この致命的欠点があると、トレーダーは、トレーディング機会がないときでも機会を探り出そうとする。デイトレーディングの機会がないのに、機会を求めてチャートや画面を無駄に検索しているとしたら、それは大災難につながるだろう。機会を求めて、トレードしたことのないマーケットを見ているとしたら、トラブルに結び付く可能性は非常に高い。機会がないのにそれを作り出そうとしてはならない。我慢することだ。明日、いや明後日にはトレードする機会もあるだろう。今日は機会がなくても、マーケットは常に機会を提供してきたのだから。**機会がない場合は、けっして、けっして無理にトレードしてはならない。**

10．躊躇しないこと——これはデイトレーダーにとって最悪の敵の

ひとつに挙げられるだろう。「ためらう者は機会を逃す」ということわざは、特にトレードの世界に当てはまる。デイトレーディングは一定期間に限定されているため、仕掛け損なったり手仕舞いし損なったりするたびにコストが高くつく。たとえ躊躇しても、それが前もって計画して慎重に行動した結果であればよい。しかし、恐れや優柔不断から躊躇してはならない。明確なトレードシグナルや機会が出現しているのに二の足を踏むというのは、自信のなさの現れであり、自信がないということは、自分が選択したシステムや手法、あるいはデイトレーダーとしてのスキルに満足していないということである。躊躇すると利益を逃してしまう。

11. **日誌をつけること**——この件についてはすでに詳しく説明したが、ここで再度強調しておく。日誌をつけるということは、ミスや成功から学ぶのに大いに役立つ重要な行為なのだ。単に日誌をつけるだけでなく、毎日のトレード終了後と翌日の寄り付き前ににそれを見直す。前日の行動をすべて見直し、そこから学ぶのだ。具体的な内容については、前に説明した例を参照してもらいたい。

12. **マーケットを傍観しなければならない場合は、トレードしないこと**——本書で説明したテクニックのなかには、完全にメカニカルであるため皆さんの参加もリアルタイムの気配値も必要としないものもある。しかし一方で、皆さんの参加と注目を必要とする手法もある。情報端末から目を離さなければならないような状況が生じた場合は、ポジションをすぐに整理するか、あるいはブローカーにストップ・クローズ・オンリー（終値だけで執行）か引成注文を出す。**気配値を知るために何度も電話をしたり、携帯用の情報端末を使用したりして、マーケットと接触し続けるのはよくない。**

13．確かでないときには何もしないこと——「確かでないときには何もするな」という古いことわざは、特にデイトレーダーに当てはまる。すべての指標やシグナルがいつも完全に明確であるというわけではない。さらに、ニュース、レポート、短期的なファンダメンタルなどによって、シグナルが不明瞭になったり、マーケットの反応が不確かになったりすることもある。そのような場合には何もしない、つまりトレードをしない、というのが私のアドバイスである。すぐにたくさんのトレーディング機会が現れるため、結果があまり明確でなく、ニュースやファンダメンタルのイベントによる不安定な影響を逃れないかぎりは、トレードに参加する必要はない。

14．ホームワーク（下調べ）をすること——マーケットに関してホームワークをしているトレーダーが少ないことに、私は驚きを隠せない。優れたマーケット指標や効果的なトレーディングテクニックを開発したとしても、最新のマーケットを把握していなければ、優れた方法も悪い方法に変わってしまう。私には到底理解できないことだ。何か効果的なものを開発して、それが皆さんの利益になったり、利益を上げるための促進剤になったりするのであれば、必ずそれを継続しなければならない。

自分のマーケット調査に満足してしまい、ホームワークを怠り、なぜ損失を出してしまうのかといぶかしがるトレーダーが非常に多い。成功したいのなら、簡単なものでも難しいものでも構わないから、ホームワークをすることだ。

皆さんは、ホームワークを必要としないトレーディングシステムを開発したかもしれない。もちろんそれでも構わない。本書で説明したテクニックも、ホームワークを必要としないものが多い。しかし、それでもトレード日誌はつける必要がある。また、翌日に起こり得るトレーディングの機会を把握する必要もある。これを実行するには、マ

ーケットを研究するしかない。つまり、それがホームワークなのである。

15．パフォーマンスを監視すること——良くない結果を見るのを嫌がってトレード結果を監視しないトレーダーがいる。これは神経過敏な行動であり、そのような行動をとってはならない。トレードごとに、そして毎日毎日の結果を、常に管理すること。使用しているテクニックについて効果的なフィードバックを得るために、常に自分の考えを認識しておくこと。自分の考えが分からないと、その手法のパフォーマンスが良いのか悪いのか十分な情報を得ることができない。結果を管理するのに、コンピューターの会計ソフトを使用することを勧める。あるいは最低でも、各自で更新するタイプのスプレッドシートを使用してもらいたい。あなたの平均の勝ちトレードと平均の負けトレードに注目すること。常に勝ちのほうが多くなるようにしなければならない。負けのほうが多い場合は、リスクを冒しすぎていて努力の成果が得られていないのだ。これは、何らかの変化が必要であることを示している。

　トレードとその結果を管理する必要があるもうひとつの理由は、トレーディングテクニックやシステムや指標が悪化したかどうか、それはいつ起こったのか、そして変更や検討の必要があるのか、ということを判断するのに役立つからである。パフォーマンスをチェックしないと、すべてがうまくいっていないということはなんとなく分かるが、変化が必要であることが認識できなくなる。

16．複雑であることが必ずしも利益を意味するわけではない——皆さんは、これから何度となく複雑なトレーディングシステムを使用しようとするだろう。ルールが多ければシステムはうまくいくだろうという誤った考えから、システムに多くのルールを定めようとするだろ

う。多数のマーケット変数を考慮すれば多くの利益を上げられると考えることだろう。しかし、私の経験から言わせてもらうと、それは間違っている。膨大なデータを複雑な方法で処理できる人工知能のシステムは別として、マーケットのパターンや関係のデータに関して新しい情報や変数を分析テクニックに追加しても、必ずしも改善につながるわけではない。実際には悪化の原因になることもあるのだ。

システムの複雑性とシステムの収益性に関係があるとしたら、それは反比例の関係である、と私は考える。**システムがシンプルであるほど、利益を上げる可能性は高くなる。**したがって、複雑性と収益性を混同してはならない。

17．マーケットの作り話に用心すること――マーケットは、トレーダーの感情の影響を常に受けている。何年もかけて、トレーダーは、マーケットには特定の関係があると信じるようになった。しかし実際には、そのような関係などないのだ。統計的に見ると、何年も一貫して継続するマーケット関係はほとんど存在しない。したがって、マーケットの作り話を不朽のものにする希望の物語に夢中になってはならない。

18．増し玉（ピラミッディング）の危険性を認識すること――「増し玉」とは、有利な値動きになるとポジションに積み増やしていくことである。つまり、最初は1枚でトレードして、それがうまくいくと単位を2枚に増やすのである。好調な値動きが続くと4枚に増やし、さらに6枚、8枚と増やし続ける。**増し玉の本質は、トレードがうまくいくとポジションを増やしていく、ということである。**この方法の利点は、トレンドに従ってポジションを増やしていくこと、そして含み益の資金を使用して新規ポジションを買うことができることである。増し玉の危険な点は、逆三角形のピラミッドであるということだ。頂

上が最も重く、底の１枚に支えられている状態なのだ。したがって、トレンドが反転する指標がわずかでも現れると崩壊しかねない。ピラミッドを構築したいなら、最初に最大のポジションを建て、単位を減らして積み上げていかなければならない。

19．アクティブなマーケットでのみトレードすること──この件については本書で繰り返しアドバイスしているが、何度でも強調する。アクティブなマーケットでのみトレードすると、薄商いのマーケットにつきものの問題や、不利な価格での執行を回避することができる。スリッページを小さくして簡単に仕掛けたり、手仕舞いしたりできるように、デイトレーダーとして、皆さんは流動性を向上させなければならない。さらに、大きなポジションでトレードしようとする場合、流動性は欠かせない要素となる。デイトレーダーは、執行価格が報告されるのを待っている時間もなければ、別の指値でポジションを仕掛けたり手仕舞いしたりする時間もない。

マーケットは盛衰するものであるため、確実にアクティブなマーケットでトレードするには継続的にこのことを評価する必要がある。薄商いのマーケットでトレードしていて窮境に陥ったとしたら、その責任は皆さん自身にある。なぜならば、デイトレーディングの基本ルールに違反したからである。

本書で説明しているように、アクティブな市場とは、S&P500、Tボンド、スイス・フラン、ドイツ・マルク、英ポンド、原油、ユーロドル、そして一握りのその他の市場である。デイトレーダーが利用できる手段の数は相当少ない。しかし、これは不幸に見えて実はありがたいことなのである。優秀なデイトレーダーは、無理して一度に多くのことをしようとしないものだ。

20．コントラリアンになること──期待が小さいときほど、最大の

値動きが起こるものだ。一般的なトレーダーや大多数のプロは、このような値動きが起こったときに誤まったポジションをとっていることが多い。なぜならば、集団のセンチメントによって不意打ちをくらわされるからだ。大衆心理は非常に重要な要素であり、デイトレーダーはこれをうまく利用できる。マーケットセンチメント（マーケットセンチメントに関する章を参照）が偏っている場合は、タイミング指標を注意深く観察して、多数意見とは反対にポジションを建てること。

　これらは、皆さんがデイトレーダーとして成功するために覚えておくべき重要事項のほんの一部にすぎず、成功への必要条件はこれだけではない。各自の経験からリストを作成してもらいたい。自分自身のリストを作成することは、皆さんにとってより有意義なものとなるからである。私が紹介したものは単なるきっかけにすぎず、それをもとにして皆さん独自のリストを作成してもらいたい。

　さて、私のツールと皆さんのトレーディングスタイルを組み合わせて独り立ちする時期が来たようである。私はすべての答えを知っているわけではない。また、根気と忍耐とモチベーションを持っていれば成功できるだろうとしか言えず、それ以上の保証はできない。私で役に立つならば、遠慮なく質問して構わない。私は20年以上もの経験からマーケットについて十分に学んできた。そして、学べば学ぶほど、もっと学ぶべきことがあるということを知った。そして次のことも学んだ。「**自分にとって最もうまくいくことは、最も簡単に実行でき、最も簡単に理解できることなのだ**」と。

付録
Appendix

公式

ストキャスティクス

ファスト・ストキャスティクス

ファスト％K
このシステムでは、特定期間（バーの数）の最高値、最安値、現在の価格（始値、高値、安値、終値、中値、平均）を明確にする。現在の価格から最安値を引き、その差をレンジ（最高値－最安値）で割る。その結果がファスト％Kの値となる。以降は、最も古いバーを除いて次の新しいバーを加えて、この計算を繰り返す。

ファスト％D
ファスト％Kの値の移動平均

スロー・ストキャスティックス

ファスト％Ｋとファスト％Ｄを計算する（表示はしない）。スロー％Ｋとファスト％Ｄは等しい。スロー％Ｄは、スロー％Ｋの移動平均。

スロー・ストキャスティックスを選ぶとき、システムではファスト・ストキャスティックスとスロー・ストキャスティックスの両方を内部計算するが、画面に表示するのはスロー％Ｋとスロー％Ｄのみである。

２つのストキャスティックスの変数

スロー・ストキャスティックス――ファスト％Ｋ（表示しない）の計算に使用する期間と価格

スロー・ストキャスティックス％Ｋ――ファスト％Ｄ（表示しない）の計算に使用する平均の期間とタイプ。この値はスロー％Ｋでもある

スロー・ストキャスティックス％Ｄ――スロー％Ｄの計算に使用する平均の期間とタイプ

ファスト・ストキャスティックス――ファスト％Ｋの計算に使用する期間と価格

ファスト・ストキャスティックス％Ｄ――ファスト％Ｄの計算に使用する平均の期間とタイプ

％Ｋの計算に使用する価格とは、通常、終値のことである。％Ｄの計算に使用する移動平均の期間とタイプは、通常、３日間の平滑移動平均である。その他の価格、期間、タイプは、変数セットアップの際に入力する。

平滑移動平均

次の指標の公式は、CQG社の許可を得ている。私のCQG System Oneではこの指標を使用している。公式は、皆さんのコンピューターにプログラミングすることも、手計算することも、オメガ・リサーチ社のSystemWriter や TradeStation にプログラミングすることもできる。

平滑移動平均と単純移動平均とでは、計算の前に引く値が異なる。単純移動平均では、最も古い値を引く。一方、平滑移動平均では、前の平滑移動平均の値を引く。平滑移動平均の最初の値は、公式SM1で算出する。画面の左から3つ目のバーに表示される。

SM1＝（価格1＋価格2＋価格3）÷期間

次の値は公式SM2で算出する。画面の左から4つ目のバーに表示される。

SM2＝（前の合計－前の平均＋価格4）÷期間

SM2の計算で使用する「前の合計」とは価格1＋価格2＋価格3、「前の平均」とはSM1の値である。

次の値は公式SM3で算出する。画面の左から5つ目のバーに表示される。

SM3＝（前の合計－前の平均＋価格5）÷期間

以降の値も、前の合計から前の平均を引き、次の新しい価格を足し、それを期間で割って算出する。

■著者紹介
ジェイク・バーンスタイン(Jake Bernstein)
国際的に有名なトレーダー、作家、研究家。MBHウイークリー・コモディティ・レターの発行者で、トレードや先物取引に関する約30もの書籍や研究を発表している。邦訳には『バーンスタインのデイトレード実践』『バーンスタインのトレーダー入門』(パンローリング)、『投資の行動心理学』(東洋経済新報社)がある。トレーディングセミナーを収録したDVDには『バーンスタインのパターントレード入門——相場の転換点を探せ』(パンローリング)がある。ウォールストリート・ウイーク、そして世界中の数々のラジオやテレビ番組に出演し、また、投資やトレードに関するセミナーでも講演している。トレードとタイミングに関するあくなき追及は、トレーダーに新たなツールを提供している。

■監修者紹介
長尾慎太郎(ながお・しんたろう)
東京大学工学部原子力工学科卒。米系銀行でのオルタナティブ投資業務、および金スワップ取引、CTA(商品投資顧問)での資金運用や株式ファンドマネジャーを経て、現在はヘッジファンドマネジャーとして活躍。マーケットに関連した時系列データをもとにしたシステムトレードを専門とする。訳書に『魔術師リンダ・ラリーの短期売買入門』『タートルズの秘密』『新マーケットの魔術師』『マーケットの魔術師【株式編】』『デマークのチャート分析テクニック』(いずれもパンローリング刊、共訳)、監修に『ワイルダーのテクニカル分析入門』『ゲイリー・スミスの短期売買入門』『ロスフックトレーディング』『間違いだらけの投資法選び』『私は株で200万ドル儲けた』(いずれもパンローリング刊)など、多数。

■訳者紹介
岡村桂(おかむら・かつら)
青山学院大学国際政治経済学部(国際金融専攻)を卒業し、東京海上火災保険株式会社に入社。その後渡米し、翻訳の仕事に携わる。帰国後は、大手電機メーカーの翻訳部を経て独立し、現在はフリーランスで翻訳をしている。訳書として『ヘッジファンドの魔術師』(パンローリング刊)などがある。

2003年３月24日　初版第１刷発行
2004年４月17日　　　第２刷発行
2005年２月３日　　　第３刷発行
2007年２月１日　　　第４刷発行
2009年７月５日　　　第５刷発行
2010年４月５日　　　第６刷発行
2012年10月５日　　　第７刷発行

ウィザードブックシリーズ51

バーンスタインのデイトレード入門（にゅうもん）

著　者　　ジェイク・バーンスタイン
監　修　　長尾慎太郎
訳　者　　岡村桂
発行者　　後藤康徳
発行所　　パンローリング株式会社
〒160-0023　東京都新宿区西新宿7-9-18-6F
TEL　03-5386-7391　FAX　03-5386-7393
http://www.panrolling.com/
E-mail　info@panrolling.com
編　集　　エフ・ジー・アイ(Factory of Gnomic Three Monkeys Investment)合資会社
装　丁　　新田"Linda"和子
印刷・製本　株式会社シナノ

ISBN978-4-7759-7012-6　　CEB A/42.5
落丁・乱丁本はお取り替えします。
また、本書の全部、または一部を複写・複製・転訳載、および磁気・光記録媒体に入力することなどは、著作権法上の例外を除き禁じられています。

© Katsura OKAMURA　2003　Printed in Japan

システムトレードの達人たちに学ぶ
ラリーの仲間たち

ジェイク・バーンスタイン (Jake Bernstein)

成功を志す個人投資家の見本

ラリー・ウィリアムズの古くからの友人で、国際的に有名なトレーダー、作家、研究家。MBHウイークリー・コモディティ・レターの発行者で、トレードや先物取引に関する約30もの書籍や研究を発表している。

邦訳には『バーンスタインのデイトレード実践』『バーンスタインのトレーダー入門』（パンローリング）、『投資の行動心理学』（東洋経済新報社）がある。トレーディングセミナーを収録したDVDには『バーンスタインのパターントレード入門──相場の転換点を探せ』（パンローリング）がある。ウォールストリート・ウイーク、そして世界中の数々のラジオやテレビ番組に出演、セミナーでも講演している。トレードとタイミングに関するあくなき追及は、トレーダーに新たなツールを提供している。

バーンスタインのデイトレード実践

ウィザードブックシリーズ 52

定価 本体7,800円+税　ISBN:9784775970133

あなたも「完全無欠のデイトレーダー」になれる！ デイトレーディングの奥義と優位性がここにある！ トレーディングシステム、戦略、タイミング指標、そして分析手法を徹底解明。

バーンスタインのトレーダー入門

ウィザードブックシリーズ 130

定価 本体5,800円+税　ISBN:9784775970966

ヘッジファンドマネジャー、プロのトレーダー、マネーマネジャーが公表してほしくなかった秘訣が満載！30日間で経済的に自立したトレーダーになる！

バーンスタインのパターントレード入門 〜相場の転換点を探せ〜

定価 本体7,800円+税　ISBN:9784775960608

簡単なことを知り、実行するだけで、必ず成功出来るやり方とはなんであろうか。「市場のパターンを知ること」で市場で勝ち続けることも夢ではない。

システムトレードの達人たちに学ぶ

ラリー・R・ウィリアムズ (Larry R. Williams)

50年のトレード経験を持ち、世界で最も高い評価を受ける短期トレーダー。1987年のロビンスワールドカップでは資金を1年間で113.76倍にするという偉業を成し遂げた。

「ウィリアムズ%R」「VBS」「GSV」「ウルティメイトオシレーター」「TDW」「TDM」など、世界で多く使われている指標を開発してきた。テクニカル分析だけでなくファンダメンタルズ分析も併せた複合的なアプローチでトレード界のトップを走り続けている。

11000%の男

マネーマネジメント手法 オプティマルfを伝授

ウィザードブックシリーズ196
ラリー・ウィリアムズの短期売買法【第2版】
投資で生き残るための普遍の真理

定価 本体4,800円+税
ISBN:9784775971611

短期システムトレーディングのバイブル! 読者からの要望の多かった改訂「第2版」が10数年の時を経て、全面新訳。直近10年のマーケットの変化をすべて織り込んだ増補版。日本のトレーディング業界に革命をもたらし、多くの日本人ウィザードを生み出した 教科書!

ラルフ・ビンス (Ralph Vince)

オプティマルfの生みの親

トレーディング業界へは歩合制外務員として入り、のちには大口の先物トレーダーやファンドマネジャーのコンサルタント兼プログラマーを務める。著書には本書のほかに、『投資家のためのマネーマネジメント』(パンローリング)、『The Mathematics of Money Management』『The New Money Management』などやDVDに『資産を最大限に増やすラルフ・ビンスのマネーマネジメントセミナー』『世界最高峰のマネーマネジメント』(いずれもパンローリング) などがある。ケリーの公式を相場用に改良したオプティマルfによって黄金の扉が開かれた。真剣に資産の増大を望むトレーダーには彼の著作は必読である。

ウィザードブックシリーズ151
ラルフ・ビンスの資金管理大全

定価 本体12,800円+税
ISBN:9784775971185

成功の秘訣が分かる
マーケットの魔術師たちに学ぶ

ジャック・D・シュワッガー (Jack D. Schwager)

成功者の特質を取材

新刊発売予定!

現在、マサチューセッツ州にあるマーケット・ウィザーズ・ファンドとLLCの代表を務める。著書にはベストセラーとなった『マーケットの魔術師』『新マーケットの魔術師』『マーケットの魔術師[株式編]』(パンローリング)がある。また、セミナーでの講演も精力的にこなしている。

ウィザードブックシリーズ 19
マーケットの魔術師
米トップトレーダーが語る成功の秘訣

定価 本体2,800円+税　ISBN:9784939103407

世界中から絶賛されたあの名著が新装版で復刻!ロングセラー。投資を極めたウィザードたちの珠玉のインタビュー集。

ウィザードブックシリーズ 13
新マーケットの魔術師
米トップトレーダーたちが語る成功の秘密

定価 本体2,800円+税　ISBN:9784939103346

高実績を残した者だけが持つ圧倒的な説得力と初級者から上級者までが必要とするヒントの宝庫。

ウィザードブックシリーズ 66
シュワッガーのテクニカル分析

定価 本体2,900円+税　ISBN:9784775970270

これから投資を始める人や投資手法を立て直したい人のために書き下ろした実践チャート入門。

マーケットの魔術師たちに学ぶ

バン・K・タープ博士 (Van K. Tharp, Ph.D.)

コンサルタントやトレーディングコーチとして国際的に知られ、バン・タープ・インスティチュートの創始者兼社長でもある。マーケットの魔術師たちの共通点を洗い出し、そのエッセンスを体系化することに成功。それらは『新版 マーケットの魔術師』(パンローリング)にまとめられた。

そのほかこれまでトレーディングや投資関連の数々のベストセラーを世に送り出してきた。講演者としても引っ張りだこで、トレーディング会社や個人を対象にしたワークショップを世界中で開催している。またフォーブス、バロンズ、マーケットウイーク、インベスターズ・ビジネス・デイリーなどに多くの記事を寄稿している。

主な著書に『新版 魔術師たちの心理学』『魔術師たちの投資術』(いずれもパンローリング)などがある。

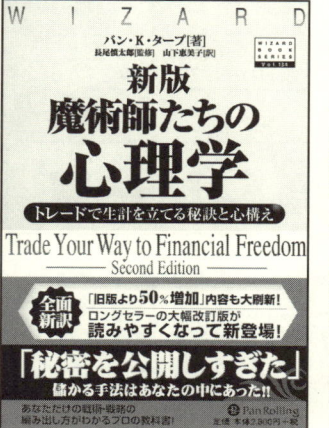

ベストコーチ

ウィザードブックシリーズ 134
新版 魔術師たちの心理学
トレードで生計を立てる秘訣と心構え

バン・K・タープ[著]
長尾慎太郎[監修] 山下恵美子[訳]

定価 本体2,800円+税　ISBN:9784775971000

儲かる手法(聖杯)はあなたの中にあった!! あなただけの戦術・戦略の編み出し方がわかるプロの教科書!「勝つための考え方」「期待値でトレードする方法」「ポジションサイジング」の奥義が明らかになる! 本物のプロを目指す人への必読書! マーケットを瞬時にして支配するためのシステムはだれにでも手に入れることができることを明らかにした『魔術師たちの心理学』の待望の第2版がついに登場! 現在のマーケット環境に照らし、今の時代にマッチした内容に大刷新されたこの第2版はさらにパワーアップ、成功するトレードに対するあなたの考え方を根底からくつがえすに違いない。

ウィザードブックシリーズ 160
ポジションサイジング入門
タープ博士のトレード学校
スーパートレーダーになるための自己改造計画

バン・K・タープ[著]
長岡半太郎[監修] 山下恵美子[訳]

スーパートレーダーへの道
自己分析 自分だけの戦略 最適サイズでトレード

定価 本体2,800円+税　ISBN:9784775971277

普通のトレーダーからスーパートレーダーへ変身する近道! 読者にトレーディングをビジネスととらえさせ、企業経営者の立場でトレーディングにアプローチするように養成していく。つまり、現実を見据え、体系的かつ情熱的にトレーディングに挑む姿勢を養うということである。何十年にもわたる経験をシステムとして確立することで、すべての人にマーケットの達人への道を切り開いたのが本書である。タープの知識、大局観、戦略的テクニックはいまやトレーディングの世界では伝説となっている。スーパートレーダーへの道は本書を手に取り、タープが言わんとすることを理解し、実践することが一番の早道である!

押し目買い・戻し売りの聖典

ローレンス・A・コナーズ
(Laurence A. Connors)

TradingMarkets.com の創設者兼CEO（最高経営責任者）。1982年、メリル・リンチからウォール街での経歴をスタートさせた。著書には、リンダ・ブラッドフォード・ラシュキとの共著『魔術師リンダ・ラリーの短期売買入門（ラリーはローレンスの愛称）』『コナーズの短期売買入門』『コナーズの短期売買実践』（パンローリング）などがある。

トレードの達人

ウィザードブックシリーズ 197 コナーズの短期売買戦略

定価 本体4,800円+税
ISBN:9784775971642

ローレンス・A・コナーズ【著】 短期売買シリーズ

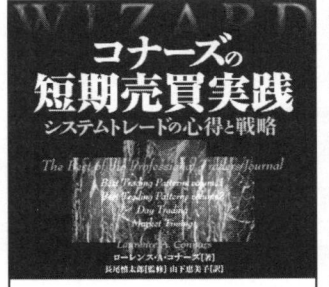

ウィザードブックシリーズ 169 コナーズの短期売買入門

定価 本体4,800円+税　ISBN:9784775971369

【短期売買の新バイブル降臨！　時の変化に耐えうる短期売買手法の構築法】トレードで成功するために、決断を下す方法と自分が下した決断を完璧に実行する方法を具体的に学ぶ。

ウィザードブックシリーズ 180 コナーズの短期売買実践

定価 本体7,800円+税　ISBN:9784775971475

【FX、先物、株式のシステム売買のための考え方とヒント　短期売買とシステムトレーダーのバイブル！】トレーディングのパターンをはじめ、デイトレード、マーケットタイミングなどに分かれて解説。

押し目買い・戻し売りの聖典

デーブ・ランドリー (Dave S. Landry)

TradingMaekets.comの共同設立者兼定期寄稿者。ルイジアナ大学でコンピューターサイエンスの理学士、南ミシシッピ大学でMBA（経営学修士）を修得。コナーズに才能を見出され、独自に考案したトレーディング法で成功を収める。公認CTA（商品投資顧問業者）のセンシティブ・トレーディングやヘッジファンドのハーベスト・キャピタル・マネジメントの代表で、2/20EMAブレイクアウトシステムなど多くのトレーディングシステムを開発。また、多くの雑誌に寄稿し、著作も『裁量トレーダーの心得 初心者編』（パンローリング）や『デーブ・ランドリーズ・10ベスト・パターンズ・アンド・ストラテジーズ』などがある。

コナーズの部下

デーブ・ランドリー【著】裁量トレーダーの心得

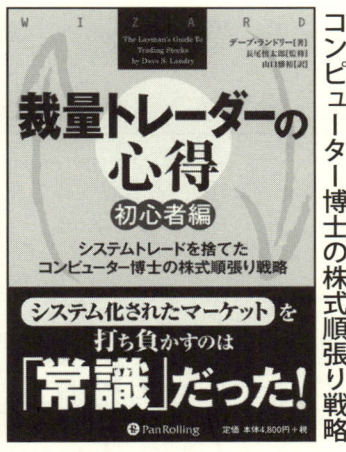

裁量トレーダーの心得 初心者編
ウィザードブックシリーズ 190
システムトレードを捨てたコンピューター博士の株式順張り戦略

システム化されたマーケットを打ち負かすのは「常識」だった！

定価 本体4,800円+税　ISBN:9784775971390

【PC全盛時代に勝つ方法！ PCの魔術師だからこそ分かった「裁量トレード時代の到来」！】どうやれば個人トレーダーの成功を阻む障害を克服できるようになるのか。短期でも長期でも利益を得られるトレーディング法とはどんなものなのか。相場が本当はどのように動いているのか、そして、思いもよらないほど冷酷なマーケットで成功するために何が必要かを、本書で学んでほしい。

裁量トレーダーの心得 スイングトレード編
ウィザードブックシリーズ 193
押しや戻りで仕掛ける高勝率戦略の奥義

トレンドフォロー → 逆行から順行での仕掛け
堅牢でシンプルなものは永遠に輝き続ける！

定価 本体4,800円+税　ISBN:9784775971611

【高勝率パターン満載！ 思いがけないことはトレンドの方向に起こる！】相場の世界では、デイトレード時代が終わりを静かに告げようとしている。では、バイ・アンド・ホールド時代の到来かと言えば、今の世の中は不透明感と雑音に満ちあふれている。そこで、ランドリーが提唱するのがポジションを2～7日間維持するスイングトレードだ。トレンドの確定方法を伝授し、正しい銘柄選択と資金管理を実行すれば、スイングトレードの神様が降臨してくれる!?

| マーク・ダグラス | ブレット・スティーンバーガー | アリ・キエフ | ダグ・ハーシュホーン |

トレード心理学の四大巨人による
不朽不滅の厳選ロングセラー5冊！

トレーダーや投資家たちが市場に飛び込んですぐに直面する問題とは、マーケットが下がったり横ばいしたりすることでも、聖杯が見つけられないことでも、理系的な知識の欠如によるシステム開発ができないことでもなく、自分との戦いに勝つことであり、どんなときにも揺るがない規律を持つことであり、何よりも本当の自分自身を知るということである。つまり、トレーディングや投資における最大の敵とは、トレーダー自身の精神的・心理的葛藤のなかで間違った方向に進むことである。これらの克服法が満載されたウィザードブック厳選5冊を読めば、次のステージに進む近道が必ず見つかるだろう!!

ブレット・N・スティーンバーガー博士 (Brett N. Steenbarger)

ニューヨーク州シラキュースにあるSUNYアップステート医科大学で精神医学と行動科学を教える准教授。自身もトレーダーであり、ヘッジファンド、プロップファーム（トレーディング専門業者）、投資銀行のトレーダーたちの指導・教育をしたり、トレーダー訓練プログラムの作成などに当たっている。

なぜ儲からないのか。自分の潜在能力を開花させれば、トレード技術が大きく前進することをセルフコーチ術を通してその秘訣を伝授！

悩めるトレーダーのための
メンタルコーチ術

定価 本体3,800円+税
ISBN:9784939103575

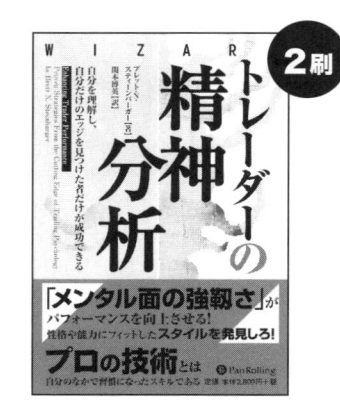

トレーダーの精神分析

定価 本体2,800円+税
ISBN:9784775970911

マーク・ダグラス (Mark Douglas)

トレーダー育成機関であるトレーディング・ビヘイビアー・ダイナミクス社社長。自らの苦いトレード体験と多くのトレーダーたちの経験を踏まえて、トレードで成功できない原因とその克服策を提示。最近は大手商品取引会社やブローカー向けに、心理的テーマや手法に関するセミナーを開催している。

本国アメリカよりも熱烈に迎え入れられた『ゾーン』は刊行から10年たった今も日本の個人トレーダーたちの必読書であり続けている!

ゾーン 14刷 オーディオブックあり
定価 本体2,800円+税
ISBN:9784939103575

規律とトレーダー 5刷 オーディオブックあり
定価 本体2,800円+税
ISBN:9784775970805

アリ・キエフ (Ari Kiev)

スポーツ選手やトレーダーの心理ケアが専門の精神科医。ソーシャル・サイキアトリー・リサーチ・インスティチュートの代表も務め、晩年はトレーダーたちにストレス管理、ゴール設定、パフォーマンス向上についての助言をし、世界最大規模のヘッジファンドにも永久雇用されていた。2009年、死去。

世界最高のトレーダーのひとりであるスティーブ・コーエンが心酔して自分のヘッジファンドである SACキャピタルに無期限で雇った!

アリ・キエフのインタビューを収録!

トレーダーの心理学 2刷
定価 本体2,800円+税
ISBN:9784775970737

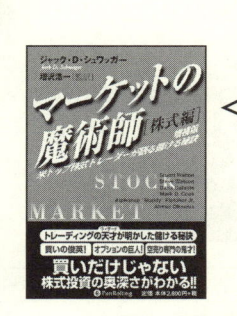

マーケットの魔術師 [株式編] 増補版
定価 本体2,800円+税
ISBN:9784775970232

相場の未来を予測するために

ウィザードブックシリーズ 194
利食いと損切りのテクニック
著者:: アレキサンダー・エルダー

定価 本体3,800円+税　ISBN:9784775971628

自分の「売り時」を知る、それが本当のプロだ！「売り」を熟知することがトレード上達の秘訣。売る技術の重要性とすばらしさを認識し、トレードの世界・出口戦術と空売りを極めよう！

ウィザードブックシリーズ 9
投資苑
心理・戦略・資金管理
著者:: アレキサンダー・エルダー

定価 本体5,800円+税　ISBN:9784939103285

世界12カ国語に翻訳され、各国で超ロングセラー。精神分析医がプロのトレーダーになって書いた心理学的アプローチ相場本の決定版！

ウィザードブックシリーズ 119
フルタイムトレーダー完全マニュアル
著者:: ジョン・F・カーター

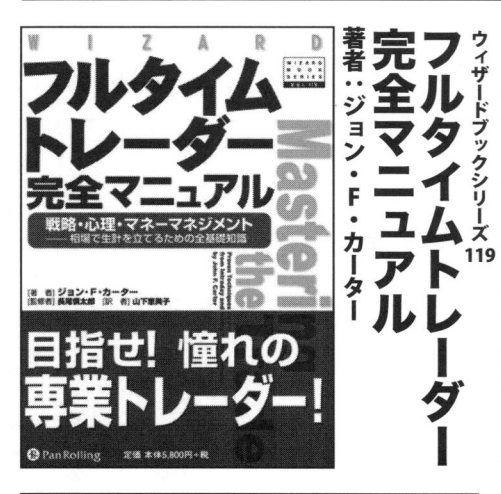

定価 本体5,800円+税　ISBN:9784775970850

戦略・心理・マネーマネジメント――相場で生計を立てるための全基礎知識。フルタイムトレーダーとして生計を立てることを目指す人々への道しるべになる一冊。

ウィザードブックシリーズ 108
高勝率トレード学のススメ
著者:: マーセル・リンク

定価 本体5,800円+税　ISBN:9784775970744

あなたも利益を上げ続ける少数のベストトレーダーになれる！高確率な押し・戻り売買と正しくオシレーターを使って、運やツキでなく、将来も勝てるトレーダーに！

相場の未来を予測するために

ウィザードブックシリーズ 29
ボリンジャーバンド入門
著者:ジョン・A・ボリンジャー

定価 本体 5,800 円+税　ISBN:9784939103537

【相対性原理が解き明かすマーケットの仕組み】ジョン・ボリンジャー自身によるボリンジャーバンド(標準偏差バンド)の解説書。相対性、自主性、そして客観性が重要だ。

ウィザードブックシリーズ 138
トレーディングエッジ入門
著者:ボー・ヨーダー

定価 本体 3,800 円+税　ISBN:9784775971055

【マーケットの振る舞いを理解し、自分だけの優位性(エッジ)がわかる】統計的、戦略的なエッジ(優位性)を味方につけて、「苦労しないで賢明にトレードする」秘密を学ぼう!

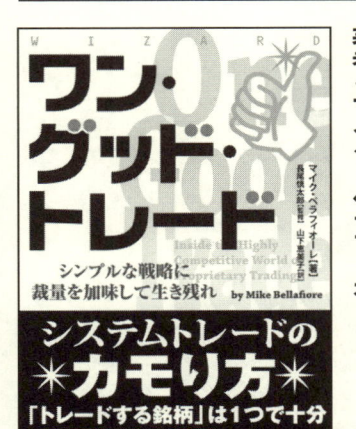

ウィザードブックシリーズ 188
ワン・グッド・トレード
著者:マイク・ベラフィオーレ

定価 本体 5,800 円+税　ISBN:9784775971550

【システムトレードのカモり方】「トレードする銘柄」はそのときそのときに1つあれば十分。システムと裁量の絶妙なサジ加減で、デイトレードは今も儲かっていた!

ウィザードブックシリーズ 183
システムトレード 基本と原則
著者:ブレント・ペンフォールド

定価 本体 4,800 円+税　ISBN:9784775971505

マーケットや時間枠、テクニックにかかわりなく、一貫して利益を生み出すトレーダーたちは全員ある原則を固く守っていた。
トレードで勝者と敗者を分けるものとは……?

相場の未来を予測するために

株式売買スクール
ウィザードブックシリーズ 198
著者：ギル・モラレス、クリス・キャッチャー

定価 本体 3,800 円+税　ISBN:9784775971659

オニール版"タートルズ"による秘密の暴露!!伝説の魔術師をもっともよく知る2人による成長株投資の極意！
「買いの極意」と「売りの奥義」完全解説！

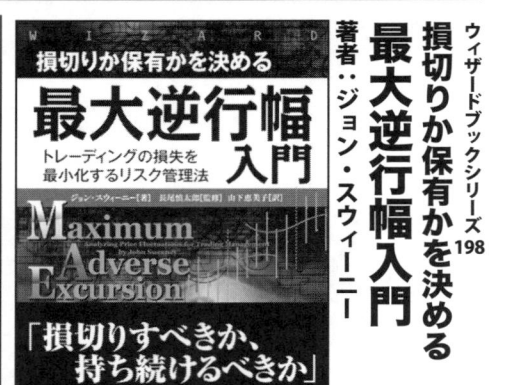

最大逆行幅入門
損切りか保有かを決める
ウィザードブックシリーズ 198
著者：ジョン・スウィーニー

定価 本体 7,800 円+税　ISBN:9784775971666

【トレーディングの損失を最小化するリスク管理法】最大逆行幅について初めて書かれた画期的ガイド！ここには最小限のリスクで大きな利益を手に入れるためのエッジがある！

17時からはじめる東京時間半値トレード
著者：アンディ

定価 本体 2,800 円+税　ISBN:9784775991169

さまざまメディアに登場している有名トレーダー、アンディ氏の初著書！「半値」に注目した、シンプルで、かつ論理的な手法をあますことなく紹介！

iCustom(アイカスタム)で変幻自在のメタトレーダー
著者：ウエストビレッジインベストメント株式会社

定価 本体 2,800 円+税　ISBN:9784775991077

自分のロジックの通りにメタトレーダーが動いてくれる。そんなことを夢見てEA（自動売買システム）作りに励んでみたものの、難解なプログラム文に阻まれて挫折した人に読んでほしいのが本書です。

読んでから聴くか。聴いてから読むか。読みながら聴くか。

何かをしながら、"何度でも"繰り返し聴いて欲しい。

耳で聴く本 オーディオブックCD

ゾーン
「勝つ」相場心理学入門
マーク・ダグラス
Mark Douglas
世良敬明[訳]

購入特典付き
詳しくは裏面をご覧下さい。

「ゾーン」とは、恐怖心ゼロ、悩みゼロ、淡々と直感的に行動し、反応すること！

CD9枚 収録分数540分

PanRolling

売上げ第1位

▶ **お客様の声**

- 時間の有効活用によい。こんなことなら早く聴いてみればよかった。(東京都 鈴木様)
- 車の運転中に聴ける様に購入した。その他、他の事をやりながら聴ける。(沖縄県 松尾様)

オーディオブックCD
ゾーン

著者：マーク・ダグラス
B6判ケース CD9枚組 530分収録
定価 本体3,800円+税
ダウンロード版 3,000円(税込)

CD版購入特典
使いやすいMP3ファイル版 無料ダウンロード
- 2倍速音声付き
- ファイル名があらかじめ入っている
- 容量が小さい

iPodなどの各種MP3プレーヤー、**CDプレーヤー対応**

Pan Rolling オーディオブックシリーズ

『ゾーン』の著者マーク・ダグラス シリーズ

規律とトレーダー

著者：マーク・ダグラス CD版購入特典付き

売れてます

定価 本体3,800円+税	ISBN:9784775921227
ダウンロード版	3,000円(税込)

心の世界をコントロールできるトレーダーこそが相場の世界で勝者になれるのだ

本オーディオブックを聴けば、マーケットのあらゆる局面と利益のチャンスに対応できる正しい心構えを学ぶことができる。書籍版と併せて復習を繰り返せばさらに効率的に身につくこと間違いなし！

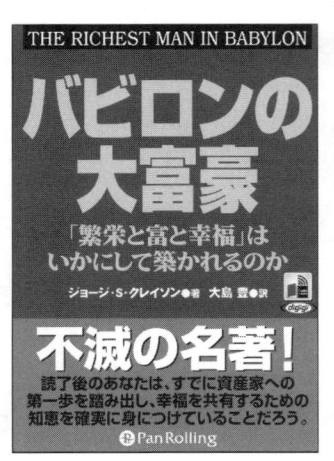

ベストセラー！不滅の名著を聴いて学ぶ

バビロンの大富豪 CD版購入特典付き

著者：ジョージ・S・クレイソン／グスコー出版(底本)

定価 本体2,800円+税	ISBN:9784775929742
ダウンロード版	2,200円(税込)

「繰り返し聴くと記憶に残る」
「思わず聴き入ってしまう」と大好評！

原題ビジネスの極意を分かりやすく解き明かした名著。
あなたは資産家への第一歩を踏み出し、幸福を共有するための知識を手に入れる。

---

iPhone・iPadアプリ 好評発売中

バビロンの大富豪

価格：2,200円

聴いて読める本棚　検索　詳しくは検索！

パンローリング相場アプリケーション
チャートギャラリー
Established Methods for Every Speculation

Chart Gallery 4.0
for Windows
最強の投資環境

成績検証機能つき

● 価格（税込）
チャートギャラリー 4.0
エキスパート　147,000 円
プロ　　　　　 84,000 円
スタンダード　 29,400 円
お得なアップグレード版もあります
www.panrolling.com/pansoft/chtgal/

チャートギャラリーの特色

1. **豊富な指標と柔軟な設定**
   指標をいくつでも重ね書き可能
2. **十分な過去データ**
   最長約30年分の日足データを用意
3. **日々のデータは無料配信**
   わずか3分以内で最新データに更新
4. **週足、月足、年足を表示**
   日足に加え長期売買に役立ちます
5. **銘柄群**
   注目銘柄を一覧表にでき、ボタン1つで切り替え
6. **安心のサポート体勢**
   電子メールのご質問に無料でお答え
7. **独自システム開発の支援**
   高速のデータベースを簡単に使えます

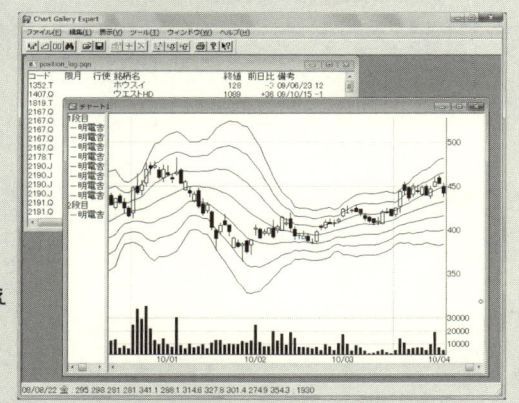

チャートギャラリー　エキスパート・プロの特色

1. 検索条件の成績検証機能［エキスパート］
2. 強力な銘柄検索（スクリーニング）機能
3. 日経225先物、日経225オプション対応
4. 米国主要株式のデータの提供

検索条件の成績検証機能 [Expert]

指定した検索条件で売買した場合にどれくらいの利益が上がるか、全銘柄に対して成績を検証します。検索条件をそのまま検証できるので、よい売買法を思い付いたらその場でテスト、機能するものはそのまま毎日検索、というように作業にむだがありません。
表計算ソフトや面倒なプログラミングは不要です。マウスと数字キーだけであなたただけの売買システムを作れます。利益額や合計だけでなく、最大引かされ幅や損益曲線なども表示するので、アイデアが長い間安定して使えそうかを見積もれます。

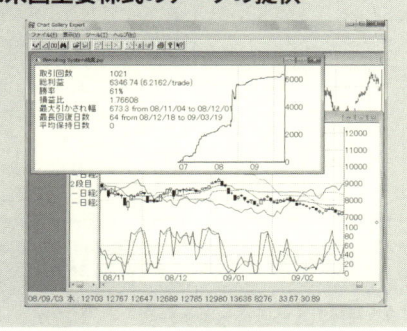

がんばる投資家の強い味方　Traders Shop

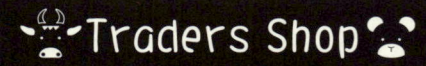

http://www.tradersshop.com/

24時間オープンの投資家専門店です。

パンローリングの通信販売サイト「トレーダーズショップ」は、個人投資家のためのお役立ちサイト。書籍やビデオ、道具、セミナーなど、投資に役立つものがなんでも揃うコンビニエンスストアです。

他店では、入手困難な商品が手に入ります!!

- ● 投資セミナー
- ● 一目均衡表 原書
- ● 相場ソフトウェア
  チャートギャラリーなど多数
- ● 相場予測レポート
  フォーキャストなど多数
- ● セミナーDVD
- ● オーディオブック

ここでしか入手できないモノがある。

さあ、成功のためにがんばる投資家は
いますぐアクセスしよう!

トレーダーズショップ 無料 メールマガジン
● 無料メールマガジン登録画面

トレーダーズショップをご利用いただいた皆様に、**お得なプレゼント**、今後の**新刊情報**、著者の方々が書かれた**コラム**、**人気ランキング**、ソフトウェアのバージョンアップ情報、そのほか投資に関するちょっとした情報などを定期的にお届けしています。

まずはこちらの
「**無料メールマガジン**」
からご登録ください!
または info@tradersshop.com まで。

パンローリング株式会社　〒160-0023　東京都新宿区西新宿7-9-18-6F
Tel: 03-5386-7391　Fax: 03-5386-7393
お問い合わせは　　　http://www.panrolling.com/
E-Mail　info@panrolling.com

携帯版